朱光潜◎著

朱光潜读书与做人

大师读书与做人

国际文化出版公司
·北京·

图书在版编目（CIP）数据

朱光潜读书与做人／朱光潜著．—北京：国际文化出版公司，2017.9
（大师读书与做人）
ISBN 978-7-5125-0984-9

Ⅰ．①朱… Ⅱ．①朱… Ⅲ．①社会科学－文集 Ⅳ．① C53

中国版本图书馆 CIP 数据核字（2017）第 196396 号

朱光潜读书与做人

作　　者	朱光潜
总 策 划	葛宏峰
责任编辑	潘建农
统筹监制	闫翠翠
策划编辑	孟卓晨
美术编辑	秦　宇
出版发行	国际文化出版公司
经　　销	国文润华文化传媒（北京）有限责任公司
印　　刷	阳谷毕升印务有限公司
开　　本	710 毫米 ×1000 毫米　16 开 17.5 印张　270 千字
版　　次	2017 年 9 月第 1 版 2020 年 1 月第 2 次印刷
书　　号	ISBN 978-7-5125-0984-9
定　　价	56.00 元

国际文化出版公司
北京朝阳区东土城路乙 9 号邮编：100013
总编室：（010）64271551 传真：（010）64271578
销售热线：（010）64271187
传真：（010）64271187-800
E-mail：icpc@95777.sina.net
http：//www.sinoread.com

目录
CONTENTS

第一部分 读书

第二部分

做人

朱光潜

读书与做人

第一部分
读书

谈读书（一）

朋友：

中学课程很多，你自然没有许多时间去读课外书。但是你试抚心自问：你每天真抽不出一点钟或半点钟的功夫么？如果你每天能抽出半点钟，你每天至少可以读三四页，每月可以读一百页，到了一年也就可以读四五本书了。何况你在假期中每天断不会只能读三四页呢？你能否在课外读书，不是你有没有时间的问题，是你有没有决心的问题。

世间有许多人比你忙得多。许多人的学问都在忙中做成的。美国有一位文学家科学家和革命家富兰克林，幼时在印刷局里做小工，他的书都是在做工时抽暇读的。不必远说，你应该还记得，国父孙中山先生，难道你比那一位奔走革命席不暇暖的老人家还要忙些么？他生平无论忙到什么地步，没有一天不偷暇读几页书。你只要看他的《建国方略》和《孙文学说》，你便知道他不仅是一个政治家，而且还是一个学者。不读书讲革命，不知道“光”的所在，只是窜头乱撞，终难成功。这个道理，孙先生懂得最清楚的，所以他的学说特别重“知”。

人类学问逐天进步不止，你不努力跟着跑，便落伍退后，这固不消说。尤其要紧的是养成读书的习惯，是在学问中寻出一种兴趣。你如果没有一种正常嗜好，没有一种在闲暇时可以寄托你的心神的东西，将来离开学校去做事，说不定要被恶习惯引诱。你不看见现在许多叉麻雀抽鸦片的官僚们绅商们乃至于教员们，不大半由学生出身么？你慢些鄙视他们，临到你来，再看看你的成就吧！但是你如果在读书中寻出一种趣味，你将来抵抗引诱的能力比别人定要大些。这种兴趣你现在不能寻出，将来永不会寻出的。凡人都越老越麻木，你现在已比不上三五岁的小孩子那样好奇、那样兴味淋漓了。你长大一岁，你感觉兴味的锐敏力便须迟钝一分。达尔文在自传里曾经说过，他幼时颇好文学和音乐，壮时因为研究生物学，把文学和音乐都丢开了，到老来他再想拿诗歌来消遣，便寻不出趣味来了。兴味要在青年时设法培养，过了正常时节，便会萎谢。比方打网球，你在中学时欢喜打，你到老都欢喜打。假如你在中学时代错过机会，后来要发愿去学，比登天边要难十倍。养成读书习惯也是这样。

你也许说，你在学校里终日念讲义看课本就是读书吗？讲义课本着意在平均发展基本知识，固亦不可不读。但是你如果以为念讲义看课本，便尽读书之能事，就是大错特错。第一，学校功课门类虽多，而范围究极窄狭。你的天才也许与学校所有功课都不相近，自己在课外研究，去发现自己性之所近的学问。再比方你对于某种功课不感兴趣，这也许并非由于性不相近，只是规定课本不合你的口胃。你如果能自己在课外发现好书籍，你对于那种功课的兴趣也许就因而浓厚起来了。第二，念讲义看课本，免不掉若干拘束，想借此培养兴趣，颇是难事。比方有一本小说，平时自由拿来消遣，觉得多么有趣，一旦把它拿来当课本读，用预备考试的方法去读，便不免索然寡味了。兴趣要逍遥自在地不受拘束地发展，所以为培养读书兴趣起见，应该从读课外书入手。

书是读不尽的，就读尽也是无用，许多书没有一读的价值。你多读一本没有价值的书，便丧失可读一本有价值的书的时间和精力；所以你须慎加选择。你自己自然不会选择，须去就教于批评家和专门学者。我不能告诉你必读的书，我能告诉你不必读的书。许多人曾抱定宗旨不读现代出版的新书，因为许多流行的新书只是迎合一时社会心理，实在毫无价值，经过时代淘汰而巍然独存的书才有永久性，才值得读一遍两遍以至于无数遍。我不敢劝你完全不读新书，我却希望你特别注意这一点，因为现代青年颇有非新书不读的风气。别的事都可以学时髦，惟有读书做学问不能学时髦。我所指不必读的书，不是新书，是谈书的书，是值不得读第二遍的书。走进一个图书馆，你尽管看见千卷万卷的纸本子，其中真正能够称为“书”的恐怕难上十卷百卷。你应该读的只是这十卷百卷的书。在这些书中间，你不但可以得较真确的知识，而且可以于无形中吸收大学者治学的精神和方法。这些书才能撼动你的心灵，激动你的思考。其他像“文学大纲”、“科学大纲”以及杂志报章上的书评，实在都不能供你受用。你与其读千卷万卷的诗集，不如读一部《国风》或《古诗十九首》，你与其读千卷万卷谈希腊哲学的书籍，不如读一部柏拉图的《理想国》。

你也许要问我像我们中学生究竟应该读些什么书呢？这个问题可是不易回答。你大约还记得北平京报副刊曾征求“青年必读书十种”，结果有些人所举十种尽是几何代数，有些人所举十种尽是史记汉书。这在旁人看起来似近于滑稽，而应征的人却各抱有一番大道理。本来这种征求的本意，求以一个人的标准做一切人的标准，好像我只喜欢吃面，你就不能吃米，完全是一种错误见解。各人的天资、兴趣、环境、职业不同，你怎么能定出万应灵丹似的十种书，供天下无量数青年读之都能感觉同样趣味发生同样效力？

我为了写这封信给你，特地去调查了几个英国公共图书馆。他们的青年读物部最流行的书可以分为四类。（一）冒险小说和游记，（二）神话和寓言，（三）生物故事，（四）名人传记和爱国小说。就中代表的书籍是凡尔纳的《八十天环游地球》（*Jules Verne*：*Around the World in Eighty Days*）和《海底二万里》（*Twenty Thousand Leagues Under the Sea*），笛福的《鲁滨孙飘流记》（*Defoe*：*Robinson Crusoe*），大仲马的《三剑客》（*A.Dumas*：*Three Musketeers*），霍桑的《奇书》和《丹谷闲话》（*Hawthorne*：*Wonder Book and Tangle Wood Tales*），金斯利的《希腊英雄传》（*Kingsley*：*Heroes*），法布尔的《鸟兽故事》（*Fabre*：*Story Book of Birds and Beasts*），安徒生的《童话》（*Andersen*：*Fairy Tales*），骚塞的《纳尔逊传》（*Southey*：*Life of Nelson*），房龙的《人类故事》（*Vanloon*：*The Story of Mankind*）之类。这些书在国外虽流行，给中国青年读，却不十分相宜。中国学生们大半是少年老成，在中学时代就欢喜煞有介事的谈一点学理。他们——你和我自然都在内——不仅欢喜谈谈文学，还要研究社会问题，甚至于哲学问题。这既是一种自然倾向，也就不能漠视，我个人的见解也不妨提起和你商量商量。十五六岁以后的教育宜注重发达理解，十五六岁以前的教育宜注重发达想象。所以初中的学生们宜多读想象的文字，高中的学生才应该读含有学理的文字。

谈到这里，我还没有答复应读何书的问题。老实说，我没有能力答复，我自己便没曾读过几本“青年必读书”，老早就读些壮年必读书。比方在中国书里，我最欢喜《国风》、《庄子》、《楚辞》、《史记》、《古诗源》、《文选》中的书笺、《世说新语》、《陶渊明集》、《李太白集》、《花间集》、张惠言《词选》、《红楼梦》等等。在外国书里，我最欢喜济慈（Keats）、雪莱（Shelly）、柯尔律治（Coleridge）、布朗宁（Browning）诸人的诗集、索福克勒斯（Sophocles）的七悲剧，莎士比亚的《哈姆雷特》（Shakespeare：Hamlet）、《李尔王》（King Lear）和《奥瑟罗》（Othello）、歌德的《浮士德》（Goethe：Fasuts），易卜生（Ibsen）的戏剧集、屠格涅夫（Turgenef）的《处女地》（Virgin Soil）和《父与子》（Fathers and Children）、陀思妥耶夫斯基的《罪与罚》（Dostoyevsky：Crime and Punishment）、福楼拜的《包法利夫人》（Flaubert：Madame Bovary），莫泊桑（Maupassant）的小说集、小泉八云（Lafcadio Hearn）关于日本的著作等等。如果我应北平京报副刊的征求，也许把这些古董洋货捧上，凑成“青年必读书十种”。但是我知道这是荒谬绝伦。所以我现在不敢答复你应读何书的问题。你如果要知道，你应该去请教你所知的专门学者，请他们各就自己所学范围以内指定三两种青年可读的书。你如果请一个人替你面面俱到地设想，比方他是学文学的人，他也许明知青年必读书应含有社会问题科学常识等等，而自己又没甚把握，姑且就他所知的一两种拉来凑数，你就像问道于盲了。同时，你要知道读书好比探险，也不能全靠别人指导，你自己也须得费些功夫去搜求。我从来没有听见有人按照别人替他定的“青年必读书十种”或“世界名著百种”读下去，便成就一个学者。别人只能介绍，抉择还要靠你自己。

关于读书方法。我不能多说，只有两点须在此约略提起。第一，凡值得读的书至少须读两遍。第一遍须快读，着眼在醒豁全篇大旨与特色。第二遍须慢读。须以批评态度衡量书的内容。第二，读过一本书，须笔记纲要和精彩的地方和你自己的意见。记笔记不仅可以帮助你记忆，而且可以逼得你仔细，刺激你思考。记着这两点，其他琐细方法便用不着说。各人天资习惯不同，你用那种方法收效较大，我用那种方法收效较大，不是一概论的。你自己终久会找出你自己的方法，别人决不能给你一个方单，使你可以“依法炮制”。

你嫌这封信太冗长了吧？下次谈别的问题，我当力求简短。再会！

你的朋友 孟实

谈读书（二）

十几年前我曾经写过一篇短文谈读书，这问题实在是谈不尽，而且这些年来我的见解也有些变迁，现在再就这问题谈一回，趁便把上次谈学问有未尽的话略加补充。

学问不只是读书，而读书究竟是学问的一个重要途径。因为学问不仅是个人的事而是全人类的事，每科学问到了现在的阶段，是全人类分途努力日积月累所得到的成就，而这成就还没有淹没，就全靠有书籍记载流传下来。书籍是过去人类的精神遗产的宝库，也可以说是人类文化学术前进轨迹上的记程碑。我们就现阶段的文化学术求前进，必定根据过去人类已得的成就做出发点。如果抹煞过去人类已得的成就，我们说不定要把出发点移回到几百年前甚至几千年前，纵然能前进，也还是开倒车落伍。读书是要清算过去人类成就的总账，把几千年的人类思想经验在短促的几十年内重温一遍，把过去无数亿万人辛苦获来的知识教训集中到读者一个人身上去受用。有了这种准备，一个人总能在学问途程上作万里长征，去发见新的世界。

历史愈前进，人类的精神遗产愈丰富，书籍愈浩繁，而读书也就愈不易。书籍固然可贵，却也是一种累赘，可以变成研究学问的障碍。它至少有两大流弊。第一，书多易使读者不专精。我国古代学者因书籍难得，皓首穷年才能治一经，书虽读得少，读一部却就是一部，口诵心惟，咀嚼得烂熟，透入身心，变成一种精神的原动力，一生受用不尽。现在书籍易得，一个青年学者就可夸口曾过目万卷，“过目”的虽多，“留心”的却少，譬如饮食，不消化的东西积得愈多，愈易酿成肠胃病，许多浮浅虚骄的习气都由耳食肤受所养成。其次，书多易使读者迷方向。任何一种学问的书籍现在都可装满一图书馆，其中真正绝对不可不读的基本著作往往不过数十部甚至于数部。许多初学者贪多而不务得，在无足轻重的书籍上浪费时间与精力，就不免把基本要籍耽搁了；比如学哲学者尽管看过无数种的哲学史和哲学概论，却没有看过一种柏拉图的《对话集》，学经济学者尽管读过无数种的教科书，却没有看过亚当·斯密的《原富》[1]。做学问如作战，须攻坚挫锐，占住要塞。目标太多了，掩埋了坚锐所在，只东打一拳，西踏一脚，就成了“消耗战”。

读书并不在多，最重要的是选得精，读得彻底。与其读十部无关轻重的书，不如以读十部书的时间和精力去读一部真正值得读的书；与其十部书都只能泛览一遍，不如取一部书精读十遍。“好书不厌百回读，熟读深思子自知”，这两句诗值得每个读书人悬为座右铭。读书原为自己受用，多读不能算是荣誉，少读也不能算是羞耻。少读如果彻底，必能养成深思熟虑的习惯，涵泳优游，以至于变化气质；多读而不求甚解，则如驰骋十里洋场，虽珍奇满目，徒惹得心花意乱，空手而归。世间许多人读书只为装点门面，如暴发户炫耀家私，以多为贵。这在治学方面是自欺欺人，在做人方面是趣味低劣。

读的书当分种类，一种是为获得现世界公民所必需的常识，一种是为做专门学问。为获常识起见，目前一般中学和大学初年级的课程，如果认真学习，也就很够用。所谓认真学习，熟读讲义课本并不济事，每科必须精选要籍三五种来仔细玩索一番。常识课程总共不过十数种，每种选读要籍三五种，总计应读的书也不过五十部左右。这不能算是过奢的要求。一般读书人所读过的书大半不止此数，他们不能得实益，是因为他们没有选择，而阅读时又只潦草滑过。

常识不但是现世界公民所必需，就是专门学者也不能缺少它。近代科学分野严密，治一科学问者多固步自封，以专门为藉口，对其他相关学问毫不过问。这对于分工研究或许是必要，而对于淹通深造却是牺牲。宇宙本为有机体，其中事理彼此息息相关，牵其一即动其余，所以研究事理的种种学问在表面上虽可分别，在实际上却不能割开。世间绝没有一科孤立绝缘的学

[1] 《原富》：即《国富论》（An Inquiry into the Nature and Causes of the Wealth of Nations），作者为苏格兰经济学家、哲学家亚当·斯密，此书于1776年第一次出版，《原富》是中国翻译家严复为中译本起的书名，同时也是这本专著的第一个中文译本。

问。比如政治学须牵涉到历史、经济、法律、哲学、心理学以至于外交、军事等等，如果一个人对于这些相关学问未曾问津，入手就要专门习政治学，愈前进必愈感困难，如老鼠钻牛角，愈钻愈窄，寻不着出路。其他学问也大抵如此，不能通就不能专，不能博就不能约。先博学而后守约，这是治任何学问所必守的程序。我们只看学术史，凡是在某一科学问上有大成就的人，都必定于许多它科学问有深广的基础。目前我国一般青年学子动辄喜言专门，以至于许多专门学者对于极基本的学科毫无常识，这种风气也许是在国外大学做博士论文的先生们所酿成的。它影响到我们的大学课程，许多学系所设的科目"专"到不近情理，在外国大学研究院里也不一定有。这好像逼吃奶的小孩去嚼肉骨，岂不是误人子弟？

有些人读书，全凭自己的兴趣。今天遇到一部有趣的书就把预拟做的事丢开，用全副精力去读它；明天遇到另一部有趣的书，仍是如此办，虽然这两书在性质上毫不相关。一年之中可以时而习天文，时而研究蜜蜂，时而读莎士比亚。在旁人认为重要而自己不感兴味的书都一概置之不理。这种读法有如打游击，亦如蜜蜂采蜜。它的好处在使读书成为乐事，对于一时兴到的著作可以深入，久而久之，可以养成一种不平凡的思路与胸襟。它的坏处在使读者泛滥而无所归宿，缺乏专门研究所必需的"经院式"的系统训练，产生畸形的发展，对于某一方面知识过于重视，对于另一方面知识可以很蒙昧。我的朋友中有专门读冷僻书籍，对于正经正史从未过问的，他在文学上虽有造就，但不能算是专门学者。如果一个人有时间与精力允许他过享乐主义的生活，不把读书当做工作而只当做消遣，这种蜜蜂采蜜式的读书法原亦未尝不可采用。但是一个人如果抱有成就一种学问的志愿，他就不能不有预定计划与系统。对于他，读书不仅是追求兴趣，尤其是一种训练，一种准备。有些有趣的书他须得牺牲，也有些初看很干燥的书他必须咬定牙关去硬啃，啃久了他自然还可以啃出滋味来。

读书必须有一个中心去维持兴趣，或是科目，或是问题。以科目为中心时，就要精选那一科要籍，一部一部的从头读到尾，以求对于该科得到一个概括的了解，作进一步作高深研究的准备。读文学作品以作家为中心，读史学作品以时代为中心，也属于这一类。以问题为中心时，心中先须有一个待研究的问题，然后采关于这问题的书籍去读，用意在搜集材料和诸家对于这问题的意见，以供自己权衡去取，推求结论。重要的书仍须全看，其余的这里看一章，那里看一节，得到所要搜集的材料就可以丢手。这是一般做研究工作者所常用的方法，对于初学不相宜。不过初学者以科目为中心时，仍可约略采取以问题为中心的微意。一书作几遍看，每一遍只着重某一方面。苏东坡《与王郎书》曾谈到这个方法：

> 少年为学者，每一书皆作数次读之。当如入海百货皆有，人之精力不能并收尽取，但得其所欲求者耳。故愿学者每一次作一意求之，如欲求古今兴亡治乱圣贤作用，且只作此意求之，勿生余念；又别作一次求事迹文物之类，亦如之。他皆仿此。若学成，八面受敌，与慕涉猎者不可同日而语。

朱子尝劝他的门人采用这个方法。它是精读的一个要诀，可以养成仔细分析的习惯。举看小说为例，第一次但求故事结构，第二次但注意人物描写，第三次但求人物与故事的穿插，以至于对话、辞藻、社会背景、人生态度等等都可如此逐次研求。

读书要有中心，有中心才易有系统组织。比如看史书，假定注意的中心是教育与政治的关系，则全书中所有关于这问题的史实都被这中心联系起来，自成一个系统。以后读其它书籍如经子专集之类，自然也常遇着关于政教关系的事实与理论，它们也自然归到从前看史书时所形成的那个系统了。一个人心里可以同时有许多系统中心，如一部字典有许多“部首”，每得一条新知识，就会依物以类聚的原则，汇归到它的性质相近的系统里去，就如拈新字贴进字典里去，是人旁的字都归到人部，是水旁的字都归到水部。大凡零星片断的知识，不但易忘，而且无用。每次所得的新知识必须与旧有的知识联络贯串，这就是说，必须围绕一个中心归聚到一个系统里去，才会生根，才会开花结果。

记忆力有它的限度，要把读过的书所形成的知识系统，原本枝叶都放在脑里储藏起，在事实上往往不可能。如果不能储藏，过目即忘，则读亦等于不读。我们必须于脑以外另辟储藏室，把脑所储藏不尽的都移到那里去。这种储藏室在从前是笔记，在现代是卡片。记笔记和做卡片有如植物学家采集标本，须分门别类订成目录，采得一件就归入某一门某一类，时间过久了，采集的东西虽极多，却各有班位，条理井然。这是一个极合乎科学的办法，它不但可以节省脑力，储有用的材料，供将来的需要，还可以增强思想的条理化与系统化。预备做研究工作的人对于记笔记做卡片的训练，宜于早下工夫。

我与文学

我生平有一种坏脾气，每到市场去闲逛，见一样就想买一样。无论是怎样无用的破铜破铁，只要我一时高兴它，就保留不住腰包里最后的一文钱。我做学问也是如此。今天丢开雪莱，去看守薰烟鼓测量反应动作，明天又丢开柏拉图，去在古罗马地道阴森曲折的坟窟中溯“哥特式”大教寺的起源。我已经整整地做过三十年的学生，这三十年的光阴都是这样东打一拳西踢一脚地过去了。

在现代社会制度和学问状况之下，百科全书式的学者已经没有存在的可能，一个人总得在许多同样有趣的路径之中选择一条出来走。这已经成为学术界中不成文的宪法，所以读书人初见面，都有一番寒暄套语，“您学哪一科？”“文科。”“哪一门？”“文学。”假如发问者也是学文学的，于是“哪一国文学？哪一方面？哪一时代？哪一个作者？”等问题就接着逼来了。我也屡次被人这样一层紧逼一层地盘问过，虽然也照例回答，心中总不免有几分羞意，我何尝专门研究文学？何况是哪一方面和哪一时代的文学呢？

在许多歧途中，我也碰上文学这条路，说来也颇堪一笑。我立志研究文学，完全由于字义的误解。我在幼时所接触的小知识阶级中，“研究文学”四个字只有两种流行的含义：作过几首诗，发表几篇文章，甚至翻译过几篇伊索寓言或是安徒生童话，就算“研究文学”。其次随便哼哼诗念念文章，或是看看小说，也是“研究文学”。我幼时也欢喜哼哼诗，念念文章，自以为比作诗发表文章者固不敢望尘，若云哼诗念文即研究文学，则我亦何敢多让？这是我走上文学路的一个大原因。

谁知道区区字义的误解就误了我半世的光阴！到欧洲后见到西方“研究

文学”者所做的工作以及他们所有的准备，才懂庄子海若望洋而叹的比喻，才知道“研究文学”这个玩艺儿并不像我原来所想象的那样简单，尤其不像我原来所想象的那样有趣。文学并不是一条直路通天边，由你埋头一直向前走，就可以走到极境的。“研究文学”也要绕许多弯路，也要做许多干燥辛苦的工作。学了英文还要学法文，学了法文还要学德文、希腊文、意大利文、印度文等；时代的背景常把你拉到历史哲学和宗教的范围里去；文艺原理又逼你去问津图画，音乐，美学，心理学等学问。这一场官司简直没有方法打得清！学科学的朋友们往往羡慕学文学者天天可以消闲自在地哼诗看小说是幸福，不像他们自己天天要埋头记干燥的公式，搜罗干燥的事实。其实我心里有苦说不出，早知道“研究文学”原来要这样东奔西窜，悔不如学得一件手艺，备将来自食其力。我现在还时时存着学做小儿玩具或编藤器的念头。学会做小儿玩具或编藤器，我还是可以照旧哼诗念文章，但是遇到一般人对于“研究文学”者“专门哪一方面？”式的问题就可以名正言顺地置之不理了。那是多么痛快的一大解脱！

我这番话并不是要唐突许多在外国大学中预备博士论文者，只是向国内一般青年自道甘苦。青年们免不掉像我一样有一个嗜好文艺的时期，在现代中国学风之中，也恐怕免不掉像我一样以哼诗念文章为“研究文学”。倘若他们再像我一样因误解字义而走上错路，自然也难免有一日要懊悔。文艺像历史哲学两种学问一样，有如金字塔，要铺下一个很宽广笨重的基础，才可以逐渐砌成一个尖顶出来。如果入手就想造成一个尖顶，结果只有倒塌。中国学者对于西方文艺思想和政教已有半世纪的接触了，而仍然是隔膜，不能不归咎于只想望尖顶而不肯顾到基础。在文艺、哲学、历史三种学问中，“专门”和“研究工作”种种好听的名词，在今日中国实在都还谈不到。

这番话只是一个已经失败者对于将来想成功者的警告。如果不死心塌地做基础工作，哼哼诗念念文章可以，随便作作诗发表几篇文章也可以，只是不要去“研究文学”。像我费过二三十年功夫的人还要走回头来学编藤器做小儿玩具，你说冤枉不冤枉！

谈读诗与趣味的培养

据我的教书经验来说，一般青年都欢喜听故事而不欢喜读诗。记得从前在中学里教英文，讲一篇小说时常有别班的学生来旁听；但是遇着讲诗时，旁听者总是瞟着机会逃出去。就出版界的消息看，诗是一种滞销货。一部大致不差的小说就可以卖钱，印出来之后一年中可以再版三版。但是一部诗集尽管很好，要印行时须得诗人自己掏腰包做印刷费，过了多少年之后，藏书家如果要买它的第一版，也用不着费高价。

从此一点，我们可以看出现在一般青年对于文学的趣味还是很低。在欧洲各国，小说固然也比诗畅销，但是没有在中国的这样大的悬殊，并且有时诗的畅销更甚于小说。据去年的统计，法国最畅销的书是波德莱尔的《罪恶之花》。这是一部诗，而且并不是容易懂的诗。

一个人不欢喜诗，何以文学趣味就低下呢？因为一切纯文学都要有诗的特质。一部好小说或是一部好戏剧都要当作一首诗看。诗比别类文学较谨严，较纯粹，较精致。如果对于诗没有兴趣，对于小说戏剧散文学等的佳妙处也终不免有些隔膜。不爱好诗而爱好小说戏剧的人们大半在小说和戏剧中只能见到最粗浅的一部分，就是故事。所以他们看小说和戏剧，不问他们的艺术技巧，只求它们里面有有趣的故事。他们最爱读的小说不是描写内心生活或者社会真相的作品，而是《福尔摩斯侦探案》之类的东西。爱好故事本来不是一件坏事，但是如果要真能欣赏文学，我们一定要超过原始的童稚的好奇心，要超过对于《福尔摩斯侦探案》的爱好，去求艺术家对于人生的深刻观照以及他们传达这种观照的技巧。第一流小说家不尽是会讲故事的人，第一流小说中的故事大半只像枯树搭成的花架，用处只在撑扶住一园锦绣灿烂生气蓬勃的葛藤花卉。这些故事以外的东西就是小说中的诗。读小说只见到故事而没有见到它的诗，就像看到花架而忘记架上的花。要养成纯正的文学趣味，我们最好从读诗入手。能欣赏诗，自然能欣赏小说戏剧及其他种类文学。

如果只就故事说，陈鸿的《长恨歌传》未必不如白居易的《长恨歌》或洪昇的《长生殿》，元稹的《会真记》未必不如王实甫的《西厢记》，兰姆（Lamb）的《莎士比亚故事集》未必不如莎士比亚的剧本。但是就文学价值说，《长恨歌》、《西厢记》和莎士比亚的剧本都远非它们所根据的或脱胎的散文故事所可比拟，我们读诗，须在《长恨歌》、《西厢记》和莎士比亚的剧本之中寻出《长恨歌传》、《会真记》和《莎士比亚故事集》之中所寻不出来的东西。举一个很简单的例来说，比如，贾岛的《寻隐者不遇》：

松下问童子，言师采药去。只在此山中，云深不知处。

或是崔颢的《长干行》：

君家何处住？妾住在横塘。停舟暂借问，或恐是同乡。

里面也都有故事，但是这两段故事多么简单平凡？两首诗之所以为诗，并不在这两个故事，而在故事后面的情趣，以及抓住这种简朴而隽永的情趣，用一种恰如其分的简朴而隽永的语言表现出来的艺术本领。这两段故事你和我都会说，这两首诗却非你和我所作得出，虽然从表面看起来，它们是那么容易。读诗就要从此种看来虽似容易而实在不容易作出的地方下功夫，就要学会了解此种地方的佳妙。对于这种佳妙的了解和爱好就是所谓“趣味”。

各人的天资不同，有些人生来对于诗就感觉到趣味，有些人生来对于诗就丝毫不感觉到趣味，也有些人只对于某一种诗才感觉到趣味。但是趣味是可以培养的。真正的文学教育不在读过多少书和知道一些文学上的理论和史实，而在培养出纯正的趣味。这件事实在不很容易。培养趣味好比开疆辟土，须逐渐把本非我所有的变为我所有的。记得我第一次读外国诗，所读的是《古舟子咏》，简直不明白那位老船夫因射杀海鸟而受天谴的故事有什么好处，现在回想起来，这种蒙昧真是可笑，但是在当时我实在不觉到这诗有趣味。后来明白作者在意象音调和奇思幻想上所做的功夫，才觉得这真是一首可爱的杰作。这一点觉悟对于我便是一层进益。而我对于这首诗所觉到的趣味也就是我所征服的新领土。我学西方诗是从十九世纪浪漫派诗人入手，从前只觉得这派诗有趣味，讨厌前一个时期的假古典派的作品，不了解法国象征派和现代英国的诗；对它们逐渐感到趣味，又觉得我从前所爱好的浪漫派诗有好些毛病，对于它们的爱好不免淡薄了许多。我又回头看看假古典派的作品，逐渐明白作者的环境立场和用意，觉得它们也有不可抹杀处，对于它们的嫌恶也不免减少了许多。在这种变迁中我又征服了许多新领土，对于已得的领土也比从前认识较清楚。对于中国诗我也经过了同样的变迁。最初我由爱好唐诗而看轻宋诗，后来我又由爱好魏晋诗而看轻唐诗。现在觉得各朝诗都各有特点，我们不能以衡量魏晋诗的标准去衡量唐诗和宋诗。它们代表几种不同的趣味，我们不必强其同。

对于某一种诗，从不能欣赏到能欣赏，是一种新收获，从偏嗜到和他种诗参观互较而重新加以公平的估价，是对于已征服的领土筑了一层更坚固的壁垒。学文学的人们的最坏的脾气是坐井观天，依傍一家门户，对于口胃不合的作品一概藐视。这种人不但是近视，在趣味方面不能有进展；就连他们自己所偏嗜的也很难真正地了解欣赏，因为他们缺乏比较资料和真确观照所应有的透视距离。文艺上的纯正的趣味必定是广博的趣味；不能同时欣赏许多派别诗的佳妙，就不能充分地真确地欣赏任何一派诗的佳妙。趣味很少生来就广博，将比开疆辟土，要不厌弃荒原瘠壤，一分一寸地逐渐向外伸张。

趣味是对于生命的彻悟和留恋，生命时时刻刻都在进展和创化，趣味也就要时时刻刻在进展和创化。水停蓄不流便腐化，趣味也是如此。从前私塾冬烘学究以为天下之美尽在八股文、试帖诗、《古文观止》和了凡《纲鉴》。他们对于这些乌烟瘴气何尝不津津有味？这算是文学的趣味吗？习惯的势力之大往往不是我们能想象的。我们每个人多少都有几分冬烘学究气，都把自己囿在习惯所画成的狭小圈套中，对于这个圈套以外的世界都视而不见，听而不闻。沉溺于风花雪月者以为只有风花雪月中才有诗，沉溺于爱情者以为只有爱情中才有诗，沉溺于阶级意识者以为只有阶级意识中才有诗。风花雪月本来都是好东西，可是这四个字联在一起，引起多么俗滥的联想！联想到许多吟风弄月的滥调，多么令人作呕！“神圣的爱情”、“伟大的阶级意识”之类大概也有一天都归于风花雪月之列吧？这些东西本来是佳丽，是神圣，是伟大，一旦变成冬烘学究所赞叹的对象，就不免成了八股文和试帖诗。道理是很简单的。艺术和欣赏艺术的趣味都必须有创造性，都必时时刻刻在开发新境界，如果让你的趣味囿在一个狭小圈套里，它无机会可创造开发，自然会僵死，会腐化。一种艺术变成僵死腐化的趣味的寄生之所，它怎能有进展开发？怎能不随之僵死腐化。

艺术和欣赏艺术的趣味都与滥调是死对头。但是每件东西都容易变成滥调，因为每件东西和你熟悉之后，都容易在你的心理上养成习惯反应。像一切其他艺术一样，诗要说的话都必定是新鲜的。但是世间哪里有许多新鲜话可说？有些人因此替诗危惧，以为关于风花雪月，爱情，阶级意识等的话或都已被人说完，或将有被人说完的一日，那一日恐怕就是诗的末日了。抱这种顾虑的人们根本没有了解诗究竟是什么一回事。诗的疆土是开发不尽的，因为宇宙生命时时刻刻在变动进展中，这种变动进展的过程中每一时每一境都是个别的，新鲜的，有趣的。所谓“诗”并无深文奥义，它只是在人生世相中见出某一点特别新鲜有趣而把它描绘出来。这句话中“见”字最吃紧。特别新鲜有趣的东西本来在那里，我们不容易“见”着，因为我们的习惯蒙蔽住我们的眼睛。我们如果沉溺于风花雪月，也就见不着阶级意识中的诗；我们如果沉溺于油盐柴米，也就见不着风花雪月中的诗。谁没有看见过在田里收获的农夫农妇？但是谁——除非是米勒（Millet）、陶渊明、华兹华斯（Wordsworth）——在这中间见着新鲜有趣的诗？诗人的本领就在见出常人之以不能见，读诗的用处也就在随着诗人所指点的方向，见出我们所不能见；这就是说，觉得我们所素认为平凡的实在新鲜有趣。我们本来不觉得乡村生活中有诗，从读过陶渊明、华兹华斯诸人的作品之后，便觉得它有诗；我们本来不觉得城市生活和工商业文化之中有诗，从读过美国近代小说和俄国现代诗之后，便觉得它也有诗。莎士比亚教我们会在罪孽灾祸中见出庄严伟大，伦勃朗（Rambrandt）和罗丹（Rodin）教我们会在丑陋中见出新奇。

诗人和艺术家的眼睛是点铁成金的眼睛。生命生生不息，他们的发现也生生不息。如果生命有末日，诗总会有末日。到了生命的末日，我们自无容顾虑到诗是否还存在。但是有生命而无诗的人虽未到诗的末日，实在是早已到生命的末日了，那真是一件最可悲哀的事。“哀莫大于心死”，所谓“心死”就是对于人生世相失去解悟和留恋，就是对于诗无兴趣。读诗的功用不仅在消愁遣闷，不仅是替有闲阶级添一件奢侈；它在使人到处都可以觉到人生世相新鲜有趣，到处可以吸收维持生命和推展生命的活力。

诗是培养趣味的最好媒介，能欣赏诗的人们不但对于其他种种文学可有真确的了解，而且也绝不会觉得人生是一件干枯的东西。

诗的主观与客观

诗是情趣的流露，但是情趣不必尽能流露于诗。一般人都时或感到很强烈的乃至于很微妙的情趣，以为这就是"诗意"，所以往往有自己是诗人的幻觉。他们常抱怨自己没有文学训练，以至于叫胸中许多"诗意"都埋没去了。意大利美学家克罗齐曾替他们取过"哑口诗人"的浑号。其实诗人没有哑口的，没有到开口时，就还不成为诗人。诗和"诗意"是两回事，诗一定要有作品，一定要把"诗意"外射于具体的形相，叫旁人看得见。

有情趣何以往往不能流露于诗呢？诗的情趣并不是生糙自然的情趣，它必定经过一番冷静的观照和融化洗练的功夫。一般人和诗人同样感受情趣，但是有一个重要的分别。一般人感受情趣时便为情趣所羁縻，当其忧喜，若不自胜，忧喜既过，便不复在想象中留一种余波反照。诗人感受情趣尽管较一般人更热烈，却能跳开所感受的情趣，站在旁边来很冷静地把它当作意象来观赏玩索。英国诗人华兹华斯（Wordsworth）尝自道经验说："诗起于沉静中所回味得来的情绪。"这是一句至理名言。感受情趣而能在沉静中回味，就是诗人的特殊本领。一般人的情绪好比雨后行潦，夹杂污泥朽木奔泻，来势浩荡，去无踪影。诗人的情绪好比冬潭积水，渣滓沉淀净尽，清莹澄澈，天光云影，灿然耀目。这种水是渗沥过来的，"沉静中的回味"便是它的渗沥手续，灵心妙悟便是渗沥器。

在感受时，悲欢怨爱，两两相反；在回味时，欢爱固然可欣，悲怨亦复有趣。从感受到回味，是由实际世界跳到意象世界，从实用态度变为美感态度。在实用世界中处处都是牵绊冲突，可喜者引起营求，可悲者引起畏避；在意象世界中尘忧俗虑都洗濯净尽，可喜者我无须营求，可悲者我亦无须畏避，所以相冲突者可以各得其所，相安无碍。情趣尽管有千差万别，它们对于诗人却同是欣赏的对象。懂得这个道理，我们可以明白孔子称赞《关雎》

何以特重其“乐而不淫，哀而不伤”。懂得这个道理，我们也可以明白古希腊人何以把和平静穆看成诗的极境，把诗神阿波罗摆在山巅，俯瞰众生扰攘，而眉宇间却常如做甜蜜梦，不露一丝被扰动的神色。（至少希腊雕刻中所表现的阿波罗是如此。）

诗的情趣都从沉静中回味得来。感受情趣是能入，回味情趣是能出。诗人对于情趣都要能入能出。单就能入说，他是主观的；单就能出说，他是客观的。能入而不能出，或能出而不能入，都不能成为大诗人，所以“主观的”和“客观的”是一个村俗的分别。班婕妤的《怨歌行》，蔡琰的《悲愤诗》，李后主的《相见欢》，杜甫的《奉先咏怀》和《北征》，都是痛定思痛，入而能出，是主观的也是客观的。陶渊明的《闲情赋》，李白的《长干行》，杜甫的《石壕吏》和《无家别》，韦庄的《秦妇吟》，都是体物入微，出而能入，是客观的也是主观的。

十九世纪中法国诗坛上曾经发生过一次很大的争执，就是“帕尔纳斯”派对于浪漫主义的反动。在浪漫派看，诗本是抒情的。而情感全是切已的，诗人就要把自己的悲欢怨爱赤裸裸地写出来，就算尽了职责，“帕尔纳斯”派诗人嫌这种主观的描写太偏于唯我主义，不免使诗变成个人怪癖的表现。他们要换过花样来，采取所谓“不动情感主义”，专站在客观的地位描写恬静幽美的意象，使诗变成和雕刻一样冷静明晰（在散文方面这个反动就是写实主义）。从这种争执发生之后，德国哲学家们所铸造的“主观的”和“客观的”一个分别便被浅人硬拉到文学上面来，一般人于是以为文学原有“主观的”和“客观的”两种。“主观的”信任自己情感，描写自己的经验，“客观的”则把“我”丢开，持冷静的科学态度去观察人情世相。中国近来也有人常拿这些名词摆在口头。其实“主观的”和“客观的”虽各有所偏向，在实际上并不冲突。诗的情趣都须从沉静中回味得来，所以主观的作品都必同时是客观的。诗也可以描写旁人的情趣，但诗人要了解旁人的情趣，必先设身处地，才能体物入微，所以客观的亦必同时是主观的。老子说：“故常无欲以观其妙，常有欲以观其微。”无欲以观其妙，便是所谓“客观的”“不动情感主义”，有欲以观其微，便是所谓“主观的”。真正大诗人都要同时具有这两种本领。

从我怎样学国文说起

我学国文，走过许多迂回的路，受过极旧的和极新的影响。如果用自然科学家解剖形态和穷究发展的方法将这过程做一番检讨，倒是一件很有趣的事情。

我在十五岁左右才进小学，以前所受的都是私塾教育。从六岁起读书，一直到进小学，我没有从过师，我唯一的老师就是我的父亲。我的祖父做得很好的八股文，父亲处在八股文和经义策论交替的时代。他们读什么书，也就希望我读什么书。应付科举的一套家当委实可怜，四书、五经、纲鉴、《唐宋八大家文选》、《古唐诗选》之外就几乎全是闱墨制义。五经之中，我幼时全读的是《书经》、《左传》。《诗经》我没有正式地读，家塾里有人常在读，我听了多遍，就能成诵大半。于今我记得最熟的圣书，除《论语》外，就是听会的一套《诗经》。我因此想到韵文入人之深，同时，读书用目有时不如用耳。私塾的读书程序是先背诵后讲解。在"开讲"时，我能了解的很少，可是熟读成诵，一句一句地在舌头上滚将下去，还拉一点腔调，在儿童时却是一件乐事。这早年读经的教育我也曾跟着旁人咒骂过，平心而论，其中也不完全无道理。我现在所记得的书大半还是儿时背诵过的，当时虽不甚了了，现在回忆起来，不断地有新领悟，其中意味确是深长。

父亲有些受过学校教育的朋友，教我的方法多少受了新潮流的影响。我"动笔"时，他没有教我做破题起讲，只教我做日记。他先告诉我日间某事可记，并且指出怎样记法，记好了，他随看随改，随时讲给我听。有一次我还记得很清楚，宅旁发现一个古墓，掘出两个瓦瓶，父亲和伯父断定它们是汉朝的古物（他们的考古知识我无从保证），把它们洗干净，供在香炉前的条几上，两人磋商了一整天，做了一篇"古文"的记，用红纸楷书恭写，贴在瓶子上面。伯父提议让我也写一篇，父亲说：“他！还早呢。”言下大有鄙夷之意。我当时对于文字起了一种神秘意识，仿佛此事非同小可，同时也渴望有一天能够得上记古瓶。

日记能记到一两百字时，父亲就开始教我做策论经义。当时科举已废除，他还传给我这一套应付科举的把戏，无非是“率由旧章”，以为读书人原就应该弄这一套。现在的读者恐怕对这些名目已很茫然，似有略加解释的必要。所谓“经义”是在经书中挑一两句做题目，就抱着那题目发挥成一篇文章，例如，题目是“知耻近乎勇”，你就说明知耻何以近乎勇，“耻”与“勇”须得一番解释，“近乎”两个字更大有文章可做。所谓“策”是在时事中挑一个问题，让你出一个主意，例如，题目是“肃清匪患”，你就条陈几个办法，并且详述利弊，显出你有经邦济世的本领。所谓“论”就是议论是非长短，或是评衡人物，刘邦和项羽究竟哪一个高明，或是判断史事，孙权究竟该不该笼络曹操。做这几类文章，你都要说理，所说的尽管是歪理，只要能自圆其说，歪也无妨。翻案文章往往见得独出心裁。这类文章有它们的传统做法。开头要一个帽子，从广泛的大道理说起，逐渐引到本题，发挥一段意思，于是转到一个“或者曰”式的相反的议论，把它驳倒，然后做一个结束。这就是所谓“起承转合”。这类文章没有什么文学价值，人人都知道。但是当作一种写作训练看，它也不是完全无用。在它的窄狭范围内，如果路走得不错，它可以启发思想，它的形式尽管是呆板，它究竟有一个形式。我从十岁左右起到二十岁左右止，前后至少有十年的光阴都费在这种议论文上面。这训练造成我的思想的定型，注定我的写作的命运。我写说理文很容易，有理我都可以说得出，很难说的理我能用很浅的话说出来。这不能不归功于幼年的训练。但是就全盘计算，我自知得不偿失。在应该发展想象的年龄，我的空洞的脑袋被歪曲到抽象的思想工作方面去，结果我的想象力变成极平凡，我把握不住一个有血有肉有光有热的世界，在旁人脑里成为活跃的戏景画境的，在我脑里都化为干枯冷酷的理。我写不出一篇过得去的描写文，就吃亏在这一点。

我自幼就很喜欢读书。家中可读的书很少，而且父亲向来不准我乱翻他的书箱。每逢他不在家，我就偷尝他的禁果。我翻出储同人评选的《史记》、《战国策》、《国语》、西汉文之类，随便看了几篇，就觉得其中趣味无穷。本来我在读《左传》，可是当作正经功课读的《左传》文章虽好，却远不如自己偷着看的《史记》、《战国策》那么引人入胜。像《项羽本纪》那种长文章，我很早就熟读成诵。王应麟的《困学纪闻》也有些地方使我很高兴。父亲没有教我读八股文，可是家里的书大半是八股文，单是祖父手抄的就有好几箱，到无书可读时，连这角落里我也钻了进去。坦白地说，我颇觉得八股文也有它的趣味。它的布置很匀称完整，首尾条理线索很分明，在窄狭范围与固定形式之中，翻来覆去，往往见出作者的匠心。我于今还记得一篇《止子路宿》，写得真唯妙唯肖，入情入理。八股文之外，我还看了一些七杂八拉的东西，试帖诗，《楹联丛话》、《广治平略》、《事类统论》、《历代名臣言行录》、《粤匪纪略》，以至于《验方新编》、《麻衣相法》、《太上感应篇》和牙牌起数用的词。家住在穷乡僻壤，买书甚难。距家二三十里地有一个牛王集，每年清明前后附近几县农人都到此买卖牛马。各种商人都来兜生意，省城书贾也来卖书籍文具。我有一个族兄每年都要到牛王集买一批书回来，他的回来对于我是一个盛典。我羡慕他有去牛王集的自由，尤其是有买书的自由。书买回来了，他很慷慨地借给我看。由于他的慷慨，我读到《饮冰室文集》。这部书对于我启示一个新天地，我开始向往“新学”，我开始为《意大利三杰传》的情绪所感动。作者那一种酣畅淋漓的文章对于那时的青年人真有极大的魔力，此后有好多年我是梁任公先生的热烈的崇拜者。有一次报纸误传他在上海被难，我这个素昧平生的小子在一个偏僻的乡村里为他伤心痛哭了一场。也就从饮冰室的启示，我开始对于小说戏剧发生兴趣。父亲向不准我看小说，家里除一套《三国演义》以外，也别无所有，但是《水浒传》、《红楼梦》、《琵琶记》、《西厢记》几种我终于在族兄处借来偷看过。因为读这些书，我开始注意金圣叹，“才子”、“情种”之类观念开始在我脑里盘旋。总之，我幼时头脑所装下的书好比一个灰封尘积的荒货摊，大部分是废铜烂铁，中间也夹杂有几件较名贵的古董。由于这早年的习惯，我至今读书不能专心守一个范围，总爱东奔西窜，许多不同的东西令我同样感觉兴趣。

我在小学里只住了一学期就跳进中学。中学教育对于我较深的影响是

"古文"训练。说来也很奇怪，我是桐城人，祖父和古文家吴挚甫先生有交谊，他所禀保的学生陈剑潭先生做古文也曾享一时盛名，可是我家里从没有染着一丝毫的古文派风气。科举囿人，于此可见一斑。进了中学，我才知道有桐城派古文这么一回事。那时候我的文字已粗清通，年纪在同班中算是很小，特别受国文教员们赏识。学校里做文章的风气确是很盛，考历史、地理可以做文章，考物理、化学也还可以做文章，所以我到处占便宜。教员们希望这小子可以接古文一线之传，鼓励我做，我越做也就越起劲。读品大半选自《古文辞类纂》和《经史百家杂钞》。各种体裁我大半都试做过。那时候我的模仿性很强，学欧阳修、归有光有时居然学得很像。学古文别无奥诀，只要熟读范作多篇，头脑里甚至筋内里都浸润下那一套架子，那一套腔调，和那一套用字造句的姿态，等你下笔一摇，那些"骨力"、"神韵"就自然而然地来了，你就变成一个扶乩手，不由自主地动作起来。桐城派古文曾博得"谬种"的称呼。依我所知，这派文章大道理固然没有，大毛病也不见得很多。它的要求是谨严典雅，它忌讳浮词堆砌，它讲究声音节奏，它着重立言得体。古今中外的上品文章似乎都离不掉这几个条件。它的唯一毛病就是文言文，内容有时不免空洞，以至谨严到干枯，典雅到俗滥。这些都是流弊，作始者并不主张如此。

兴趣既偏向国文，在中学毕业后我就决定升大学入国文系。我很想进北京大学，因为路程远，花费多，家贫无力供给，且好就近进了武昌高等师范学校。在武昌待了一年光景，使我至今还留恋的只有洪山的红菜薹，蛇山的梅花和江边几条大街上的旧书肆。至于学校却使我大失所望，里面国文教员还远不如在中学教我的那些老师。那位以地理名家的系主任以冬烘学究而兼有海派学者的习气，走的全是左道旁门，一面在灵学会里扶乩请仙，一面在讲台上提倡孔教，讲书一味穿凿附会，黑水变成黑海，流沙便是非洲沙漠。另外有一位教员讲《孟子》，在每章中都发现一个文章义法，章章不同，这章是"开门见山"，那章是"一针见血"，另一章又是"拨茧抽丝"。一团乌烟瘴气，弄得人啼笑皆非。我从此觉得一个人嫌恶文学上的低级趣味可以比嫌恶仇敌还更深入骨髓。我在武昌却并非毫无所得，我开始发现世间有那么多的书。其次，学校里有文字学一门功课，我规规矩矩地把段玉裁的《许氏说文解字注》从头看到尾，约略窥见清朝小学家们治学的方法。

塞翁失马，因祸可以得福。我到武昌是失。但是我因此得到被遣送到香港大学的机会。这是我生平一个大转机。假若没有得到那个机会，说不定我现在还是冬烘学究。从那时到现在，二十余年之中，我虽没有完全丢开线装书，大部分功夫却花来学外国文，读外国书。这对于我学中国文，读中国书的影响很大，待下文再说，现在先说一个同样重要的事件，那就是“新文化运动”。大家都知道，这运动是对于传统的文化、伦理、政治、文学各方面的全面攻击。它的鼎盛期正当我在香港读书的年代。那时我是处在怎样一个局面呢？我是旧式教育培养起来的，脑里被旧式教育所灌输的那些固定观念全是新文化运动的攻击目标。好比一个商人，库里藏着多年辛苦积蓄起来的一大堆钞票，方自以为富足，一夜睡过来，满市人都喧传那些钞票全不能兑现，一文不值。你想我心服不心服？尤其是文言文要改成白话文一点于我更有切肤之痛。当时许多遗老遗少都和我处在同样的境遇。他们咒骂过，我也跟着咒骂过。《新青年》发表的吴敬斋的那封信虽不是我写的（天知道那是谁写的，我祝福他的在天之灵），却大致能表现当时我的感想和情绪。但是我那时正开始研究西方学问。一点浅薄的科学训练使我看出新文化运动是必需的，经过一番剧烈的内心冲突，我终于受了它的洗礼。我放弃了古文，开始做白话文，最初好比放小脚，裹布虽扯开，走起路来终有些不自在；后来小脚逐渐变成天足，用小脚曾走过路，改用天足特别显得轻快，发现从前小脚走路的训练功夫，也并不算完全白费。

文言白话之争到于今似乎还没有终结，我做过十五年左右的文言文，二十年左右的白话文，就个人经验来说，究竟哪一种比较好呢？把成见撇开，我可以说，文言和白话的分别并不如一般人所想象的那样大。第一，就写作的难易说，文章要做得好都很难，白话也并不比文言容易。第二，就流弊说，文言固然可以空洞俗滥板滞，白话也并非天生地可以免除这些毛病。第三，就表现力说，白话与文言各有所长，如果要写得简练，又含蓄，富于伸缩性，宜于用文言，如果要写得生动，直率，切合于现实生活，宜于用白话。这只是大体说，重要的关键在作者的技巧，两种不同的工具在有能力的作者的手里都可运用自如。我并没有发现某种思想和感情只有文言可表现，或者只有白话可表现。第四，就写作技巧说，好文章的条件都是一样，第一是要有话说，第二要把话说得好。思想条理必须清楚，情致必须真切，境界必须新鲜，文字必须表现得恰到好处，谨严而生动，简朴不至枯涩，高华不至浮杂。文言文要好须如此，白话文要好也还须如此。话虽如此说，我大体上比较爱写白话。原因很简单，语文的重要功用是传达，传达是作者与读者中间的交际，必须作者说得痛快，读者听得痛快，传达才能收到最大的效果。为作者着想，文言和白话的分别固不大；为读者着想，白话确远比文言方便。不过这里我要补充一句：白话的定义很难下，如果它指大多数人日常所用的语言，它的字和词都太贫乏，绝不够用。较好的白话文都不免要在文言里面借字借词，与日常流行的话语究竟有别。这就是说，白话没有和文言严密分家的可能。本来语文都有历史的赓续性，字与词有部分的新陈代谢，绝无全部的死亡。提倡白话文的人们欢喜说文言是死的，白话是活的。我以为这话语病很大，它使一般青年读者们误信只要会说话就会做文章，对于文字可以不研究，对于旧书可以一概不读，这是为白话文作茧自缚。白话文必须继承文言的遗产，才可以丰富，才可以着土生根。

因为有这个信念，我写白话文，不忌讳在文言中借字借词。我觉得文言文的训练对于写白话文还大有帮助。但是我极力避免用文言文的造句法，和文言文所习用的虚字如“之乎者也”之类。因为文言文有文言文的空气，白话文有白话文的空气，除借字借词之外，文白杂糅很难得谐和。俞平伯诸人的玩艺只可聊备一格，不可以为训。

我对于白话文，除着接收文言文的遗产一个信念以外，还另有一个信念，就是它需要适宜程度的欧化。我从略通外国文学，就时时考虑怎样采取外国文学风格和文字组织的优点，来替中国文学创造一种新风格和新组织。我写白话文，除得力于文言文的底子以外，从外国文字训练中也得了很不少的教训。头一点我要求合逻辑。一番话在未说以前，我必须把思想先弄清楚，自己先明白，才能让读者明白，糊里糊涂地混过去，表面堂皇铿锵，骨子里不知所云或是暗藏矛盾，这个毛病极易犯，我总是小心提防着它。我不敢说中国文人天生有这毛病，不过许多中国文人常犯这毛病却是事实。我知道提防它，是得力于外国文字的训练。我爱好法国人所推崇的明晰。第二点我要求合文法。文法本由习惯造成，各国语文都有它的习惯，就有它的文法。不过我们中国人对于文法向来不大研究，行文还求文从字顺，说话就不免随便。中国文法组织有两个显著的缺点。第一是缺乏逻辑性，一句话可以无主词，“虽然”“但是”可以连着用。第二是缺乏弹性，单句易写，混合句与复合句不易写，西文中含有“关系代名词”的长句无法译成中文，可以为证。我写白话文，常尽量采用西文的文法和语句组织，虽然同时我也顾到中国文字的特性，不要文章露出生吞活剥的痕迹。第二点在造句布局上我很注意声音节奏。我要文字响亮而顺口，流畅而不单调。古文本来就很讲究这一点，不过古文的腔调必须哼才能见出，白话文的腔调哼不出来，必须念出来，所以古文的声音节奏很难应用在白话文里。近代西方文章大半是用白话，所以它的声音节奏的技巧和道理很可以为我们借鉴。这中间奥妙甚多，粗略地说，字的平仄单复，句的长短骈散，以及它们的错综配合都须得推敲。这事很难，成就距理想总是很远。

我主张中文要有“适宜程度的”欧化，这就是说，欧化须有它的限度，它不应和本国的文字的特性相差太远。有两种过度的欧化我颇不赞成。第一种是生吞活剥地模仿西文语言组织。这风气倡自鲁迅先生的直译主义。“我遇见他在街上走”变成“我遇见他走在街上”，“园里有一棵树”变成“那里有一棵树在园里”，如此等类的歪曲我以为不必要。第二种是堆砌形容词和形容子句，把一句话拖得冗长啼肿。这在西文里本不是优点，许多作者偏想在这上面卖弄风姿，要显出华丽丰富，他们不知道中文句字负不起那样重载。为了这个问题，我和一位朋友吵过几回嘴。我不反对文字的华丽，但是我不欢喜村妇施朱敷粉，以多为贵。

这牵涉风格问题，“风格就是人格”。每个作者有他的特性，就有他的特殊风格。所以严格地说，风格不是可模仿的或普遍化的，每个作者如果在文学上能有特殊的成就，他必须成就一种他所独有的风格。但是话虽如此说，他在成就独有的风格的过程中，不能不受外来的影响。他所用的语言是大家所公用的，他所承受的精神遗产来源很久远，他与他的环境的接触影响到他的生活，就能影响到他的文章。他的风格的形成有他的特异点，也有他与许多人的共同点。如果把这共同点叫作类型，我们可以说，一时代的文学有它的类型的风格，一民族的文学也有它的类型的风格。这类型的风格对于个别作家的风格是一个基础。文学需要“学”，原因就在此。像其他人类活动一样，文艺离不开模仿，不模仿而能创造，那是无中生有，不可想象。许多作家的厄运在不学而求创造，也有许多作家的厄运在安心模仿而不求创造。安于模仿，类型的风格于是成为呆板形式，而模仿者只是拿这呆板形式来装腔作势，装腔作势与真正文艺毫无缘分。从历史看，一个类型的风格到了相当时期以后，常易变成呆板形式供人装腔作势，要想它重新具有生命，必须有很大的新的力量来震撼它，滋润它。这新的力量可以从过去另一时代来，如唐朝作家撇开六朝回到两汉，十九世纪欧洲浪漫派撇开假古典时代回到中世纪；也可从另一民族来，如六朝时代接受佛典，英国莎士比亚时代接受意大利的文艺复兴。从整个的中国文学史看，中国文学的类型的风格到了唐宋以后不断地在走下坡路，我们早已到了“文敝”的阶段，个别作家如果株守故辙，虽有大力也无能为力。西方文化的东流，是中国文学复苏的一个好机会。我们这一个时代的人所负的责任真重大，我们不应该错过这机会。我以为中国文的欧化将来必须逐渐扩大，由语句组织扩大到风格。这事很不容易，有文学天才的人不一定有时间与精力研究西方文学，有时间精力研究西方文学的人也不一定有文学天才。假如我有许多年青作家的资禀，再加上丰富的生活经验，也许多少可以实现我的愿望，无如天注定了我资禀平凡，注定了我早年受做时文的教育，又注定了我奔波劳碌，不得一刻闲，一切愿望于是成为苦恼。

文学是人格的流露。一个文人先须是一个人，须有学问和经验所逐渐铸就的丰富的精神生活。有了这个基础，他让所见所闻所感所触借文字很本色地流露出来，不装腔，不作势，水到渠成，他就成就了他的独到的风格，世间也只有这种文字才算是上品文字。除着这个基点以外，如果还另有什么资禀使文人成为文人的话，依我想，那就只有两种敏感。一种是对于人生世相的敏感。事事物物的哀乐可以变成自己的哀乐，事事物物的奥妙可以变成自己的奥妙。“一花一世界，一草一精神。”有了这种境界，自然也就有同情，就有想象，就有彻悟。其次是对于语言文字的敏感。语言文字是流通到光滑污滥的货币，可是每个字在每一个地位有它的特殊价值，丝毫增损不得，丝毫搬动不得。许多人在这上面苟且敷衍，得过且过，对于语言文字有敏感的人便觉得这是一种罪过，发生嫌憎。只有这种人才能有所谓“艺术上的良心”，也只有这种人才能真正创造文学，欣赏文学。诗人济慈说：“看一个好句如一个爱人。”在恋爱中除着恋爱以外，一切都无足轻重；在文艺活动中，除着字句的恰当选择与安排以外，也一切都无足轻重。在那一刻中（无论是恋爱或是创作文艺），全世界就只有我所经心的那一点真实，其余都是虚幻。在这两种敏感之中，对于文人，最重要的是第二种。古今有许多哲人和神秘主义的宗教家不愿用文字泄露他们的敏感，像柏拉图所说的，他们宁愿在诗里过生活，不愿意写诗。世间也有许多匹夫匹妇在幸运的时会中偶然发现生死是一件沉痛的事，或是墙角一片阴影是一幅美妙的景象，可是他们无法用语言文字把心中的感触说出来，或是说的不是那么一回事。文人的本领不只在见得到，尤其在说得出。说得出，必须说得“恰到好处”，这需要对于语言文字的敏感。有这敏感，他才能找到恰好的字，给它一个恰好的安排。

人生世相的敏感和语言文字的敏感都大半是天生的，人力也可培养成几分。我在这两方面得之于天的异常稀薄，然而我对于人生世相有相当的了悟，运用语言文字也有相当的把握。虽然是自己达不到的境界，我有时也能欣赏，这大半是辛苦训练的结果。我从许多哲人和诗人方面借得一副眼睛看世界，有时能学屈原、杜甫的执着，有时能学庄周、列御寇的徜徉凌卢，莎士比亚教会我在悲痛中见出庄严，莫里哀教会我在乖讹丑陋中见出隽妙，陶潜和华兹华斯引我到自然的胜境，近代小说家引我到人心的曲径幽室。我能感伤也能冷静，能认真也能超脱。能应俗随时，也能潜藏非尘世的丘壑。文艺的珍贵的雨露浸润到我的灵魂至深处，我是一个再造过的人，创造主就是我自己。但是，天！我能再造自己，我不能把接收过来的世界再造成一世界。莪菲丽雅问哈姆雷特读什么，他回答说：“字，字，字！”我一生都在“字”上做功夫，到现在还只能用“字”来做这世界里面的日常交易，再造另一世界所需要的“字”常是没到手就滑了去。圣约翰说：“太初有字，字和上帝在一起，字就是上帝。”我能了解字的威权，可是我常慑服在它的威权之下，原来它是和上帝在一起的。

王静安的《浣溪沙》

王静安先生在《人间词乙稿序》里教他自己的生平得意之作仅三四首，其第一首即《浣溪沙》，原词如下：

天末同云黯四垂，失行孤雁逆风飞，江湖寥落尔何归？

陌上挟丸公子荧，座中调醯丽人嬉，今宵欢宴胜平时。

他自己的评语是：

意境两忘，物我一体，高蹈乎八荒之表，而抗心乎千秋之间。

我从前初读这首词时，觉得作者自许不免过高，如论意境。也只有“失行孤雁”二句沉痛凄厉。去夏过武昌，和友人谭蜀青君谈到这首词，他也只赞赏前段。并且说后段才情不济，有些硬凑。后来我再稍加玩索，才觉悟谭君和我从前所见的都是大错。这首词本不甚难，但是略一粗心。差之毫厘，便谬以千里，从此可见读诗之难。

这首词容易被人误解。因为前后两段所描写的是两面相反的图画，两种相反的情感。它仿佛是两幕戏。前幕布景是风云惨黯，江湖寥落，角色是孤雁，剧情是“失行”和“逆风飞”。全幕空气极阴沉。调情也极凄惨。后幕布景由黯云荒野一变而为高堂华烛，角色是公子丽人，剧情是烹雁欢宴，全幕空气极浓丽，情调也极快活。这两幕戏中以前幕为较易了解，因为它完全是正写，它只有一种功用，就是把孤雁的凄凉身世写出来。后幕则完全是侧写，好比项庄舞剑，意在沛公，表面上虽是渲染公子丽人的欢乐，骨子里则仍反映孤雁的悲剧。这一点反映容易被粗心人忽略。但是它是全词的精彩所在，因为它，前段显得更凄惨，后段显得很深微曲折。此种写法类似莎士比亚在悲剧中穿插喜剧而实有不同。“悲喜杂剧”中的喜剧功用在暂时和缓高度的紧张。这首词则以欢宴收场，并非一种穿插，它的功用全在以乐境反衬悲境，好比画事以浓阴反衬强光一样。单论后段本身，它完全是一种乐境，但是因为摆在前段旁边，两两相形，它反而比较前段更深刻沉痛。如果没有感到“今宵欢宴胜平时”句的深刻沉痛，就完全失去这首词的妙处了。

友人废名君有一次来闲谈，提起六朝文学，他告诉我说：“你别看六朝人的词藻那样富丽，他们的内心实有一种深刻的苦痛。”这句话使我非常心折。六朝人的词藻富丽，谁也知道。他们的内心苦痛，稍用心体察的人们也可以见出。废名君的灵心妙悟在把他们的词藻富丽和内心苦痛联在一起说，仿佛见出这两件事有因果关系。我当时没有问废名君，依他看，这种关系究竟如何。依我揣想，尼采对于古希腊人所说的“由形相得解脱”也许可以应用到六朝人。词藻富丽是他们拿来掩饰或回避内心苦痛的。他们愈掩饰，他们的苦痛愈显得深沉。看六朝人的作品。首先要明白这一点。如果只看到词藻富丽，那就只看到空头架子了。写到这里，我想起况周颐在《蕙风词话》里批评纳兰容若的话：

> 寒酸语不可作。即愁苦之音，亦以华贵出之，饮水词之所以为重光后身也。

“愁苦之音，亦以华贵出之”是六朝人的妙处，是李后主和纳兰容若的妙处，也是这首词后段的妙处。前段不如后段。因为它仍不免直率，仍不免是“寒酸语”。

读李义山的《锦瑟》

诗的佳妙往往在意象所引起的联想，例如李义山的《锦瑟》：

锦瑟无端五十弦，一弦一柱思华年。
庄生晓梦迷蝴蝶，望帝春心托杜鹃。
沧海月明珠有泪，蓝田日暖玉生烟。
此情可待成追忆，只是当时已惘然！

全诗精彩在五六两句，但这两句与上下文的联络似不甚明显，尤其是第六句像是表现一种和暖愉快的景象，与悼亡的主旨似不合。向来注者不明白晚唐诗人以意象触动视听的技巧，往往强为之说，闹得一塌糊涂。他们说“玉生烟已葬也，犹言埋香瘗玉也”，“沧海蓝田言埋韫而不得自见”，“五六赋华年也”，“珠泪玉烟以自喻其文采”。（见朱鹤龄《李义山诗笺注》。萃文堂三色批本。）这些说法与上下文都讲不通。其实这首诗五、六两句的功用和三、四两句相同，都是表现对于死亡消逝之后，渺茫恍惚，不堪追索的情境所起的悲哀。情感的本来面目只可亲领身受而不可直接地描写，如须传达给别人知道，须用具体的间接的意象来比拟。例如，秦少游要传出他心里一点凄清迟暮的感觉，不直说而用“杜鹃声里斜阳暮”的景致来描绘。李义山的《锦瑟》也是如此。庄生蝴蝶，固属迷梦，望帝杜鹃，亦仅传言。珠未尝有泪，玉更不能生烟。但沧海月明，珠光或似泪影，蓝田日暖，玉霞或似轻烟。此种情景可以想象揣摩，断不可拘泥地求诸事实。它们都如死者消逝之后，一切都很渺茫恍惚，不堪追索；如勉强追索，亦只“见长安见尘雾”，仍是迷离隐约，令人生哀而已。四句诗的佳妙不仅在唤起渺茫恍惚不堪追索的意象，尤在同时能以这些意象暗示悲哀，“望帝春心”和“月明珠泪”两句尤其显然。五、六句胜似三、四两句，因为三、四两句实言情感，犹着迹象，五、六两句把想象活动区域推得更远、更渺茫、更精微。一首诗的意象好比图画的颜色阴影浓淡配合在一起，烘托一种有情致的风景出来。李义山和许多晚唐诗人的作品在技巧上很类似西方的象征主义，都是选择几个很精妙的意象出来，以唤起读者多方面的联想。这种联想有时切题，也有时不切题。就切题的方面说，“沧海月明”两句表现消逝渺茫的悲哀，如上所述，但是我们平时读这两句诗，常忽略过这切题的一方面，珠泪玉烟两种意象本身已很美妙，我们的注意力大半专注在这美妙意象的本身。从这个实例看，诗的意象有两重功用，一是象征一种情感，一是以本身的美妙击愉悦耳目。这第二种功用虽是不切题的，却自有存在的价值。《诗经》中的“兴”大半都是用这种有两重功用的意象。例如，“何彼秾矣，唐棣之华。曷不肃雍，王姬之车”；“燕燕于飞，差池其羽，之子于归，远送于野”；“蒹葭苍苍，白露为霜，所谓伊人，在水一方”诸诗起首二句都有一方面是切题的，一方面是不切题的。

“舍不得分手”

我只读过《日出》而没有看到它上演，依我想，它演起来一定比读起来更生动。经得演的戏不一定经得读，经得读的戏也不一定经得演。曹禺先生对于空气的渲染，剧境的制造，性格的描绘以及对话的衡量都很拿手，这些都是上演成功的要素，假如演员合乎理想，《日出》定是一个痛快淋漓的作品。不过读剧者有余暇揣摩斟酌，他的冷静的头脑不易被顷刻间的生动情境所卷进去，就不免瞻前顾后，较量到剧情与性格的起伏生展，以及作者对于人生的深一层的观照种种问题。一较量到这些问题，曹禺先生的艺术似乎离老练成熟还有些距离。这里我只说个人读《日出》后所感到的一些欠缺。

在布局方面，《日出》有三条线索：第一是主角陈白露抛弃方达生而沦落到城市淫奢恶毒生活的旋涡里，终于因负债失望而自杀；第二是一位乡下姑娘“小东西”因反抗卖身于土豪金八而求庇于陈白露，终于被地痞黑三架去，卖到一个三等妓院里，后来因不堪凌虐而自杀；第三是陈白露所依靠的财神大丰银行经理潘月亭因投机买债券失败而打好了自杀的计算。其余一切剧情都是这三个线索的附带的穿插。这三个线索之中，第二个关于“小东西”的一段故事和主要动作实在没有必然的关联，它是一部可以完全独立的戏。它在《日出》里最大的功用只在帮助方达生——也许是陈白露——多了解一层城市生活的罪恶。但是曹禺先生并没有把这节外枝叶和本干打成一片，它在《日出》里只能使人起骈姆枝指之感。如果把有关这段故事的部分——第一幕后部以及第三幕全部——完全割去，全剧不但没有损失，而且布局更较紧凑。第三幕毛病很多，它的四方八面的烘染比较宜于电影而不易表演于剧台，并且就很怀疑曹禺先生对于他所写的北方三等妓院有正确深刻的认识。

曹禺先生对于第三幕不肯割爱的苦衷，我们也不难想象到。割去第三幕，全剧就要变成一篇独幕剧，他在附注里虽然声明“第三、四幕发生的时间是在第一、二幕一星期后”，其实割去第三幕之后，把附带的穿插略加更动——如银行小书记黄省三失业而毒杀全家人之类——《日出》是很容易改成独幕剧的。剧景始终是“在××旅馆的一间华丽的休息室内”，重要的剧情也并没有改场换面的必要。曹禺先生便把一篇独幕剧的材料做成一篇多幕剧，于是插进本非必要的第三幕来改换一下场面，又把第四幕的时间不必要地移后一星期。这虽是一种救济，可是也暴露出这部戏的基本弱点。《日出》的主要阵容根本没有生展，陈白露失望自杀的阵容从第一幕就布好——作者不是常提起那瓶安眠药？《日出》的性格根本没有生展，陈白露始终是一位堕落的摩登少女，方达生也始终是一位老实呆板令人起喜剧之感的书呆子。《日出》所用的全是横断面的描写法，一切都在同时间之内摆在眼前，各部分都很生动痛快，而全局却不免平直板滞。

最后，我读完《日出》，想到作剧的一个根本问题，就是作者对于人生世相应该持什么样的态度，他应该很冷静很酷毒地把人生世相的本来面目揭给人看呢？还是送一点“打鼓骂曹”式的义气，在人生世相中显出一点报应昭彰的道理来，自己心里痛快一场，叫观众看着也痛快一场呢？对于这两种写法我不敢武断地说哪一种最好，我自己是一个很冷静的人，比较欢喜第一种，而不欢喜在严重的戏剧中尝甜蜜。在《日出》中我不断地尝到义愤发泄后的甜蜜。“小东西”不肯受金八的蹂躏，下劲打他一耳光，我——一个普通的观众——看得痛快，她不受阿根的欺侮，又下劲打他一耳光，那是我亲眼看见的，更觉得痛快。不过冷静下来一想，这样勇敢的举动和憨痴懦弱的“小东西”的性格似不完全相称，我很疑心金八和阿根所受的那几个巴掌，是曹禺先生以作者的资格站出来打的。

李石清裁去了黄省三，逼得他失业，毒杀全家，图谋自杀。潘月亭听到债券大涨的消息，不怕李石清漏掉他的底细，当面臭骂他一顿。但是转瞬间电话机一响，债券大落了。李石清马上就回敬潘月亭一顿臭骂，继着就是疯狂的黄省三出场揶揄李石清。古话说得好，“善恶报应，就在眼前”。我——一个普通的观众一看到这里，觉得痛快，觉得要金圣叹来下一句眉批：“读此当浮一大白！”但是这究竟是小说，实际上在这个悲惨世界里，有冤不得申，有仇不得报，哑口吃黄连，苦在心里，是比较更平常的事。陈白露堕落失望，自杀，“小东西”不堪妓院的虐待，自杀；潘月亭投机失败，自杀；黄省三失业没有方法养家活口自杀。人反正不过是一条命，到了绝路便能够自杀毕竟也还是一件痛快事，但是这究竟也还是小说，是电影。实际上在这个悲惨世界里这条命究竟不是可以这样轻易摆布得去，有许多陈白露在很厌倦地挨他们的罪孽的生命，有许多“小东西”很忠于职守地卖她们的皮肉，有许多潘月亭翻了一个筋头又成了好汉，大家行尸走肉似的在悲剧生活中翻来覆去，而没有意识到自己是在演悲剧。这就是我们时代的最大的悲剧。在第三幕附注中曹禺先生告诉我们他不肯因为“叫‘太太小姐们’看着舒服些”而救“小东西”的命，他能说几句话，我相信他多少能够接收我这一点拙见，可是在实际上，“叫‘太太小姐们’看着舒服些”，对于作剧家是一个很大的引诱，而曹禺先生也恐怕在无意之中受了这种引诱的迷惑。

《日出》的布景与命题显然有一种象征的意义。我们看完《日出》，不能不问：黑暗去了，光明来了，以后的事情究竟怎样呢？方达生在最后一幕收场所给我们的希望是：“我们要一齐做点事，跟金八拼一拼。”这不能不使我们觉得这是一种“倒降顶点”（anti—climax）。偌大的来势就落到这么一个收场吗？杀了金八，就能把这个黑暗世界改成光明的吗？我们觉得，方达生那么一个心有余而力不足的书呆子实在不能担当《日出》以后的重大责任。他的性格应该写得比较聪明活泼些，比较伟大些。他对于阿根所鄙弃的提夯杵唱夯歌的劳动阶级，应该不仅只有一种书生的同情，应该还有一种有组织有计划的关联。曹禺先生所暗示的一线光明始终是在后台，始终是一种陪衬。我们不能使它较密切地和主要动作打成一片，甚至特别留一幕戏的地位给它吗？

以上都是对于贤者求全责备的话。让这一面之词发表出去，对于《日出》实在不很公平。《日出》有许多好处，如果我有时间和篇幅，我可以做一篇比这篇较长的文章来写我对于它的赞赏。不过我想“捧场”的话，对于曹禺先生这样一位有希望的聪明作家是不必需的。以他那一管伶俐生动的笔，我们有理由盼待更完善的作品出来。我真有些舍不得放下笔，他所描写的那一群活灵活现的坏蛋——张乔治，阿根，潘月亭，李石清，尤其是那个顾八奶奶和她的“面首”胡四——真叫人舍不得分手！

与梁实秋先生论“文学的美”

实秋兄：

许多朋友都谈到你在《东方杂志》新年号所发表的《文学的美》，老早就想拜读，一直到今日才能读到，在费许多力找到一册《东方杂志》之后。你说得很斩截，一点不含糊，我读了觉得很痛快。你所谈的问题在我心里也盘桓了好久，我的意见也经过几番冲突。就现在说，我对于尊见有相同也有不相同的地方。意见不同，参较起来，往往顶有趣。所以我写这封信来和你一商量。

你那篇文章有三个要点：

一、“美学的原则往往可以应用到图画音乐，偏偏不能应用到文学上去，即使能应用到文学上去，所讨论的也只是文学上最不重要的一部分——美。”

二、“文学的美只能从文字上着眼。”文字的美不外音乐的美和图画的美，而这两种美在文学上都有限度，所以“美在文学里的地位是不重要的。”

三、文学的题材是“人的活动”，“文学家不能没有人生观，不能没有思想的体系。因此文学作品不能与道德无关。”“若是读文学作品而停留在美感经验的阶段，不去探讨其道德的意义，虽然像是很‘雅’，其实是‘探龙颔而遗骊珠’”。“文学是道德的，但不注重宣传道德。”

这三个要点又可归纳到一个基本观念里去——“文学的道德性”。“类型”不能混淆，文学所以特异于其它艺术的就是它的道德性。其它艺术可以只是美，而在文学中美并不重要，最重要的是道德性。

“摘句”不是妥当的办法，你提出很多的例证说明你的基本主张，要完全明白你的意思，自然要读你的原文全豹。不过我希望在这个提要里我没有误解你的学说。我现在分条陈述鄙见聊供参较。

一、美学原理是否可以应用在文学上呢？你的意思是：美学要“分析快乐的内容，区别快乐的种类”，而文学批评“最重要的问题乃是‘文学应该不应该以快乐为最终目的’；这‘应该’两个字是美学所不过问而是伦理学的中心问题，所以文学批评与哲学之关系，以对伦理学为最密切”。你的意思是要着重“自然科学”与“规范科学”的分别，这是对的；你把美学看成“自然科学”，这也是对的。不过你如果以为文学批评和伦理学只能是“规范科学”而不能同时是“自然科学”恐怕有点问题。伦理学已从“规范科学”逐渐转为“自然科学”，文艺批评好像也有这种趋势。这就是说，它们不仅坐在太师椅上用严厉的口吻叫人“应该如此不应该如彼”，而同时也用自然科学方法证明“事实是如此如此”。你自己在那篇文章里就常用这第二种方法。如果承认文艺批评有同时是“自然科学”的可能，我想它和美学的关系或不如你所说的那样不重要。因为美学的功用除你所说的“分析快乐的内容，区别快乐的种类”之外还要分析创造欣赏的活动，研究情感意象和传达媒介的关系，以及讨论一种作品在何种条件之下才可以用“美”字形容；而这些工作也是文艺批评所常关心的，每个重要的批评家——从希腊时代到现代——都可以为例证。《文学的美》的作者也似乎因文学批评而牵涉美学问题。我以为美学和文艺批评确实有一个重要的异点，但是它不在一个是“自然科学”，一个是“规范科学”，而在一个是“纯粹科学”（美学），一个是“应用科学”（文艺批评）。文艺批评不能不根据美学，正犹如应用科学不能不根据纯粹科学。

二、文学的美是否只能从文字上着眼呢？这要看“美”怎样讲，和“文字”怎样讲。“美”字不容易讲清楚，但是我觉得你所给的美的定义非常简单恰当。“一件事物在客观上须具美的条件，而欣赏者在主观上亦须具备审美的修养。有修养的人遇见一个美的条件具备的物，美感经验便可以发生。”这个定义包含三项要素：（一）物的美的条件，（二）人的审美修养，（三）人与物接触后所生的美感经验。如果离开这三要素中任何一项而去讲美，不是犯唯心主义的毛病，就是犯唯物主义的毛病，你自己在那篇文章里说得很清楚。不过在阐明你的基本学说时，你似乎放弃了你的出发点，而专从第一个要素——物的美的条件——去讲文学的美。这办法有毛病，你所举的 Birkhoff 的例子和 Perry 的例子都可以证明。物的条件的美尽管相同——如 Perry 的两个例子——而在事实上可以不是同样的美。所以你从文字所给的声音和图画两方面讨论"文学的美"，恐怕还是像一般分析技巧者一样，只能注意到形骸而遗去精髓。这种办法本来是你所反对的，但是你认定文学的美只能在音乐图画上见出，恐怕要被逼走上这条路。

其次，讲到"文字"问题，你所说的"文学的美只能从文字上着眼"可以做两样解法。一、文学所表现的都要借文字为媒介而传达出去；要了解文学的美，一定要根据文字所传达的。二、文学所用的文字本身有某几方面可以见出美，而文学的美也一定只能从这几方面见出。前一种看法是无可辩驳的，后一种看法无疑地是错误的，而且从你的文学见解看你一定以为它是错误的。但是你在说"文学的美只能从文字上着眼"时，你是指哪一种解法呢？你说，文字包含（一）声音，（二）图画，（三）情感经验，人生社会现象，道德意识等三要素。在这三要素之中，你只承认声音和图画可以美，而情感经验，人生社会现象，道德意识等则"与美无关"。这样看来，你似乎在无心之中采用上述第二种解法。至少，你的"文学的美只能从文字上着眼"一句话，如果说得明白一点，应该是"文学的美只能在文字所给的一部分东西上——音乐和图画——见出"。

这一说在你那篇文章里最为创见，也最易引人怀疑。何以情感经验，人生社会现象，以至于道德意识不能成为美感经验的对象呢？你的基本学说能否成立，就要看你对于这个问题能否回答得圆满。你在那篇文章里似乎没有给读者所期望的答复。

问题的焦点在你所说的"图画"两个字。它可以指（一）画家的作品（picture），可以指（二）心中的视觉意象（visual image），可以指（三）心中的一切意象（mental image），包含视听嗅味触运动诸器官所生的印象在内，也可以指（四）心中一切观照的对象（object of contemplation），即一般人所说的"意境"。文学的"图画"究竟是指哪一种呢？你所说的"图画"似乎专指"视觉意象"，所以说"离开视觉便无所谓意境"。不过我的一点心理学和文艺的粗浅常识令我对于这种看法起怀疑。视觉以外的器官都不能产生意象吗？文艺绝对不用视觉以外的意象吗？这一层还是小事，最大的问题是你把文学中的情感经验，人生社会现象和道德意识都认为"与美无关"。你所以达到这个结论似乎因为你想这些东西不能成为"图画"。不错，它们不能成为"视觉意象"；但是它们可以成为"观照对象"，或"意境"。可以成为"观照对象"的事物都有令人觉得"美"的可能。这是柏拉图在《会饮篇》里所得的结论，后来思想家做同样看法的不可胜数。康德的名言也可以为证。他说："世间有两件事物你愈观照愈觉其伟大幽美，一是天上的繁星，一是我们心里的道德律。"一切"好"的东西都可以看成"美"的，这也是常识所给的判断，在中文里，"好"与"美"有时是同义字，你也许比我知道得更清楚，希腊文和近代德文都只有一个字（kavos 和 schŏn）公用于"好"与"美"。在英文里"好"（good）和"美"（beautiful）虽分开，有时也可以互代。法文的"好"（bon）和"美"（beau）也是如此。你在那篇文章末尾引《创世纪》第一段说"有人曾指陈：上帝看光是好的，没有看光是美的……虽是神话，可深长思"。我不懂希伯来文，不知"好"字在原文中所有的分寸，不过就语气而论，我觉得这里"好"字并不必是专指"善"或专指"美"，而是同时指"善"又指"美"的，也许指"美"的成分还更多。

你的文学的图画观还逼你走上另一种可使人认为危险的路，就是否认长篇作品可以当作一个完整的"意境"看。你说，"像日本芭蕉的俳句……寥寥十余字，画出一个完美的意境。长了便不行。……'莎士比亚'的伟大的悲剧……"谈不到什么意境。顶多我们只可以摘句，说某某佳句有好的意境；若就整个的来讲，其意义当别有所在。……所谓意境在伟大作品里永远是点缀而已。"你和我都同样地爱好"古典"。你在这里似乎放弃了"古典主义"一个基本信条——艺术的有机的完整性。这层姑且不说，且信任常识。我们不能把莎士比亚的《李尔王》或是弥尔顿的《失乐园》看作一座伟大的建筑，在心中造成一个丰富而完整的意象，而觉得它的部分与部分以及部分与全体互相映衬，互相撑持，互相调和吗？就拿图画来作比，我们不能把它看作一幅长手卷或是一间大壁画，而觉到它前后左右景物的承接，阴阳照应，气魄贯注吗？前人本有诗不宜长的说法，爱伦·坡和你同样想，你所攻击的克罗齐也和你同样想。不过他们所以为不能延长持久的是情感，而你所指的是“图画”是“意境”。情感和意境本相联，不过情感能否延长持久和意境能否延长持久似为两个不同的问题。把你的学说推到它不可免的结论，欣赏长篇作品就成为不可能的事了。

三、“文学家不能没有人生观，不能没有思想的体系，因此文学作品不能与道德无关。”在这个基本问题上我和你的态度是完全一致的。不过你以为“与道德有关”是文学所以异于其它艺术的。你在第一段里说，看一幅画，我们只能说“美”，看一篇文学作品，我们不能只说“美”，还得说“好”。你在最后一段里说，“文艺虽是艺术而不纯是艺术，文学和音乐图画是不同的”，所谓“不纯是艺术”者则在“文学家不能没有人生观，不能没有思想的体系，文学作品不能与道德无关”。请问：站在同样的立场上，我们不能说其他艺术家也有同样的需要吗？想一想中世纪及文艺复兴时代的艺术全部，想一想贝多芬的乐曲，想一想中国所流行的文人画，我们可以说这些和文学的不同在它们“与道德无关”吗？在它们的作者“没有人生观和思想的体系”吗？

其次，文艺是否有关道德是一个问题，文艺应否有意宣传道德又是另一个问题，你分辨得很清楚，但是你说读者读任何作品都必“探讨其道德的意义”，我也颇怀疑。作者既不必“宣传道德”，读者何以必须在他的作品中“探讨其道德的意义”呢？而且“与道德有关”和“有道德的意义”似也微有分别。一个作品可以“与道德有关”（就其为人生观照及产生影响而言）而没有“道德的意义”（就其不宣传道德教训而言）。你提起莎士比亚，我想来想去，除了他对于人生观照深广冷静而外，想不出他的哪一部作品里有所谓“道德的意义”。我相信我可以在无形中从读他的作品而得到道德的影响，但是我不能在他的任何作品里探讨出一个可以明白地叙述出来的“道德的意义”。不过关于这一层，我很愿自招愚昧。我只是提出一个愚昧者的疑问，不敢下什么结论。

话说得太冗长了。我现在把我的意见总束起来。维护文学的“道德性”，我和你同样的热心。我们所不同者：（一）你以为“道德性”是文学与其它艺术的相异点，文学不纯粹的是艺术，我以为它是一切艺术的共同点，文学是一种纯粹的艺术；（二）你以为“道德性”在文学中是超于美的，我以为它在文学中可以成为美感观照的对象，“真”与“善”可以用“美”字形容，正犹如“美”可以用“真”字或“善”字形容；（三）因为上述两种分歧，你所谓“美”意义比较狭窄，专指文字所给的音乐和图画，所以你认为“美”在文学中最不重要；我所谓“美”含义较广，指文字所传达的一切——连情感思想在内，所以我认为“美”在文学中的重要不亚于其它艺术。这些都是基本上的分别。至于（一）美学原则可否应用于文学批评和（二）长篇作品可否具完整意境两点似乎都是枝节问题。

我觉得你在《文学的美》里所提出来的是一个很重要的问题，值得大家仔细讨论。我在这封信里所写出来的是对于这个问题的另一种看法。我很希望你能够抽出一点功夫来把它衡量一下，不客气地加以评正，专此顺颂

著祺。

弟朱光潜敬启

1937年2月22日

《望舒诗稿》[1]

一个“伴着孤岑的少年人”“用他二十四岁的整个的心”，在“晚云散锦残日流金”的时候，“行在微茫的山径”，看他自己的“瘦长的影子飘在地上”，“像山间古树的寂寞的幽灵”。那时寒风中正有雀声，他向那“同情的雀儿”央求：“唱啊，唱破我芬芳的梦境！”他抬头望见白云，心里像有什么像白云一样的沉郁，“而且要对它说话也是徒然的，正如人徒然向白云说话一样”。到“幽夜偷偷地从天末来”时，他对“已死美人”似的残月唱“流浪人的夜歌”，祝他自己“与残月同沉”。他是一个“最古怪的”夜行者，“戴着黑色的毡帽，迈着夜一样静的步子”。他“走到了嚣嚷的酒场，不想回去，好像在寻找什么”。他低声向“飘来一丝媚眼”说，“不是你”，“然后踉跄地又走向他处”。回到家时，他抱着陶质的烟斗，静听他的记忆“老讲着同样的故事”，或是看他的梦“开出娇妍的花”，“金色的贝吐出桃色的珠”；或是坐在“憧憬之雾的青色的灯”下“展开秘藏的风俗画”。这种幸福的夜不是没有它的灾星。他会整夜地做“飞机上的阅兵式”，看“每个爱娇的影子”“列成桃色的队伍”，寻不着“什么地方去喘一口气”。

像一般少年，他最留恋的是春与爱。“春天已在斑鸠的羽上逡巡着了”，他“撑着油纸伞，独自彷徨在悠长又寂寥的雨巷”，“希望逢着一个丁香一样地结着愁怨的姑娘”。他问路上的姑娘要“那朵簪在发上的小小的青色的花”，或是和她唱和“残叶之歌”，或是款步过那棵苍翠的松树，“它曾经遮过你的羞涩和我的胆怯”，或是邀她坐江边的游椅说：“啮着沙岸的永远的波浪，总会从你投出着的素足撼动你抿紧的嘴唇的。”但是他也

[1] 《望舒诗稿》上海杂志公司1937年1月初版。——编者

经过爱的一切矛盾，虽是“一个可怜的单恋者”，当一个少女开始爱他的时候，他“先就要栗然地惶恐”，他告诉愿“追随他到世界的尽头”的人说：“你在戏谑吧！你去追平原的天风吧！”

他是“一个怀乡病者”，他常“渴望着回返到那个如此青的天”。“小病的人嘴里感到莴苣的脆嫩，于是有了家乡小园的神往”。但是他有时自慰：“因为海上有青色的蔷薇，游子要萦系他冷落的家园吗？还有比蔷薇更清丽的旅伴呢。”因为他有怀乡病，对同病者特别同情。百合子向他微笑着，“这忧郁的微笑使他也坠入怀乡病里”。

这“辽远的国土的怀念者”原来是“青春和衰老的集合体”。他感觉最深刻的是中年人的悲哀。他“只愿在春天里活几朝”，而他“心头的春花已不更开”。他“知道秋所带来的东西的重量”。从前在他耳边低声软语着“在最适当的地方放你的嘴唇”的，他已经记不清是樱子还是谁了。他自觉得是在唱“过时”的歌曲：

> 老实说，我是一个年轻的老人了：
> 对于秋草秋风是太年轻了，
> 而对于春月春花却又太老。

这是《望舒诗稿》里所表现的戴望舒先生和他所领会的世界。这个世界是单纯的，甚至可以说是平常的，狭小的，但是因为是作者的亲切的经验，却仍很清新爽目。作者是站在剃刀锋口上的，毫厘的倾侧便会使他倒在俗滥的一边去。有好些新诗人是这样地倒下来的，戴望舒先生却能在这微妙的难关上保持住极不易保持的平衡。他在少年人的平常情调与平常境界之中嘘咈出一股清新空气。他不夸张，不越过他的感官境界而探求玄理他也不掩饰，不让骄矜压住他的“维特式”的感伤。他赤裸裸地表现出他自己——一个知道欢娱也知道忧郁的，向新路前进而肩上仍背有过去的时代担负的少年人。他表现出他的美点和他的弱点，他的活泼天真和他的徬徨憧憬。他的诗在华贵之中仍保持一种可爱的质朴自然的风味。像云雀的歌唱，他的声音是触兴即发，不假着意安排的。

戴望舒先生最擅长的是抒情诗，像一切抒情诗的作者，他的世界中心常是他自己。他的《诗稿》中除掉一两首可能例外，如《妾命薄》之类，似全是他自己的生活片段集锦。在感觉方面他偏重视觉，虽然他论诗主张“诗不是某一官感的享乐”；在情感方面他集中于“桃色的队伍”，虽然他有一位留“断指”做纪念的朋友；在想象方面他欢喜搬弄记忆和驰骋幻想，他在“古神祠前”看他的蛛脚似的思量：

从苍翠槐树叶上，
它轻轻地跃到
饱和了古愁的钟声的水上。

他在烟卷上笔杆上酒瓶上证实记忆的存在。一般诗人以至于普通人所眷恋的许多其他方面的人生世相似乎和戴望舒先生都漠不相关。读过《望舒诗稿》以后，我们不禁要问：戴望舒先生的诗的前途，或者推广说整个的新诗的前途，有无生展的可能呢？假如可能，它大概是打哪一个方向呢？新诗的视野似乎还太窄狭，诗人们的感觉似乎还太偏，甚至还没有脱离旧时代诗人的感觉事物的方式。推广视野，向多方面做感觉的探险，或许是新诗生展的唯一路径。归根究竟，作诗还是从生活入手。

戴望舒先生所以超过现在一般诗人的我想第一就是他的缺陷——他的单纯，其次就是他的文字的优美，诗人的理论往往不符他的实行。读完《望舒诗稿》之后看到附录的《诗论零札》，我们不免要惊讶。他的开章明义就是：

一、诗不能借重音乐，它应该丢去了音乐的成分。

二、诗不能借重绘画的长处。

他的许多新形式的尝试（如《十四行》、《雨巷》、《记忆》、《烦忧》之类）和许多可爱的描写句不都是这两个原则的反证吗？

戴望舒先生对于文字的驾驭是非常驯熟自然，但是过量的富裕流于轻滑以至于散文化，也在所不免。《我的记忆》除头二段以外大半近于prosaic，《林下小语》中的：

你到山上觅珊瑚吧，
你到海底觅花枝吧。

之类诗句虽然有它的可爱处，也很容易流于轻易。像《生涯》里的：

人间天上不堪寻。
人间伴我惟孤苦。

和《残花的泪》里的：

寂寞的古园中，
明月照幽素，
一枝凄艳的残花
对着蝴蝶泣诉。

之类似乎太带旧诗气味了。在《乐园鸟》中，亚当夏娃被逐的花园据说是在“天上”，似亦有斟酌的余地。不过这都是小疵。就全盘说，《望舒诗稿》的文字是很新鲜的，有特殊风格的。

读《论骂人文章》

《论语》第102期有知堂先生的一篇《论骂人文章》，写得极痛快淋漓。他的大意可以从几个警句中看出：

> 骂人的文章可以分两大类，一是为官的，一是为私的。为私的一类……骂法有人称作爬梯子，或曰借头。其办法甚简单，只要挑选社会稍有声名的一二人，狗血喷头的痛骂一番，骂得对不对完全不成问题，只要使人家知道某人这样的被我所骂了就好。……官骂本是自古有之，如历来传旨申饬即是。……统制思想之举在老头儿与其儿子还是同样的爱好，于是官骂事业照旧经营下去。……未开幕以前当然有些筹备，这且不谈，只看突然变动，四面总攻，其攻击不择手段，却有一定公式，这就可以认定是那个来了。……谁被指定挨这官骂的有祸了！他就得准备守，战，或是降，胜总是休想。……守即不理，即兵法上的坚壁清野……此最省事，只须持久。战即是回骂。当日骂之初大约觉得报痛快曲，自己喜得还有这样力气舞动大刀，而且每一刀都劈中敌阵的要害，却不知已中了道儿，犹如遇见鬼打墙，拳打足踢，气力用尽而墙终如故。……这类集团的官骂，古有骂工之骂，今有帮行之骂，都是很厉害的，单身独客，千万注意，沾染不得。

这篇文章出世在去年冬天，当时在下读过，不禁拍案叫绝，以为论骂人文章，到此至矣尽矣。但是自己没有小心记住知堂先生的警告，这几月来像有“被指定挨官骂”的趋势。“单身独客”没有“注意”到“帮行之骂”

的“厉害”，殊属罪有应得。祸既临头，守呢？战呢？还是降呢？从理智说，我很能明白“坚壁清野”最省事。被骂还骂，对于骂者究竟还有相当敬意，至少是要默认他为敌手。倔强的沉默不仅是省事，而且也是一种最酷毒的报复。但是这一条路是在下所走不通的，因为人家对你“狗血喷头地痛骂”时而你仍兀然不动声色，冷着眼瞧着他现丑态，这需要在下所没有的幽默。至于战，这更不必谈。打笔墨官司，说得好听一点，不过是闲暇的比赛。骂人总可以找到罪状，还骂也总可以找到理由。胜负之分，只看谁有时间与气力能坚持到底，而在下既没有这种时间，又没有这种气力。无已，其出于降乎！

降既非战，又非守，既非还骂，又非不还骂；那究竟是怎样办呢？俗语有一句说，“向狗嘴巴里讨饶”。降者“讨饶”之谓也。既云“讨”则必有词。在下的讨饶词或“降表”是为此：

骂人者啊，无论你是为官的，为私的，我十分羡慕，敬佩你，你有那么多的时间和精力。你的目的是很高尚的，英勇的，你需要战胜，征服，显得自己比人高明。你敢于上战场，好汉！你聪明，你不把你的战斗本能发泄在枪林弹雨中，那不免是要丢脑袋的玩艺儿，所以你只摇笔杆子喊“打倒”“铲除”；实在有势力的人你不骂，就是骂也是隐姓匿名，含沙射影，你择定的挨骂者是你的同行的冤家也只有笔杆子可以抵抗你的。他不抵抗，你自然是胜利；他抵抗，也不过是笔头回敬，你的大名也落得再显露一回，仍是荣耀。你的骂的方法也非常巧妙，狗是趁肥处咬，你却戴着放大镜找疮疤，找到了，死劲地刺它一针，所谓“断章取义”，“深文周纳”，“吹毛求疵”，都是你的惯技。为着要罪状显得凶恶一点，你不怕造一点谣言，找一点似是而非的根据，甚至被骂者本来是有根据凭证的话，你可以闭着眼睛骂他错误荒谬。比如说，人家说：“《最后的晚餐》是用油彩画的”，话本是对的，你可以说：“那是一种粉画的，那时根本就没有油画！”你不必有根据，只要你把话说得斩截一点，面上摆出一点自己有确凭确据的神气，那么，错处就显得在人家而不在你了。

骂人者啊，我赞扬你许多话，你看我对你多么心悦诚服，你该饶了我吧？如果还不够，让我向你说一点迂腐的话。人人都觉得自己是对的，都看不见自己的错误，老天生人，生来就让他的眼睛只朝外看。你看旁人荒谬，旁人就难免看你荒谬，是非公道自在人心，有理说理，用不着骂，理是愈平心静气地讨论愈明白的，愈逞气氛乱骂愈糊涂的。再说要打倒旁人让你自己爬起来的话，你也得拿点真货色出来，骂只能浪费你的精力。你在骂时心里不免有几分醋意，要把你的心肝宣揭出来，那就不免令人“掩鼻”。自爱自尊之道甚多，骂不一定是“抬头”的捷径。

骂人者啊，你无论如何，总得要开恩大赦，爱惜你的时间和精力啊！有如在下，胜之不武，何必呢？在下诚惶诚恐，谨奉表以闻。

人文方面几类应读的书

百川先生：

暑中我因校事赴成都，最近回校才看到中周社转来黄梅先生的信，提议要我开一个为获得现代公民常识所必读的书籍目录。这很使我为难，一则我目前极忙，没有功夫仔细斟酌，二则我所学的偏重人文方面，对于社会科学和自然科学都是外行。读书不是一件死板的事，一个方单不能施诸人人而有效。各人的环境，天资，修养和兴趣都不能一笔抹杀。一个人在读书方面想有成就，明眼人的指导固大有裨益，自己的暗中摸索有时也不可少，因为失败的教训往往大于成功的。读者既然要求一个目录，我姑且就我的能力所及，随便谈谈几类应读的书籍，不过要特别声明：这是我个人的意见，只能供参考，不敢希望每个人都依照。

第一，我以为一个人第一件应该明确的是他本国的文化演进、社会变迁以及学术思想和文艺的成就，这并不一定是出于执古守旧的动机。要前进必从一个基点出发，而一个民族已往的成就即是它前进出发的基点。知道它的长处所在和短处所在，我们才能知道哪些东西应发扬光大，哪些应弥补改革，也才能知道它在全人类文化中占何等位置，而我们自己如何对它有所贡献，我不是一个学历史者，但对于过去一切典籍，欢喜从历史的眼光去看。从前人有“六经皆史”的说法，其实不只是六经，一切典籍所载都可以当作史迹看。史是人类活动进展的轨迹，它的功用在观今鉴古，继往以开来。我赞成多读中国古典和西方古典，都是根据这个观点。每种学问都有一个渊源，知道渊源才可以溯理流派。知道渊源固不是三五部书所可了事。但是渊源又有渊源，我们先从最基本的着手，然后逐渐扩充，便不至于没有根底。

回到了解中国固有文化的问题，中国向来传统教育所着重的大政并不错。中国中心思想无疑地是儒家，而儒家的渊源在《论语》、《孟子》和“五经”。无论从思想或是从艺术的观点看，《论语》都是一部绝妙的书，可以终身咀嚼，学用不尽的。我从前很欢喜《世说新语》，为的是它所写的魏晋人风度和所载的隽词妙语。近来以风度语言的标准去看《论语》，觉得以《世说新语》较《论语》，真是小巫见大巫。《孟子》比较是要偏锋，露棱角，但是说理文之犀利痛快，明白晓畅，后来却没有人能赶得上。“五经”之中，流品不齐，《书经》是最古的政治史料，《易经》是最古的解释自然的企图，诗经为中国纯文学之祖，《春秋》为中国编年史之祖，《礼记》较晚出，内容颇驳杂，但是儒家思想见于此经者反比他经为多，其中如《檀弓》、《学记》、《乐记》、《儒行》、《礼运》、《大学》、《中庸》诸篇，妙文至理，是任何读书人不应放过的。诸子之中，老庄荀墨家最重要，次可略览《韩非子》、《列子》、《淮南子》及《吕氏春秋》。读先秦典籍不可不略通文字训诂；段玉裁的《说文解字注》最便于初学，王引之的《经传释词》颇有科学条理，亦可看。要明白中国思想演进，佛典及宋元明理学都不可忽略，可惜我对此毫无研究，不敢多舌。我只能说，在佛典中我很爱读《六祖坛经》和《楞严经》，这也许是文人积习。在理学书籍中我觉得《近思录》和《传习录》很简便。史籍最浩繁，一般人可选读前四史，全读《资治通鉴》，遇重大事件翻阅《通鉴纪事本末》，遇重大问题翻阅《三通》。治一切学问都不可不明白史的背景，可惜我们至今没有一部完善通俗的通史，近人张荫麟钱穆诸君所编的各有特见，但都只能算是草创。文艺方面除着《楚词》及陶杜诸集外，一般人可从选本入手。选本甚多，选者备有偏重，难得尽满人意。梁以前作品具见于《昭明文选》，这是选学之祖，诗文兼收。为治辞章者所必读。后来选本比较适用的。文推姚姬传的《古文辞类纂》，诗推王渔洋的《古今诗选》，王壬秋的《八代诗选》，沈归愚的《古诗源》和《唐宋诗醇》，曾国藩的《十八家诗钞》，词推《花间集》，张惠言《词选》和朱彊邨的《宋词三百首》。曲读《西厢记》、《琵琶记》、《桃花扇》及其他数种；小说读《水浒》、《红楼梦》及其他数种，对于一般人也就可知其梗概了。

在现代，一个人如果只读中国书，他的见解难免偏狭固陋，而且就是中国书也不一定能读得好。学术和其他事物一样，必以比较见优劣，必得新刺激才可产生新生命。读书人最低限度须通一个外国文，从翻译中窥外人文物思想，总难免隔靴搔痒，尤其是在现在我们的译品太少，而且大半不很可靠。

要明了一个文化，大约不外取两种程序。拿绘画来打比，或是先绘一个轮廓，然后点染枝节，由粗疏逐渐到细密；或是先累积枝节，逐渐造成一个轮廓，由日就月将而达到豁然贯通。这两种程序可以并行不悖，普通学者大半兼采这两个方法。治西方文史，为一般人说法，我主张偏重第一个方法。因为从枝节架轮廓，需要很长久的耐苦，如果枝节不够充实，所架成的轮廓也就一定不端正恰当。我们一般人对于西方文史所能花费的时间精力是有限的，想明白西方文化的轮廓，我们最好先读几部较好的历史。我们所感觉困难的是较好的历史大半是专史而不是通史。从史学观点看，韦尔斯的《世界史纲》（有中译）也许不很完善，但对于一般人却是一部好书。关于近代的，Fisher的欧洲通史值得特别介绍。如果再求详尽精确，读者可参考Lavisse的通史（法文）和剑桥大学的中世纪和近代欧洲史。这都是权威著作，有很好的史籍目录可供采择。有时候小册书也很有用，比如，谈古代欧洲的，像 Livingstone：*Greek Genius and Its Meaning to Us*；Lowes Dickenson：*Greek View of Life*；Warde-Fowler：*City-state in Grecce and Rome*，都非常好。

欧洲文化，大概地说，有三个重要来源：一是希腊的，科学哲学的思想和文艺作品都是后来的模范；一是希伯来的，宗教信仰大半是它的贡献；一是条顿的，继承希腊精神而发挥为近代科学与工商业文化。在这三个成分中，希腊文化最重要也最难了解，它的内容太丰富而且它离我们也太久远。我们最好先从文艺入手。希腊人最擅长的是造型艺术，雕刻尤其精妙，图画建筑和陶器次之。读者最好择一部希腊艺术史，仔细玩味原迹的照片或图形。从这中间他可领略一些希腊人的生活风味。再进一步他就应该读荷马史诗，希腊的社会人情风俗及人生理想可于此窥见一斑，再加上几部悲剧代表作，对于希腊人的印象就更明了了。在思想方面，柏拉图的对话集最好能全读，至少也应读《理想国》，这是用对话体写的。从古到今，没有一个哲学家能像柏拉图那样面面俱到，深入浅出，用极寻常而幽美的文字传极深奥的道理。要做一个循规蹈矩的哲学家，读柏拉图是最好的门径，要引起一点哲学的兴趣，训练一点哲学的头脑，读柏拉图也比读任何其他哲学家强。亚里士多德比较干枯，但是很谨严细密，能把他的《伦理学》看一遍也很好。此外，我们可读晚出的普鲁塔克的《英雄传》。这是拿罗马伟人和希腊伟人对照的传记，可以见出那时代人物的生活和风格。罗马时代的著作无甚特创，不是专习文学哲学的人就把它完全丢开也无大妨碍。

希伯来的经典流行的只有一部《圣经》。这部书在西方的影响大概超过任何一部书。它分《旧约》、《新约》两部分。《旧约》是犹太教的经典，大部分是犹太的历史和宗教家的训词。《新约》记耶稣生平言行及耶稣教传播的经过。一般人对《圣经》不必全读，《旧约》中读《创世纪》，《出埃及记》、《约伯传》、《颂诗》数篇，《新约》中读任何一个《福音》也就够了。

中世纪常被人误认为“黑暗贫乏”，其实中世纪民众艺术，如雕刻建筑图画诗歌传奇之类是很光华灿烂的。读者可择看一部较详尽的艺术史（如Michet 所著的），读一两部传奇（如《罗兰之歌》《亚瑟王传》之类），再加上一两部耶教大师的著作（如《圣奥古斯丁自传》之类），对于中世纪人的丰富的内心生活便可知其梗概。但丁是文艺复兴的初期大师，他的《神曲》不可不读。较软性的读物有薄伽丘的《十日谈》和塞万提斯的《堂吉诃德》。文艺复兴时期的最具体的成就仍在造型艺术，读者可看 Vasari 的《艺人传》和 Beransen 的《意大利画》。

近代欧洲学术分野逐渐细密，著述也更浩繁，我们很不容易介绍几部书来代表一个时代。在思想方面，卢梭的影响最大，他的《自传》和《民约论》是了解近代欧洲的一个钥匙。正统派哲学家自然要推康德和他们的唯心派的继续人。但是他们的作品大半难读，一般读者如能去硬啃康德的《纯粹理性批判》和黑格尔的《逻辑学》固然顶好，否则看一两部较好的哲学史也可略见一斑（通行的有 Rogers，Thilly，Weber，Windelband 所著的都可用）。在文艺方面，各国都有特殊的造诣，一般读者要想面面俱到，实不可能，只能就他们所懂的文字和兴趣所偏重的去下功夫。那就成了专门学问，我们不能在这里介绍书目。我们为一般人说法，只能介绍几位登峰造极的作者，比如说，一个普通读者如能就莎士比亚的剧本，莫里哀的喜剧，歌德的诗文集，易卜生的剧本，屠格涅夫、托尔斯泰，陀思妥耶夫斯基诸人的小说集中各选读三数种，也就很可观了。

社会科学和自然科学非本文范围所及。但有几部虽为科学专著而已成古典的书籍不能不约略提及，例如，达尔文的《物种源始论》。亚当·斯密的《原富》，穆勒的《群已权界论》，里波，詹姆斯和弗洛伊德的心理学著作，马克思的《资本论》，佛来柔的《金牛》（*Frager*：*Golden Bough*），都有很广泛的读者，并不限于专门家。

本文匆匆写就。可议的地方自知甚多。但是我相信，如果读者将这寥寥数十部书仔细读过，他对于人类文化的解了不会很错误。我希望关于社会科学和自然科学的书籍另有知道清楚的人去拟一个目录。

如果你觉得这信对于读者有若干帮助，即请借贵刊披露，并以答黄梅先生。

朱光潜

1942年9月

研究诗歌的方法

古希腊文中没有字相当于“文学”，希腊人眼中只有“诗”，“诗”就等于近代所谓“文学”。配乐歌唱的短章叫作诗，长篇叙事颇类似近代小说的作品，像荷马所作的，还是叫作诗（“史诗”），在台上表演的描写人物行动的戏，也还是叫作诗（剧诗）。亚里士多德的《诗学》所讨论的就是文艺上一般问题。这并不仅是因为在历史上韵文比散文早起，实在是因为诗是文学的精华，真正文学都必有诗的特质。近代美学家颇有人主张把一切纯文学都看成诗，只承认“诗与非诗”的分别，不承认“诗与散文”的分别。我们一般人都依习惯把文学分成若干种类，诗是一种，小说，戏剧，小品文等又各是一种，于是诗与小说戏剧等成为平行的东西。近代学问尚专门，有人专研究小说不读诗，也有人专研究诗不读小说，研究诗歌自成一种专门的学问。其实小说戏剧的精妙处诗歌都有，诗歌的精妙处戏剧小说却不尽有，至少是懂得诗歌的人一定能懂得小说戏剧，懂得小说戏剧的人却不一定能懂得诗歌。所以我认为研究诗歌是研究一般文学的最好的入门训练，在诗歌里摸索得到门径，再进一步去研究其它种类文学，就都不难迎刃而解了。

一般人起始读诗，多抓住几种选本，如《古诗源》，《唐诗三百首》，《文选》，《唐宋诗醇》，《古今诗选》，《十八家诗钞》之类。这是一个简便的方法。入选的诗大半是人所共赏的好诗，免得读者自去沙里淘金，可以节省时力。选本大半只取各时代代表作家的代表作品，读者可以从此略见诗歌源流，然后由博返约。每一种值得读的选本都必有一个特殊观点，代表一种特殊风尚，读者可以从此寻出一个门径。这都是选本的好处。但是选本只能当作一座桥梁，不能奉为终生的圭臬。选本既各代表选者的特殊趣味，就不免偏，有时甚至不免陋。读过几种选本略窥门径之后，便须多读专集。

读了一个诗人的专集，才能彻底了解他的人格，他的各篇诗中的关联，以及他的艺术的生展和转变。除了少数大诗人以外，集中都不免有坏诗。好坏都由比较见出，不读坏诗就不明了好诗之所以好，所以偶读坏诗也是一种很好的训练。好坏必须由自己真正感觉到，专读选本容易失去独立自由评判的精神，只跟着旁人说好说坏，一养成了这种奴隶心习，对于文学就不能有很高尚纯正的趣味。每个读者都应该自己选定一个选本，不管旁人的议论，把自己真心爱好的诗都选进去；而且这选本隔几年应该复勘一遍，学力渐深，见解渐正确，嗜好也必渐转变。如果一个细心而用功的读者从少至老不断地下这样的功夫，到老来把生平各时期的选目拿来比较一看，那就等于他的文艺趣味发展史。

每个大诗人都前有所承，后有所发。这便是所谓“源流”。如果只读某一诗人的作品，不理会他的来踪去向，就绝不能彻底了解他的贡献。每一国的诗都有一个绵延贯串的生命史，拿各时代的成就合拢来看，是一个完整的有生命的东西，中间有脉络可寻。后一代继承前一代的风气，前后贯串，固不消说，就是后一代反抗前一代的风气，反抗的根源也是伏在前一代。并且文艺上的反抗大半是部分的，任何一时代的新文学没有完全脱去传统的影响而白手起家的。唐人尽管于六朝为革命，宋人尽管于唐人为革命，白话诗尽管于旧诗为革命，唐人仍于六朝取法，宋人仍于唐人取法，依理推，白话诗也许仍须认旧诗做祖宗。所以研究诗和研究他类文艺一样，我们必须有“历史的意识”，借明白全体来彻底明白某一部分。我们最好顺时代的次序，由古代读到现代，看出前启后的道理；再由下溯上，由现代读到古代，看出后变前的道理。经过这样顺沿和逆溯的功夫，再总观全局，我们胸中就可建造一部诗史，把其中源流派别承接转变的关系看得一目了然。每个人对于诗的“历史的意识”都应该这样地得到，才切实有用。至于一般文学史或诗史之类著作仅如导游书，未游览以前可以指点路径，既游览以后可以比较印象，至于名胜地方的真正风味必须借亲自游览去领略。

诗是最精练的情思表现于最精练的语文，所以比其它种类文学较难了解。有些诗难在情思深微，境界迷离隐约，词藻艰深，典故冷僻，本事隐晦。但是我们一望而知其难，便知道要费一番苦心去摸索；不至把它轻易放过；费过一番苦心，总可以有豁然贯通的时候。真正“难”的诗倒是表面看来很平淡无奇而实在有微言妙蕴的，我们略不经意，便滑了过去，犹如佛家所说的身怀珠玉，不知其为宝而去行乞一样。最大诗人的最大成就往往就在这种平淡无奇，不易令人经意处。比如说，陶渊明比李义山难懂，虽然表面看来适得其反，就是因为这个道理。我们看诗话或批评文，常看见修养比我们深厚的鉴赏家们指出某一首或某一两句诗特加赞叹，不免惊讶：这是我们常读的诗，向来不觉得它有什么特别，原来竟有人这样激赏它！稍加玩味，我们会开始发现它果然佳妙，才恍然大悟原来是自己的粗心。这是普通的经验。它证明读诗必须极细心，也证明我们通常很粗心。读诗第一件要事是养成细心的习惯，一语不苟，一字不苟，不放过题中应有之义，更不放过言外之意。诗的领域中不许有性情浅薄的人闯入，也不许有粗心人闯入。

诗寓情志于景于事，表达于语文。比如，“昔我往矣，杨柳依依；今我来思，雨雪霏霏”，眼见印在书上的十六字是语文，杨柳雨雪是景，来往是事，而诗人所写的对于时序变迁的感慨是情。我们读诗，第一步须透懂语文，由语文以见景事；第二步须把景事在心中融会成一种完整境界，由此以推见情志。懂语文大非易事，我们须明白字面的意义，和字句间的声音节奏。有些诗字面意义有些艰深，我们入手，不能不虚心像一个小学生，不惜勤翻字典，类书和注释，或是请教师友，总之，不能囫囵吞枣，容许有一字一句没有透懂就放过。诗有时有本事，与作者生平或时代背景有关，在本文中或不易见出，也必须尽量地把它理得清清楚楚。这是起码的功夫。但是诗的语文最重要的成分在声音节奏，我们必须反复吟诵，把声音节奏抓住。声音节奏是情趣的直接表现，读诗如果只懂语文意义而不讲求声音节奏，对于诗就多少是门外汉。诗不仅要朗诵，而且要熟读，读熟了，一首诗就常在心中盘旋，成为自己的精神产业的一部分，可以在心中生根发芽，新的领悟会随新的人生经验源源而来，总之，它就在心中活着，而且不断地生长着。

真正的欣赏都必寓有创造，不仅是被动的接受。诗都以有限寓无限，我们须从语文所直示的有限见出语文所暗示的无限。这种“见”需要丰富的想象力。所谓“想象”就是把感官所接受的印象加以综合填补，建立一个整个的境界出来。最重要的是视觉想象，无论读哪一首诗，“心眼”须大明普照，把它的情景事态看成一个完整境界，如一幕戏或一幅画。有时单是“看”还不够，有气味时须能嗅，有声音时须能听，有运动时须能“皮肤筋肉去感触”。比如，读杜工部的《江边独步寻花》一首七绝：“黄四娘家花满蹊，千朵万朵压枝低。流连戏蝶时时舞，自在娇莺恰恰啼。”如果在想象中眼睛没有看见那春天乡下百花盛开莺啼蝶舞的状况，鼻子没有嗅到花香和江边春天的新鲜空气，耳朵没有听见莺啼，皮肤没有觉得暄风丽日，筋肉没有体验到“压”、“舞”，“流连”，“自在”的风味，而且如果在想象中没有这一切见闻嗅触综合成为恰如杜工部所经历的境界，我们对于那首诗绝不能完全了解。诗主要地由感官透入心灵，如果感官活动不灵敏，接受诗的影响就比较微薄，读诗时我们也不妨随时分析，看哪些意象该用哪种感官去了解。

想象就是“设身处地”，我们不但要设身处在诗所写的地位，如上例黄四娘家的花园，还要设身处在诗人的地位，拿他的身世背景和性情品格套在自己的身上。这样我们才能于想象中摸索诗人在当时当境所起的情感思想（这就是他要借诗来传给我们读者的）。设身处在诗人的地位比较困难，因为他的身世背景或无从详知，他的性情品格或不易追攀，读陶渊明的诗，自己就变成陶渊明，谈何容易！不过这是程度问题，我们就诗本身去体会，多少可以见出诗人的面目；至少在想象的同时，我们可以具有几分诗人在写诗时的风怀。我们开始研究诗，就应当常练习在这方面做功夫。况夔笙在《蕙风词话》里有一段自道学词甘苦的话可以取法：

读词之法，取前人名句意境绝佳者，将此意境缔构于吾想望中；然后澄思渺虑，以吾身入乎其中而涵泳玩索之。吾性是与相浃而俱化，乃真实为吾有而外物不能夺。三十年前以此法为日课，养成不入时之性情，不惶恤也。

这套功夫需要专心致志，所谓“用志不纷，乃凝于神”。诗必如此读，才可以钻进里面去；否则浮光掠影，如终在表面上留滞，不能领略好诗，也就绝作不出好诗来。

一切价值都由比较得来，常做比较也是读诗的一种极切要的功夫。同一诗人的诗经过细心比较，才可“见出全集各诗的关联，以及艺术技巧的生展转变”。类似的诸诗人的作品经过细心比较，才可以见出渊源影响，大体相同中的微妙分别。不同的诸诗人的作品经过细心比较，才可以见出艺术境界的丰富，或浅或深，或刚或柔，或平淡，或高华，或婉约，或豪放，各有胜境，幻化无穷。“坐井观天”在治任何学问中都很危险，偏就不免蔽，蔽就不免陋。治诗也是如此，第一要求深，第二要求广。深体会，广参较，才能养成平正通达的见识和纯正典雅的趣味。

谈到比较，我们不妨趁便一谈西方诗的研究。概括地论中西诗的优劣，一如概括地论中西文化的优劣一样，很难得公平允当。中诗有胜过西诗的地方，也有不及西诗的地方，各有胜境，很可以互相印证。就我个人的经验来说，我开始爱好中诗，领略中诗的优美，是在读过一些西诗之后。从西诗的研究中，我明白诗的艺术性和艺术技巧，我多少学会一些诗人看人生世界和运用语文的方法。拿这一点知解来反观中诗，我在从前熟诵过的诗中发现很多的新的意味。拿从前的诗话或论诲的文章来看，我的见解有与前人暗合的，也偶有未经前人道及的。浅尝已如此，深入当有较大的收获。因此我想研究中诗的人最好能从原文读西诗（诗都不能翻译）。多读西诗或许对于中诗有更精确的认识。西诗可以当作一面镜子，让中诗照着看看自己。

谈文学选本

文学作品是读不尽的！人生有限而近代生活又极繁忙，所以对于爱好文学的人们，我们不必要求过奢，不妨容许他们取一点捷径。让每个人都接近一点文学，总比叫大多数人因书籍太多而索性不读，较胜一筹。

不过文学教育是一种精神上的享受，而不是一种知识的贩卖。比如喝茶，茶的好味道一定要喝才能知道。喝起来，每个人有每个人的滋味。每个人自己所尝到的滋味才最亲切，最真实。读一千部茶经或茶史也抵不上啜一口真正的好茶。读文学也是如此，人所读的尽管为量极少，必须真正是文学作品，而不是关于文学的“道听途说”，如文学史，文学大纲，戏剧原理，小说作法之类书籍。与其搜寻许多学术权威著作去辨明五言诗和七言诗，或是词与曲的关系和分别，不如学会真正爱好一首诗或一首词。因为这个道理，没有多少时间可读书而却爱好文学的人们，应该丢下文学史或文学大纲之类书籍，去找几部轻便而不简陋的选本来细心玩味。在选本里读者还可以和作者对面，可以和他发生亲切的契合，尝到他的作品的特殊滋味。

在读选本之前，我们须明白选本的功用和缺陷。编一部选本是一种学问，也是一种艺术。顾名思义，它是一种选择。有选择就要有排弃，这就可显示选者对于文学的好恶或趣味。这好恶或趣味虽说是个人的，而最后不免溯源到时代的风气，选某一时代文学作品就无异于对那时代文学加以批评，也就无异于替它写一部历史，同时，这也无异于选者替自己写一部精神生活的自传，叙述他自己与所选所弃的作品曾经发生过的姻缘。一部好选本应该能反映一种特殊的趣味，代表一个特殊的倾向。

因为如此，一个好选本还可以造成一种新风气，划出一个新时代。在中国，《昭明文选》，《玉台新咏》，《花间集》，王渔洋的《古诗选》，姚惜抱的《古文辞类纂》以及张惠言的《词选》，都曾经发生这样的功用。在西方专就英国来说，十八世纪波塞主教（Bishop Percy）所选的《古英诗遗迹》，是浪漫运动的一个重要的成因。冉塞（Allen Rainsay）的《茶桌杂抄》激动了彭斯（Bunns）和其他苏格兰诗人用苏格兰土语写诗。现代英国诗有回到多恩（Donne）及“哲理派”的倾向，而开这个风气的是一个选本，即谷里尔生教授（Crierson）的《十七世纪哲理派诗选》。

初学文学者对着浩如烟海的典籍，不免觉得如置身五里雾中，昏迷不知去向。其实真正好的作家并不多，而真正好的作家的真正好的作品也往往寥寥有数。为文学训练起见，泛读不如精读，精读必须精选。最大的词人如苏东坡，集里有许多随便写成不可为训的词，最大的诗人如英国华兹华斯，集里中年以后的许多作品大半为“才尽”之作。我们读他们的全集所得的印象远不如从精选率所得到的那样完美。有些诗人如贾长江、姜白石诸人终身在写诗，而现在所流传的他们的诗集都不过薄薄的一本，可是里面篇篇精粹，我颇疑心他们自己曾经严格地删选过。如果每个作家都像他们肯“割爱”，那就无劳后人去选。不幸得很，许多大作家都有敝帚自珍的毛病，让很坏的作品摆在集里，掩盖了真正好作品的光焰。本来在文学训练中，读坏作品有时也很有益，因为好坏在相形之下才易见出。不过就一般读者说，从许多坏作品中抉择少数好作品，不但时间不允许，能力也绝不够。文学上披沙拣金的工作应该让修养深厚的学者去做。这种工作的结果就是选本。它的最大的功用在供一般人能以最少的时间和精力，得到一国文学最精华的部分所能给的乐趣。

编选本既能披沙拣金，所以选本不但能为读者开方便之门，对于作者也有整理和宣扬的效果。选某一作家的诗文，就好比替一个美人梳妆打扮，让她以最好的面目出现于世。一个诗人获得听众，有时全靠选本做媒介，一般中国读者知道陶谢李杜苏黄，大半靠几种通俗选本。这种了解当然是不完全的，甚至是不正确的，但是究竟比毫不了解为好。选本对于不甚知名的作家的功劳尤其大。许多诗人一生只作过几首好诗，如果不借选本，就早已淹没无闻。欧洲最古的选本是《希腊诗选》，里面包含一千余年的（从纪元前五世纪到纪元后六世纪止）希腊文短诗。有许多诗人借这部选本以一两首短诗甚至一两句隽语而永垂不朽，在中国也有许多诗词专集的作者借《文选》、《玉台新咏》、《花间集》之类选本而流传到现在。一个选本可以说是文学上的博物院或古物陈列所。

选本都不免反映选者的个人好恶以及当时的风气。所以公允只是一个理想，事实上都难免有所偏向。有偏向就有缺陷。比如，英诗最通俗的选本《英诗金库》的选者生在维多利亚后时代，和当时诗人丁尼生是密友，他的选本就不免囿于维多利亚时代的不太高尚的文学趣味，对于划时代的诗人如多恩（Donne）、布莱克（Blake）诸人竟一诗不选。王荆公的《唐百家诗选》，把一般入所公认的大家如李杜诸人一律放弃，而入选作者的诗也往往不是代表作。明朝有许多唐诗选本也只是代表何李钟袁那一般人的粗疏或浮浅的趣味。从这些事实看，专靠选本也有很大的危险，那就是依傍一家之言，以一斑揣想全豹。很少有选本能把所进的作家的真正面目揭出来。一般选家都难免有些像印象派画家，从某一个角度看出某一面相，加以过分地渲染。好作品往往被遗弃，坏作品往往得滥竽。一般只知信任选本的读者不免被人牵着鼻子走，不能行使独立自由的判断。所以读选本虽是走捷径，终只能是初学入门时的一种方便。从选本中对某作家发生兴趣以后，必须进一步读全集。一般选本只是一种货样间，看得合适，你就应走进货仓里去自行抉择。

每个研究文学者对于所读的作家都应自做一个选本，这当然不必编印成书，只要有一个目录就行。学问如果常在进展，趣味会愈趋纯正。今年所私定的选目与去年的不同，前后比较，见出个人趣味的变迁，往往很有意味。同时，你可以拿自己的选目和他人的选本参观互较，好比同旁人闲谈游历某一胜境的印象，如果彼此所见相同，你会增加你的自信，否则，你也会发生愉快的惊讶，对于自己的好恶加一番反省，这是文学批评的一种有益的训练。

三十五年十一月改写旧稿

1946年

谈中西爱情诗

各国诗都集中几种普通的题材，其中最重要的是人伦。西方关于人伦的诗大半以恋爱为中心。中国诗言爱情的当然也很多，但是没有让爱情把其他人伦抹杀。朋友的交情和君臣恩谊在西方诗中几无位置，而在中国诗中则为最常见的母题。把屈原杜甫一批大诗人的忠君爱国忧民的部分剔开，他们的精华便已剥丧大半，他们便不成其为伟大。友朋交谊在中国诗中尤其重要，赠答酬唱之作在许多诗集中占其大半。苏李，建安七子，李杜，韩孟，苏黄，纳兰成德与顾贞观诸人的交谊古今传为美谈，他们的来往唱和的诗有很多的杰作。在西方诗人中像歌德和席勒，华兹华斯与柯尔律治，雪莱与济慈，魏尔兰与兰渡诸人虽以交谊著，而他们的集中叙朋友乐趣的诗却不常见。这有几层原因：

一、西方社会表面上虽是国家为基础，骨子里却偏向个人主义。爱情在生命中最关痛痒，所以尽量发展，以至掩盖其他人与人的关系，说尽一个诗人的恋爱史，差不多就已说尽他的生命史，在浪漫时代尤其如此。中国社会表面上虽以家庭为中心，骨子里却侧重替国家服务（“做官”）。文人往往费大半生光阴于仕宦羁旅，“老妻奇异县”是常事。他们朝夕接触的往往不是妇女而是同僚与文字友。儒家的礼教在男女之间筑了一道很严密的防线（“闺”），当然也有很大的关系。在西方，这种防线未尝不存在，却没有那么严密。

二、西方受骑士风的影响，尊敬女子是荣耀的事，女子的地位较高，教育也较完善，在学问兴趣上往往可与男子欣合，在中国得之于朋友的乐趣，在西方可以得之于妇人女子。中国受儒家的影响，乾上坤下是天经地义，而且女子被看成与“小人”一样“难养”，“近之则不逊，远之则怨”，实际上也往往确是如此，所以男子对于女子常看作一种不得不有的灾孽。她的最大的任务是传嗣，其次是当家，恩爱只是一种伦理上的义务，志同道合是稀奇的事。中国人生理想向来侧重事功，“随着四婆裙”在读书人看是耻事。

三、东西恋爱观相差也甚远。西方人认为恋爱本身是一种价值，甚至以为“恋爱至上”，恋爱有一套宗教背景，还有一套哲学理论，最纯洁的是灵魂的契合，拿生育的要求来解释恋爱是比较近代的事。中国人一向重视婚姻而轻视恋爱，真正的恋爱往往见诸“桑间濮上”，潦倒无聊者才寄情于声色，像隋炀帝李后主几个风流天子都为世诟病，文人有恋爱行为的也往往以“轻薄”、“失检”见讥。在西方诗人中恋爱是实现人生的，与宗教文艺有同等功用，在中国诗人中恋爱是消遣人生的，妇人等于醇酒鸦片烟。

这并非说，中国诗人不能深于情，不过表现的方式不同。西方爱情诗大半作于婚媾之前，所以称赞美貌，申诉爱慕者特多，中国爱情诗大半作于婚媾之后，所以最好的往往是惜别，怀念，和悼亡。西诗最善于“慕”，但丁的《新生》，彼特拉克和莎士比亚的商籁，雪莱的短歌之类都是“慕”的胜境。中国诗最善于“怨”，《卷耳》，《柏舟》，《迢迢牵牛星》，曹丕的《燕歌行》，梁元帝的《荡妇秋思赋》，李白的《怨情》、《春思》之类都是“怨”的胜境。中国诗亦有能“慕”者，陶渊明的《闲情赋》是著例；但是末流之弊，“慕”每流于“荡”，如《西厢》的“惊艳”和“酬韵”。西方诗亦有能“怨”者，罗塞蒂的短诗和拉马丁的《湖》，《秋》，《谷》诸作是著例；但是末流之弊，“怨”每流于“怒”，如拜伦的《当我们分手时》和缪塞的《十月之夜》。“乐而不淫，哀而不伤”，所以是诗的一个很高的理想。

中西情诗词意往往有暗合处。赫芮克的《劝少女》绝似杜秋娘的《金缕曲》，丁尼生的《磨坊女》绝似陶渊明的《闲情赋》中“愿在衣而为领”一段。但是通盘计算，中西诗风味大有悬殊。如果要做公允的比较，我们须多举原作，非二三短例所可济事，而且诗不能译，西诗译尤难。我们在这里只略说个人的印象。大体说来，西诗以直率胜，中诗以委婉胜；西诗以深刻胜，中诗以微妙胜；西诗以铺张胜，中诗以简隽胜。在西方情诗中，我们很难寻出“却下水精帘，玲珑望秋月”，“过尽千帆皆不是，斜晖脉脉水悠悠”，“春衫犹是小蛮针线，曾湿西湖雨”诸句的境界；在中国情诗中，我们也很难寻出莎士比亚的《当我拿你比夏天》，雪莱的《印度晚曲》，布朗宁的《荒墟中的爱》和波德莱尔的《招游》诸诗的境界。

通则都有特例。中诗虽较西诗委婉，但也有很直率的。大约国风、乐府中出自民间的情诗多自然流露。唐五代小令胎息于教坊歌曲，言情也往往以直率见深至。像“子不我思，岂无他人”，“愿为西北风，长逝入君怀”，“碧玉破瓜时，郎为情颠倒，感郎不羞郎，回身就郎抱”，“陌上谁家年少，足风流，妾拟将身嫁与，一生休；纵被无情弃，不能羞”，“须作一生拼，尽君今日欢”，“奴为出来难，任依恣意怜”之类如在欧洲情诗中出现，便难免贻讥大方，而在中诗中却不失其为美妙。西方受耶稣教的影响，言情诗对于肉的方面有一种“特怖”，所以尽情吐露有一个分寸，过了那个分寸便落到低级趣味。

肉的“特怖”令西方诗人讳言男女燕婉之私，但是西方人的肉的情欲是极强旺的，压抑势所不能，于是设法遮盖掩饰，许多爱情都因为要避免宗教道德意识的裁制，借化装来表现。弗洛伊德派心理学家曾经举过许多实例。但在中国，情形适得其反。不但与宗教道德意识相冲突的爱情可以赤裸裸地陈露，而且有许多本与男女无关的事情反而要托男女爱情的化装而出现。《诗经》中许多情诗据说是隐射国事的，屈原也常以男女关系隐寓君臣遇合。像朱庆余的“装罢低声问夫婿，画眉深浅入时无”？那一首诗表面上表示是叙新婚之乐，实际却与新婚毫无关系。我们倒很希望弗洛伊德派心理学家对此种事例下一转语。

涉江采芙蓉

过去中国诗人谈到五言古诗，大半都奉《古诗十九首》为典范。《古诗十九首》最早见于南朝梁·萧统的《昭明文选》，没有标出作者姓名。古代的诗在民间流传，就成为公有物，不标作者姓名是常有的事。萧统把这十九首刊在苏武李陵赠答诗的前面，可见他把它们看成西汉最古的五言诗。经过后来学者的考订，这些诗并非“一人一时之作”，有的是西汉的，也有的是东汉的。另一个较早的选本，陈·徐陵的《玉台新咏》，把十九首中的八首列为西汉枚乘的诗，有没有根据，很难断言。我们大致可以断言的是这些诗大半是文人诗，因为里面有很明显的《诗经》和《楚辞》的影响。这里所选的《涉江采美蓉》这首，据徐陵的选本是枚乘作的。枚乘是汉景帝时的诗人，流传下来的作品还有《七发》，也收在《昭明文选》里。

涉江采芙蓉

涉江采芙蓉，兰泽多芳草。
采之欲遗谁？所思在远道！
还顾望旧乡，长路漫浩浩。
同心而离居，忧伤以终老！[1]

这是一首惜别的情诗。在古代农业社会里，生活是很简单的，最密切的人与人的关系是夫妻朋友的关系，由于战争、徭役或仕宦，这种亲密的关系往往长期地被截断。这就成为许多人私生活中最伤心的事。因此，中国诗词有很大一部分都是表达别离情绪的。就主题说，这首诗是很典型的。

[1] “涉”，从水里走过去；“芙蓉”，不是现在的芙蓉，是现在的荷花或莲花；“兰泽”，生兰草的水边洼地；“所思”，所思念的人；“漫浩浩”，辽远，一望无际。

诗大半是“触物生情”，这首诗是在盛夏时节，看见荷花芳草，而想到远在他方的心爱的人。中国人民很早对于自然就有很深的爱好，对自然的爱与对人的爱往往紧密地连在一起。古代人送给最亲爱的人的礼物往往不是什么财宝，而是一枝花或是一棵芳草，送别时总是折一枝柳条送给远行的人，远行的人为着向好朋友表示想念，逢到驿使就托带一枝梅花给他。这种生活情调是简朴的，也是美好的。这首诗的作者也是在自然中看见最心爱的荷花芳草，就想到把它寄给最心爱的人。头两句写夏天江边花香日暖的情况，气氛是愉快的；作者为着要采荷花，不惜“涉江”之劳，是抱着满腔热忱的。采到了，心想这么美好的东西只自己独自欣赏，还是美中不足，要有个知心人共赏才好。可是四面一望，知心人在哪里？四面都是陌生的人，不关痛痒的人，知心人却远在他方，这么美好的东西是不能得到他共赏的，我这点情意是不能传到他那里去的！我们读这首诗，要深刻体会“采之欲遗谁”这句问话的意味。承上两句而来，它是突然的转折，一腔热忱遭到一盆凉水泼来，一霎间天地为之变色，此中有无限的凄凉寂寞，伤心失望。它是一句疑问，也是一声叹息。

还有一点值得注意的是“所思在远道”这句话的位置。难道诗人“涉江采芙蓉”时原来就没有想到这一点吗？真是看到芙蓉芳草，才想到这位“所思”吗？“所思”是时时刻刻在他心头的。“涉江采芙蓉”也还是为了他。如果入首就开门见山，把他表出，文章就平板无味了。在头两句中他是藏锋不露，第三句一转，就趁势把他突然托出，才见出这句话有雷霆万钧之力。这句话是全诗发展的顶点，顶点同时是个转折点，一方面替上文的发展暂时做一结束，一方面为下文的发展做一伏线，所以照例是要摆在中间的。

古诗有时看来很直率，实际上很曲折。“还顾望旧乡，长路漫浩浩”两句就是如此。讲究语法的人们在这首诗里会碰着一个难题，就是许多句子都没有主词，究竟是谁在“涉江”、“采芙蓉”？谁在“还顾”？谁在“忧伤”？说话的人是个男子还是个女子？是男子“在远道”还是女子“在远道”？对于这些问题如何解答，就要看对“还顾”两句如何解释。解释可能有两种。一种是“还顾”者就是“涉江”者，古代离乡远行的照例是男子，照这样看，便是男子在说话，是他在“还顾望旧乡”，想念他的心爱的女子，“涉江采芙蓉”的是他，“忧伤”的也只是他。另一种可能的解释是，“还顾”者就是“所思”，不是“涉江”者，却还是“旧乡”的男子。照这样看，说话的人是留在“旧乡”的女子，是她在“涉江采芙蓉”，心想自己在采芳草寄给“所思”的男子，同时那位“所思”的男子也在“还顾望旧乡”，起“长路漫浩浩”欲归不得之叹。碰到这样模棱两可的难关，读者就要体会全诗的意味而加以抉择。就我个人的体会来说，我抉择了第二个解释。这有两点理由。头一点：“远道”与“旧乡”是对立的，离“旧乡”而走“远道”的人在古代大半是男子，说话的人应该是女子，而全诗的情调也是“闺怨”的情调。其次，把“还顾”接“所思”，作为女子推己及人的一种想象，见出女子对于男子的爱情有极深的信任，这样就衬出下文“同心”两个字不是空话，而“忧伤”的也就不仅是女子一个人。照这样解释，诗的意味就比较深刻些。“同心而离居”两句是在就男女双方的心境做对比之后所做的总结。在上文微嘘短叹之后，把心里的“忧伤”痛快地发泄出来，便陡然刹住。表现得愈直率，情致就愈显得沉痛深挚。

怎样学习中国古典诗词

中国青年社约我和另外几位同志写一些介绍中国古典诗词的文章，计划是选择一些有代表性的作品，做必要的简明的注释，详加分析，把好处指点出来，帮助青年朋友们培养阅读古典诗词的兴趣和能力。我欣然接受下了这个任务，因为这是一种有益的而且我也爱做的工作。青年朋友们现在都渴望把生活弄得丰富些，并且从祖国文艺传统里吸收些经验教训，来丰富自己的创作。青年朋友们要欣赏古典诗歌的希望是很深切而普遍的，只是古典诗歌对于他们多少还是一片待开垦的处女地，他们还没有摸到门径，不知道从何下手，或是怎样下手。因此，在介绍作品之前，对怎样学习古典诗词做一点一般性的入门介绍，是必要的。

中国有文字记载的诗歌，从《诗经》起，已经有两千多年的历史了。这两千多年的传统是不断发展的，一线相承而又随着时代变化的。它可以粗略地分为三个大阶段；一、周秦时代，即《诗经》、《楚辞》时代，这时代的诗歌大半来自民间，原来是与音乐舞蹈合在一起的。因为来自民间，所以它在创作和流传上都具有很大的集体性，因为与乐舞相伴，所以它大半可歌，有一定的音律。在这时期，四言体（四字一句）占主导地位，但变化比较多，到了楚辞，句子就比较长些了。二、汉魏六朝时代，这时代诗歌经过了一个大转变，一方面乐府民歌仍然保持原始诗歌的集体性与可歌性，另一方面诗成为文人的一种专业，文人也吸收了民歌的影响，但不免渐向雕琢方面走，技巧上逐渐成熟，民歌质朴的风味便渐渐减少，诗与乐舞也就渐渐分离了。在这时期，占主导地位的音律是五言体，但是七言也渐渐起来了。三、唐宋时代，这时期是文人诗的鼎盛时代，除了五古七古（五言和七言不讲音义对偶的像汉魏时代那样的诗）达到了高度的成熟之外；承继六朝的影响，五律七律（在声音和意义上要求成一联的两句互相对仗）两种体裁也由兴起而渐趋成熟了。原来汉魏以前，诗大半伴乐，诗的音乐主要地要从乐调上见出；魏晋以后，诗既渐与乐分开，诗的音乐就要从诗的文字本身上见出了。这是六朝以后诗讲四声（平上去入；上去入合为仄声）的主要原因。词也在这个时期由兴起到鼎盛。词本出于教坊（职业歌唱者训练的地方）。原来都有一定的乐谱，可以歌唱，后来落到文人手里，也就只是依谱填词，不一定能歌唱了。从诗的发展看，词可以说是从律诗变化来的。后来的曲子又是词的变化。唐宋以后的诗词只能算是唐宋的余波，新的发展很少。

这三大阶段中的作品是浩如烟海的。初学者最好先从选本入手。过去的选本也很多，但是选的人观点不同，大半不很适合现时代的需要。我们希望不久有较好的新的选本陆续出来（例如余冠英的《乐府诗选》）。在适合需要的选本出齐以前，读者不妨暂用过去几种流行较广的选本。我想到有三种卷帙不多的选本可以介绍给读者。第一种是沈德潜选的《古诗源》，选的尽是唐以前的诗；第二种是蘅塘退士选的《唐诗三百首》，选的尽是唐代各体诗；第三种是张惠言的《词选》，是唐五代宋词的最严格的一个选本（或用唐圭璋的《唐宋词选》亦可）。这几种选本选得都相当精，分量很少。我自己去看，不用一个月就可以全看完。初学者看，时间当然要多费些。不必嫌它太少。学习一门东西有如绘画，先须打一个大轮廓，对全局发展变化有一个总的概略的认识，然后逐渐画细节，施彩色，画出一个有血有肉的生动的人物来。读了这几本选本以后，读者就可以看出哪些诗人是自己特别喜爱的，再找他们的专集去读。

古典诗词大半是用文言写的。读者初来难免遇到一些语言的障碍。这种障碍也并不像一般人所想象的那么大，因为第一流的诗词作者所用的语言尽管精妙，总是很简洁的。有许多名著在过去都有些注本，读者遇到困难时不妨查注本，翻字典，或是请教师友。万一没有这种方便，也不要畏难而退。先找自己基本上能懂得的诗（这是很多的）去读，读多了，自然会找出一些文言的诀窍。了解的能力就会逐渐增加。凡是好的诗词都不是一下子就能懂透的。我从小就背诵过许多诗词，这些诗词我这几十年来往往读而又读，可是是否我个个字都懂了呢？绝对不是这样，有许多字义我至今还没有弄清楚，有许多诗的背景我至今还是茫然。但是这个缺陷并不妨碍我对于那些诗词在基本上能了解，能欣赏，而且能得到教益。学习的过程就是变不懂为懂，这当然需要一些时间和努力。

我们对于古典诗词不可能马上就都彻底了解，但是必须要求彻底了解。凡是诗词都是用有音乐性的语言，刻画出一个完整的具体的形象或境界（可能是景，可能是事，也可能是景与事融合在一起），传选出一种情致。读一首诗词就要抓住它的具体形象和情致。要做到这一点，单像读散文故事那样一眼看过去，还不济事。诗词往往是“言有尽而意无穷”的，须加以反复回味，设身处境地体验，才可以逐渐浸润到它的探微地方，领略到它的情感。诗词的情致是和它的有音乐性的语言分不开的，要抓住情致，必须抓住语言的音乐性（例如，节奏的高低长短快慢，音色的明暗等）。语言的音乐性在默读中见不出来，必须朗读，而且反复地朗读，有时低声吟哦，有时高声歌唱。比如，读一首歌（例如《歌唱我们的祖国》），只像做报告式地读是不行的，必须拖着嗓子唱出它的调子来，才能领会到它里面的情感。诗词和我们唱的歌只有一点不同：歌有一定的调子，而多数诗词或是本有一定的调子而现在已经失传，或是根本没有一定的调子。读者只能凭自己体会到的情感，在反复吟诵中把它摸索出来，这也并不是很难的事，时时注意到吟诵的节奏和色调要符合诗的情调就行了。在这过程中读者会发现他原来所体会的那点情感还是浮面的，反复吟诵会使他逐渐进入深微的地方。中国诗词大半都不很长，择自己所爱好的诗词背诵一些，也是一种很有益的训练。

谈白居易和辛弃疾的词四首

忆江南

白居易

其一

江南好，风景旧曾谙。日出江花红胜火，春来江水绿如蓝。能不忆江南？

其二

江南忆，最忆是杭州。山寺月中寻桂子，郡亭枕上看潮头。何日更重游？

鹧鸪天

辛弃疾

陌上柔桑破嫩芽，东邻蚕种已生些。平冈细草鸣黄犊，斜日寒林点暮鸦。山远近，路横斜，青旗沽酒有人家。城中桃李愁风雨，春在溪头荠菜花。

西江月·夜行黄沙道中

辛弃疾

明月别枝惊鹊，清风半夜鸣蝉。稻花香里说丰年，听取蛙声一片。七八个星天外，两三点雨山前。旧时茅店社林边，路转溪桥忽见。

这篇短文，谈一谈白居易的《忆江南》两首和辛弃疾的《鹧鸪天》、

《西江月》这四首词选择典型的情节来烘托出生动具体的气氛和情调的道理，趁便也谈一谈词的运用语言的精练。

先说白居易的两首《忆江南》。白居易在杭州和苏州做了三年多的刺史，后来除短期在长安做官之外，都住东都洛阳。他在洛阳时期作了好些回忆苏杭的诗，《忆江南》大概也是在这时期作的。原有三首，头一首总忆江南风景，第二首忆杭州，第三首忆苏州。在北方回忆江南，可写的东西当然很多，白居易在头一首词里只写了春天的江花，江水，因为这个给他印象最深。起句和末句只叙述他到过江南而今回忆江南。回忆的是什么呢？就是腹联两句："日出江花红胜火，春来江水绿如蓝。"这是全首的精华。日出时江边的花，例如桃花之类，特别显得鲜红，就像烈火的火焰。杜甫诗也有"山青花欲然"[1]（像要燃烧似的）的句子。在风平浪静时，江水在春天就显得格外碧绿，因为夏洪还没到来。旧诗词的妙处在简练。这两句词的素材是简得不能再简了。但是简练不等于简单。简单是一览无余，简练是言有尽而意无穷。有尽之言能传无穷之意，诀窍就在言是经过精选的，它有典型性，能代表或暗示出许多其它的东西。这首词虽写江南，却要从身居北方的人的角度去看。北方春来迟，举目一看，是一片寂静的黯淡的黄土高原，吹的风还是寒冷刺骨的，太阳也还是因风沙弥漫而显得昏黄。回想此时江南，景象就不同了。太阳照着江边的花像火，首先就是一个明亮的温暖的大晴天的气氛，似乎使身上都暖起来了。我们从这一片红花、一江春水感到生命在流动，在欣欣向荣。这两句能引起江南春天繁华灿烂的联想，特别是红、绿、蓝这些鲜明的颜色有强烈的暗示性。它们是江南春天的整幅画面的结晶。作者虽没费笔墨去渲染整幅画面，有了这几种颜色配上"日出"、"江花"等形象，整幅画面就活现在眼前了。

第二首忆杭州。忆的只是"山寺月中寻桂子，郡亭枕上看潮头"。要了解这两句话，宜参看白居易的两首诗，一首是《留题天竺灵隐两寺》[2]，一首是《郡亭》[3]。前一首说，"在郡六百日，入山十二回。宿因月桂落，醉为海

[1] 《绝句两首》，《杜少陵集详注》卷十三。

[2] 《白氏长庆集》后集卷五。

[3] 《白氏长庆集》卷八。

榴开。”“宿因月桂落”就是这里的“山寺月中寻桂子”。据《长庆集》汪立名注和张宗橚的《词林纪事》所引，天竺、灵隐两寺当时流行一种传说，说月里的桂花生中秋夜里落子，落到寺里来，并且有人附会说这桂子“如牵牛子，黄白相间，咀之无味”。这是一件稀奇的事，这位刺史兴致好，还有些孩子们的好奇心，也趁着中秋宿在寺里，好去找一找月里落下的桂子。郡亭，据《郡亭》那首诗，就在刺史衙门里。诗里说，“况有虚白亭，坐见海门山。潮来一凭栏，宾至一开筵。”“郡亭枕上看潮头”也就是指这个。这句话一方面说看潮的方便，一方面也暗示刺史的政清事简，和唐李欣寄韩朋的名句“寄书河上神明宰，羡尔城头姑射山”的意思相近，都是说城市有山林之乐。白居易之所以忆杭州，不仅因为那里湖山秀美，也因为他在那里过了足以自慰的可以表示政绩的生活。杭州可忆的事物很多，一部二十四史从何说起呢？白居易单选两个足以说明他的快乐生活的典型情节。他所要渲染的气氛是清幽，他所要表达的情趣是闲适。这两句词恰好达到他所要达到的效果，与头一首相比，气氛和情趣都显然有别。选的季节是秋天，没有什么热闹的颜色，却有月夜的桂香，令人起一种清冷的感觉。心情还是愉快的，但不是“日出江花红胜火”那种青春蓬勃活跃的愉快，而是老年人胸无渣滓，悠然自得的愉快。

辛弃疾的词本以沉雄豪放见长，这里选的两首却都很清丽，足见伟大的作家是不拘一格的。《鹧鸪天》写的是早春乡村景象。上半阕“嫩芽”“蚕种”“细草”、“寒林”都是渲染早春。“斜日”句点明是早春的傍晚。可以暗示早春的形象很多，作者选择了桑、蚕、黄犊等，是要写农事正在开始的情形。这四句如果拆开，就是一首七言绝句，只是平铺直叙地在写景。词的下半阕最难写，因为它一方面接着上半阕发展，一方面又要转入一层新的意思，另起波澜，还要吻合上半阕来做个结束。所以下半阕对于全首的成功与失败有很大的关系。从表面看，这首词的下半阕好像仍然接着上半阕在写景。如果真是这样，那就不免堆砌，不免平板了。这里下半阕的写景是不同于上半阕的，是有波澜的。首先它是推远一层看，由平冈看到远山，看到横斜的路所通到的酒店。还由乡村推远到城里。“青旗沽酒有人家”一句看来很平常，其实是重要的。全词都在写自然风景，只有这句才写到人的活动，这样就打破了一味写景的单调。这是写景诗的一个诀窍。尽管是在写景，却不能一味渲染景致，必须掺进一点人的情调、人的活动，诗才显得有生气。读者不妨找一些写景的五七言绝句来看看，参证一下这里所说的道理。“城中桃李愁风雨，春在溪头荠菜花”两句是全词的画龙点睛，它像是在写景，又像是在发议论。这两句决定全词的情调。如果单从头三句及“青旗沽酒”句看，这首词的情调好像是很愉快的。它是否愉快呢？要懂得诗词，一定要会知人论世。孤立地看一首诗词，有时就很难把它懂透。这首词就是这样。原来辛弃疾是一位忠义之士，处在南宋偏安杭州，北方金兵掳去了徽、钦二帝，还在节节进逼的情势之下，他想图恢复，而朝中大半是些昏聩无能、苟且偷安者，叫他一筹莫展，心里十分痛恨。就是这种心情成了他的许多词的基本情调。这首词实际上也还是愁苦之音。“斜日寒林点暮鸦”句已透露了一点消息，到了“桃李愁风雨”句便把大好锦绣河山竟然如此残缺不全的感慨完全表现出来了。从前诗人词人每逢有难言之隐，总是假托自然界事物，把它象征地说出来。辛词凡是说到风雨打落春花的地方，大都是暗射南宋被金兵进逼的局面。最著名的是《摸鱼儿》里的“更能消、几番风雨，匆匆春又归去。惜春长怕花开早，何况落红无数”以及《祝英台近》里的“怕上层楼，十日九风雨。断肠片片飞红，都无人管，更谁劝，啼莺声住”。这里的“城中桃李愁风雨”也还是慨叹南宋受金兵的欺侮。从此我们也可以见出诗词中反衬的道理，反衬就是欲擒先纵，从愉快的景象说起，转到悲苦的心境，这样互相衬托，悲苦的就更显得悲苦。前人谈辛词往往用“沉痛”两字，他的沉痛就在这种地方。但是沉痛不等于失望，“春在溪头荠菜花”句可以见出辛弃疾对南宋偏安局面还寄托很大的希望。这希望是由作者在乡村中看到的劳动人民从事农桑的景象所引起的。上句说明“诗可以怨”（诉苦），下句说明“诗可以兴”（鼓舞兴起）。把这两句诗的滋味细嚼出来了，就会体会到诗词里含蓄是什么意思，言有尽而意无穷是什么意思。

《西江月》原题是《夜行黄沙道中》，记作者深夜在乡村中行路所见到的景物和所感到的情绪。读前半阕，须体会到寂静中的热闹。“明月别枝惊鹊”句的“别”字是动词，就是说月亮落了，离别了树枝，把枝上的乌鹊惊动起来。这句话是一种很细致的写实，只有在深夜里见过这种景象的人才懂得这句诗的妙处。乌鹊对光线的感觉是极灵敏的，日食时它们就惊动起来，乱飞乱啼，月落时也是这样。这句话实际上就是“月落乌啼”[1]的意思，但是比“月落乌啼”说得更生动，关键全在“别”字，它暗示鹊和枝对明月有依依不舍的意味，鹊惊时常啼，这里不说啼而啼自见，在字面上也可以避免与“鸣蝉”造成堆砌呆板的结果[2]。“稻花”二句说明季节是在夏天。在全首中这两句产生的印象最为鲜明深刻，它把农村夏夜里热闹气氛和欢乐心情都写活了。这可以说就是典型环境。这四句里每句都有声音（鹊声、蝉声、人声、蛙声），却也每句都有深更半夜的悄静。这两种风味都反映在夜行人的感觉里，他的心情是很愉快的。下半阙的局面有些变动了。天外稀星表示时间已有进展，分明是下半夜，快到天亮了。山前疏雨对夜行人却是一个威胁，这是一个平地波澜，可想见夜行人的焦急。有这一波澜，便把收尾两句衬托得更有力。“旧时茅店社林边，路转溪桥忽见”是个倒装句，倒装便把“忽见”的惊喜表现出来。正在愁雨，走过溪桥，路转了方向，就忽然见到社林边从前歇过的那所茅店。这时的快乐可以比得上“山重水复疑无路，柳暗花明又一村”[3]那两句诗所说的。词题原为《夜行黄沙道中》，通首八句中前六句都在写景物，只有最后两句才见出有人在夜行。这两句对全首便起了反照的作用，因此每句都是在写夜行了。先藏锋不露，到最后才一针见血，收尾便有画龙点睛之妙。这种技巧是值得学习的。

总看这四首词，可见每一首都有一个生动具体的气氛（通常叫作景），都表述出一种亲切感受到的情趣（通常简称情）。这种情景交融的整体就是一个艺术的形象。艺术的形象有力无力，并不在采用的情节多寡，而在那些情节是否有典型性，是否能作为触类旁通的据点，四面伸张，伸入现实生活的最深微的地方。如果能做到这一点，它就会是言有尽而意无穷了。我们说中国的诗词运用语言精练，指的就是这种广博的代表性和丰富的暗示性。

诗词的语言还要有丰富的音乐性。音律是区别诗和散文的一个重要标志。这不仅是形式问题。情发于声，是怎样的情调就需要怎样的音调。在诗

[1] 张继《枫桥夜泊》。
[2] 这样解释或与一般解释不同，提出来谨供参考。
[3] 陆游《游山西村》，《剑南诗稿》卷一。

词中，词对音律是讲究最严的。在这里不能对这四首词做音律的分析，因为它不是在一篇短文里谈得清楚的。读者把这几首词懂透了，不妨反复吟诵。这样，就会感觉到这四首词在音律上都是很和谐的。这和谐的效果是怎样造成的，读者最好自己去仔细分析。多分析，就会逐渐懂得音乐性对诗词的语言有多么重要。

迢迢牵牛星

迢迢牵牛星，皎皎河汉女；纤纤擢素手，札札弄机杼；终日不成章，泣涕零如雨。河汉清且浅，相去复几许？盈盈一水间，脉脉不得语！[1]

前次（1956年本刊二十四期）我们介绍了《古诗十九首》中的一首——《涉江采芙蓉》。这次介绍的《迢迢牵牛星》也是古诗十九首中的一首。据徐陵的《玉台新咏》，它也是西汉诗人枚乘作的。

这首诗借牛郎织女遭天河隔绝的故事，写出一个年轻女子思念她的爱人而不能相会的怨情。牛郎织女这个美妙的神话是中国古代农业社会的产品。从《诗经》起，它就一直是诗人们爱用的一个典故，直到今天，它在民间还是流传很广的。看过《天河配》那出戏的人们对它都会有很深刻的印象。凡是神话都是原始的民间诗，体现着一个民族中广大人民群众共同的深切情感、愿望和理想。人有了情感，愿望和理想，就会起艺术的冲动，想把它表现出来，和旁人一起歌咏赞叹，反复回味体验，作为生活中一种感发兴起的力量，但是情感这一类的内心世界的变动往往是游离不易捉摸的，要把它表现出来，必须借助于客观世界中目可见耳可闻的具体形象。所以诗总是“情景交融”的整体，“情”就是内心生活的核心，“景”就是把“情”表现出来的具体形象。姑拿牛郎织女的神话来说，它就很可以说明神话创作也就是诗创作的过程。青年男女在互相爱慕的时候，总希望朝朝暮暮都能相聚，但是好事多磨，外来的阻力有时叫他们完不成心愿，虽是两人近在咫尺，也会

[1] “迢迢”，远远；“皎皎”，洁白；“河汉”，天河；“河汉女”，织女；牵牛星在天河西，织女星在天河东；“纤纤”，细嫩；“擢素手”，举起白净的手；“札札”，织布的声音；“终日不成章”，整天在织锦，也织不成一段手纹来；这句诗运用《诗经》里“跂彼织女，终日七襄，虽则七襄，不成报章”的意思，“七襄”指七个时辰，等于现在说十四小时；“盈盈”，半满，美好；“脉脉”，含情无语凝视。

仿佛远隔天渊。这时他们心里当然有无限的苦楚，有苦楚当然也就要申诉。怎样申诉呢？只说“我真痛苦啊”行吗？那是抽象的，没有真正表达出情感，当然也就不能感动别人。他们抬头一看，就恍然大悟。瞧！天上银河东西那两个星座不也正像我们这样一对俊俏的人横遭隔绝吗？于是天上的两个星座就变成人间牛郎织女的化身，阻挠他们心愿的人便成了王母，他们所遭到的困难和阻碍便成了天河，替他们穿针引线的人便成了乌鹊。这样一来，一个神话或是一首诗就形成了，横遭隔绝的幽怨就借牛郎织女那套故事的具体形象表现出来了。像这样一段神话表达出了广大人民群众的一种共同的深切情感，愿望和理想，在众口流传之中又不断地得到了修改润色，所以具有高度的人民性，成为广大人民群众所共同喜爱和珍护的文化财宝。在诗歌方面，它就成为一种共同语言，成为诗的传统中一个重要的项目。它之所以重要，就因为它是家喻户晓的，一提到它，就会引起在无数历史年代里逐渐积累起来的丰富的联想和感情。

《迢迢牵牛星》这首诗就是从这样富有人民性的神话传统中吸取了源泉。吸收传统并不等于把旧的东西复述一遍，它只是利用人民中间的这种共同的语言，适应新的情境的需要，来创造出一种新的具体形象。《迢迢牵牛星》就是这样推陈出新的范例。这首诗着重渲染相思而不能相合的幽怨，所以七夕乌鹊搭桥，牛郎织女欢会之类情节就没有采用。其次，这首诗还是属于“闺怨”一类，所以专从织女一方面着想，造成的印象好像只是“单相思”。这样写，诗就有了重点，就成为一个不同于过去一般牛郎织女故事的具体形象。

但是重点却映射出全面，这首诗的妙处就在此。开头两句将“迢迢牵牛星”和“皎皎河汉女”对举，好像是双管齐下，但是接着八句都只写织女，牛郎好像完全丢到脑后，而首句也好像是牛头不对马嘴，大可一笔勾销。但是细看全诗，就可以看出每句话里都有牛郎在背后，“迢迢”两字实在是全篇的脉络。照表面看，“河汉清且浅，相去复几许”就明明说牛郎并非“迢迢”，说他“迢迢”好像是自相矛盾，但是相隔虽只“盈盈一水”而却“脉脉不得语”，在织女的情感上牛郎便显得迢迢，后来词人所说的“隔花人远天涯近”，也就是这个意思。“迢迢”两字总括织女想望牛郎的心境，她之所以“终日不成章，泣涕零如雨”者以此，她之所以隔河脉脉凝望，叹息“相去复几许”者也以此。织女如此，牛郎如何？从“脉脉不得语”一句看，可以想见牛郎也在隔河相望。“单”相思究竟还是“双”相思。“不得语”三字含蓄最深，说“不得语”当然原来“欲语”，其所以欲语而不得语者，这幕戏还有一个没有出台的角色在台后横加阻挠。在这阻挠者的压力之下，牛郎和织女同是受压迫者，有同样说不出的苦衷，然而毕竟是说出了，“河汉清且浅”四句在从前说是“怨”，在现在说就是反抗的呼声。

这首诗和《涉江采芙蓉》在写法上有许多足资比较之点，读者可以自己去细心比较一下。这里姑且提出一点；就是那首诗是站在涉江的当事人的地位写的，是涉江人在自诉衷情，这首诗却是诗人站在旁观者的地位在叙述。这就是所谓“直接叙述”与“间接叙述”的分别。就布局说，这首诗是从外面的活动（织锦织不成，哭泣）写到内心的活动（心想一水之隔竟“脉脉不得语”）。“泣涕零如雨”一句在故事发展中已达到了顶点，下面“河汉清且浅”四句只是说明这泣涕的原因。全诗中最哀婉动人的是这最后四句。它好像是诗人说的，又好像是织女自己说的。究竟是谁说的呢？是诗人也是织女。就全诗结构说，是诗人在间接叙述；就情致说，是织女自己在说心事。读者须体会到这两个观点的分别和统一，才能见出这四句的妙处。诗人做到了“设身处境”，“体物入微”，所以我们读起来，“如闻其语，如见其人”。

读者如果要问：历史上是否确曾有过这样一个织女，做过这样的事，说过这样的话呢？我们可以回答说，这是神话，全是虚构的。但是就情理说，这首诗却是十分真实的。假如有这样的牛郎织女，处在这样的情境，他们于情于理，就必得做这样的事，说这样话。这说明了诗的真实不同于历史的真实，同时也说明了典型性格的本质。典型性格不一定是于事已然的，而是于理当然的。一个性格如果是典型的话，遇到某种典型的环境，就必然有某种典型的表现。就这个意义说，我们可以说这首诗写出了典型的性格。

谈李白诗三首

一、谈《经下邳圮桥怀张子房》

子房未虎啸，破产不为家。沧海得壮士，椎秦博浪沙。报韩虽不成，天地皆振动。潜匿游下邳，岂曰非智勇？我来圮桥上，怀古钦英风。唯见碧流水，曾无黄石公。叹息此人去，萧条徐泗空。

要了解这首诗，先要了解我国过去历史上长期在人民群众中流行的两种人生理想，就是“游侠”和“神仙”的理想。这两种理想在现在看来都是落后的，但是在过去，它们是对当时社会制度的反抗和不满，有积极的意义。游侠就是一般所说的英雄好汉。这种人的理想是要讲义气，讲交情，劫富救贫，打抱不平，特别是在强权淫威之下表示不屈服，如果受到一点耻辱和冤屈，就誓必报仇雪恨，要仇人的命，报仇不成，就是牺牲性命也在所不惜。这种人往往练得一手好武艺，有万夫不当之勇，有时还足智多谋。他们不但要替自己报仇，还要替看重自己的知心朋友报仇，而且替旁人报仇比替自己报仇还更奋不顾身，因为正义感之外又加上对朋友要守信义的动机。这种游侠理想从哪里产生呢？如果社会是符合人民理想的，没有什么仇，就没有什么报仇的人，没有什么不平，就没有什么打抱不平的人。纵然有冤屈不平，如果国家法律能够保障私人的权利，那也就无劳私人去施行惩罚。游侠的存在表明了两个事实：首先，社会上有冤屈不平，其次，国家法律不能消除冤屈不平，甚至它本身就是冤屈不平的根源。在这种情形之下，游侠的理想是正义感的表现，也是人的尊严感的表现，使强权淫威不得不对它稍存戒心而有所忌惮。所以它是有积极意义的。

神仙的理想比起游侠的理想来是较为消极的。游侠要置身“法外”，神仙却要置身“世外”，游侠要凭自己的力量去达到理想，神仙却要凭超自然的力量去达到理想，游侠要抵抗，神仙却常与隐逸结合，只是无抵抗，不合作。这两种理想的性质不同，但是它们的历史根源是一致的。如果社会是符合人民理想的，它本身就是一个极乐世界。它不是一个极乐世界，甚至是一个极苦世界，人们才幻想在它以外能找到一个极乐世界。在科学还没发达的社会里，幻想往往比事实还有更大的说服力和诱惑力，所以像神仙之类的宗教迷信有极广泛的市场。好神仙的人有两面性。就他们逃避现世，迷信有神通广大的力量能创造奇迹来说，是消极的，落后的，就他们厌恨恶浊，不肯同流合污，至少是幻想要有一个合理的社会来说，也未尝丝毫没有积极的一面。游侠和神仙既然都是落后社会的产物，而且对落后社会都表示极端不满，所以在我国过去历史上这两种人常常结合在一起，讲游侠的也往往讲神仙。

李白经下邳桥所怀想的汉朝张良，正是这样一种游侠兼神仙的人物。诗中所说的那壮士是个游侠，黄石公是个神仙，而张良自己为着要替韩报仇，请教这位壮士，但没成功，请教黄石公这位神仙，终得佐汉灭秦，最后却又“学辟谷导引轻身”，“从赤松子游”，又回到神仙。所以张良的一生只是在侠客、谋士和神仙三种行径里兜圈子，而他的所以为谋士，是因为他有侠客的气概，志在灭秦报韩；他的所以终于回到神仙，也并不是像他自己所说的于愿已足，而是因为看到鸟尽弓藏，兔死狗烹，不免有些灰心。这首诗的本事，读者可以翻《史记·留侯世家》（张良传）看一下，这里不必复述。

李白的这首诗是属于怀古和咏史类的。怀古咏史在我国许多诗人的诗集里都占很重要的一部分。古有什么可怀，史有什么可咏呢？这首诗里“岂曰非智勇”，“怀古钦英风”两句给了答案。古人和史事可以引起诗人歌咏的，一定是诗人所同情的，体现了诗人的人生理想的，或是诗人所不同情的，诗人在讽刺之中也表现了他自己的人生态度。这首诗是属于前一种情况的。伟大的诗人都必有人民性，所谓人民性，是说他的人生理想和人生态度与广大人民的是一致的。他在诗里表现了他自己的人生理想和人生态度，也就同时表现了广大人民的人生理想和人生态度。从周秦以后，在相当长的时期中，广大人民的人生理想和人生态度有一大部分表现在上文所说的游侠和神仙，只消把我国民间小说和戏剧的题材统计一下就可以知道。这方面的典型形象，是一般民众头脑里的诸葛亮。诸葛亮在历史上（可看陈寿的《三国志》）并不像在小说和戏剧里那样的神通广大。小说和戏剧都起自民间，一般人民是按照他们自己的理想和愿望来铸成像在小说和戏剧里那样的诸葛亮的形象。而这种形象也正近似司马迁在《史记》里所铸成的张良的形象。这两人都有一面是游侠，有一面是神仙，尽管在程度上略有不同，诸葛亮的游侠的成分较少。诸葛亮的形象有很大的人民性，这是每一个看《三国演义》和看旧戏的人都能体会到的。张良的形象也是这样，他成为许多诗人歌咏的对象，也是因为他有很大的人民性。

张良之所以成为李白歌咏的对象，还有一个特殊的原因。我们一般人想到“盛唐”，总以为那时社会怎样安定，国家怎样富庶繁荣，人民怎样安乐，其实这是幻象。当时封建主聚天下的财富于长安，穷奢极欲，人民生活还是很痛苦的。杨家贵戚的骄横叫在朝在野的人都侧目而视。安禄山乱起，唐朝马上就现出土崩瓦解的局面。当时人民对社会秩序的态度可以从当时流行的小说中看出来。唐人小说表面上大半是些爱情故事，实际上游侠和神仙的思想都非常浓厚，至少是从那些故事里面，可以看出当时尚任侠，讲神仙的风气很盛。游侠和神仙的存在，就足以说明当时社会中不平的事和不合理的事是很多的。否则我们也就很难说明李白自己的性格。李白平生爱学道，号称“诗仙”，但是他的游侠的一面往往被人忘记。魏颢说他“眸子炯然，哆（腮）如饿虎，少任侠，手刃数人”。他的最知己的朋友杜甫有一首七绝《赠李白》，替他下了这样的评语：

秋来相顾尚飘蓬，未就丹砂愧葛洪。
痛饮狂歌空度日，飞扬跋扈为谁雄？

这就是讥刺他学仙学侠两无成。不管成不成，他对仙和侠的向往却是无可怀疑的。读李白的诗，也就要体会到他的六分仙风，四分侠骨。所以《经下邳圯桥怀张子房》这首诗，不但表现了当时广大人民的人生理想和人生态度，也表现了诗人自己的人格。

这里有一个问题：游侠和神仙都是过去落后社会的产物，现在社会已经完全不同了，游侠和神仙的理想是否还有意义呢？上文分析过，游侠和神仙都有落后的一面，也都有积极的一面，落后的一面会随时代过去，积极的一面对后世人还会有几分鼓舞的力量。每个人都可以就自己读这首诗时所起的情感分析一下。以我的经验说，我在十几岁时就爱读这首诗，常常高声朗诵。朗诵时心情是振奋的，仿佛满腔热血都沸腾起来了，特别读到最后“唯见碧流水”四句，调子就震颤起来，胸襟也开阔起来，仿佛自己心中也有无限的豪情胜概，大有低徊往复，依依不舍之意。这种振奋的心情是痛快的，也是有益的。是否我因为想当侠客和神仙才爱这首诗呢？我从来没有过这种幻想和奢望，这首诗也并没叫我往这种幻想和奢望。但是想到“破产不为家”，求刺客去杀威震一时的秦始皇那种英雄气概，那种要奋不顾身去伸张正义的坚贞英勇的精神，不由得我不回肠荡气，肃然起敬。我爱这种人，觉得在这种人身上见出人的尊严，我希望多见到这种人，我仿佛觉得这种人如果多有些，世界会更光明些，人生会更有意义些。单就我体会这种人的人格来说，我也仿佛得到一种力量，帮助我更好地做人。我想游侠和神仙在这首诗里毕竟是外壳，这外壳里面包含着一种精神，它是感动李白的，也是感动我的，也是感动任何一个有心肠的人的。这就是它的积极的一面，这积极的一面是不会轻易地随时代消逝的。

最后，略谈一下这首诗的格局。从表面看，它是平铺直叙，一气呵成的。分析一下，就能看出它分三段。头四句一段，直叙张良求刺客杀秦始皇的事迹。中四句一段，补叙失败后潜匿下邳，夹以论断，“报韩虽不成”，而“天地皆振动”，毕竟还是叫敌人惊心丧胆；虽被迫“潜匿”，这也不是“非智勇”的过错，每两句一抑一扬，略见波澜起伏。后六句写诗人怀古的心情，是平铺直叙后的一个大波澜，读者须体会这种心情是丰富复杂的，一方面是“怀古钦英风”，满腔豪情胜概，一方面又“叹息此人去，萧条徐泗空”，大有“前不见古人，后不见来者”那种寂寥的感觉，但是这并不是失望，而是寄深厚的希望于无穷的未来。诗用五古体，古诗可以换韵，换韵往往就同时标出段落（当然也有例外），这首诗就是选样，三段就用三组韵。批评李白诗的人往往嫌他欠剪裁洗练，这是不正确的。这首诗就表现了高度的剪裁洗炼。张良的一生事迹很多，这里只写到他“潜匿游下邳”为止，至于他后来佐汉灭秦以及晚年学道那一大段经过都一字不谈，虽然首句“虎啸”二字也约略给了一点暗示。如果全写，就不但见不出剪裁洗炼，还会破坏这首诗触景生情的效果。

二、谈《黄鹤楼送孟浩然之广陵》和《闻王昌龄左迁龙标遥有此寄》

黄鹤楼送孟浩然之广陵

故人西辞黄鹤楼，烟花三月下扬州。
孤帆远影碧空尽，唯见长江天际流。

闻王昌龄左迁龙标遥有此寄

杨花落尽子规啼，闻道龙标过五溪。
我寄愁心与明月，随君直到夜郎西。

这两首诗在体裁上都是七言绝句，在题材上都是送行惜别，合在一起谈，比较方便。

送孟浩然诗比较容易懂。孟是由武昌黄鹤楼坐船到扬州（广陵），李白在黄鹤楼送他。时节是三月，花开正盛，望起来像烟一般。行进的人依依不舍，直望到孤帆远影渐渐在碧空中消失了，只见长江在遥远的天际流着，他才回过头来。诗人先写出别地别时别景，然后写出自己那种眷恋惆怅的情感。

寄王昌龄诗的局格大致和送孟浩然诗相同，但是比较难懂一点。难分两个问题上。首先是异文的问题。头一句一本作“杨花落尽子规啼”，一本作“扬州花落子规啼”。如果是“杨花落尽”，与“子规啼”较一致。子规即杜鹃，鸣声凄厉，易动旅客归思；杨花落在旧诗中常象征离散，所以苏轼《水龙吟》咏杨花词有“细看来不是杨花，点点是离人泪”之句。如果是扬州，那就很可能李白自己那时在扬州，这就和下文的“明月”有关，相传扬州的月亮特别亮（“天下明月三分，扬州得其二分”）。这两种异文都说得通，很难断定哪一种比较确实。如果“夜郎西”可照下文的解释，“扬州花落”的可能性就较大。其次是地理的问题。王昌龄老家在江宁（南京），他贬龙标尉以前在长安（西安）做校书郎。龙标是个县名，即今湖南西部的黔阳县，五溪（辰溪、酉溪、巫溪、武溪、沅溪）也在湖南西部。夜郎属西南夷，在今贵州西北桐梓县。这里应该注意的是“龙标过五溪”的“龙标”即指王昌龄，古人常以地方的名称称呼那地方的人或是在那地方做官的人。这里的问题在于夜郎在贵州西北，而龙标在湖南西部，两地相去很远，而且龙标在夜郎东，不在西。王昌龄到龙标就任，无论是从长安出发，还是从江宁出发，都走不到夜郎。因此，我疑心这首诗写作时期很晚。李白曾因参永王璘的军事。军败后被朝廷流放到夜郎，后来遇赦才回到金陵（南京）、当涂（在安徽东部）一带，不久就死了。这首诗当作于从流放获赦去金陵之后。如此才可以解释“随君直到夜郎西”一句，那就是因王昌龄被贬而想到自己过去被流放。在唐朝，做官的人贬谪到湖南贵州一带，是个很大的惩罚。李白身受过这种痛苦，于今又听说他的诗友也要去受这种痛苦，所以一方面既寄深厚的同情于好友，一方面也暗伤自己过去的遭遇。这样解释，诗的情致也就比较深刻。

这两首诗的题材和局格虽大致相同，而情致却悬殊。情致往往要借景物气氛烘托出来。论时节，送孟在暮春三月，送王在“杨花落尽子规啼”的时候，也只在晚春初夏。可是“烟花三月”寥寥四句写出一片多么绚烂繁荣的气象，而“杨花落尽子规啼”就显得凄凉寂寞，不堪为怀了。这两首诗开始所描绘的色彩气氛好比一个乐曲的基调，暗示出全篇情感的性质和深度，同时我们也要注意孟、王两人不同的情境。孟到的是扬州，扬州在唐朝是著名的繁华城市，好比现在的上海；王到的是龙标，西南边陲的瘴疠地，去那里就等于“充军”。孟可能只是游历或就任，王是贬谪。情境不同，感触自异。王的遭遇本身已可悲，何况这个遭遇和诗人本身的遭遇又有些类似？“愁心”二字不是随便下的。送孟诗虽是惜别，却没有多深的伤感，“烟花三月”句还略有欣羡的意思，最后两句写远眺景致，写出一种高远无穷的气象，与其说暗含惜别，还不如说带有“手挥五弦，目送飞鸿”的闲适意味。如果拿这两首诗朗诵几遍，就能感觉到音调的分别很明显。送孟诗平声字较多，字音都很响亮，大半是能提高又能拖长的。所以读起来可以悠扬而豪放。送王诗头二句音节还很平顺，只是诗的意义决定了它的音调须低沉凄婉，后二句仄声字安排得有些拗，我们很难用读“孤帆远影”两句的调子来读它，它天然地有些抑郁感伤的意味。在这种朗诵的比较里，我们可以体会到诗的情感与声音的关系是非常密切的。

莱辛的《拉奥孔》

关于德国十八世纪启蒙运动者莱辛的《拉奥孔》，我在选译其中主要章节之后所写的译后记里，已做过粗浅的评价，还有些未尽之意，现在补写在这里。

读任何一部古典著作，我们要经常想到两个问题：首先，这部著作对作者本人的时代有什么意义？其次，它对我们现在还有什么意义？对于《拉奥孔》，这两个问题是密切相关的，因为检查一部古典著作对我们现在的意义，为的是批判继承，而《拉奥孔》本身所要解决的也正是批判继承问题，它要研究像雕刻作品《拉奥孔》和维吉尔描述拉奥孔和他的两个儿子被毒蛇绞住的诗那样的古典文艺，对于启蒙运动中欧洲文艺有什么意义。

《拉奥孔》的结论是：雕刻、绘画之类造型艺术用线条、颜色去描绘各部分在空间中并列的物体，不宜于叙述动作，诗歌（推广一点来说，文学）用语言去叙述各部分在时间上先后承续的动作，不宜于描绘静物。从表面看和从局部看，这个结论是对法国古典主义影响之下的侧重描写自然的诗歌以及企图描绘动作的寓言体绘画所进行的批判；或者说得较广泛一点，它是对欧洲十七八世纪之交所流行的矫揉造作、浮华纤巧的“螺钿式”（rococo）的艺术风格所进行的批判。莱辛要扫除宫廷艺术的影响，为启蒙运动所要建立的新兴资产阶级的文艺理想铺平道路。

莱辛写《拉奥孔》时有这样一个意图，这是众所公认的。但是《拉奥孔》还不仅在这个意义上，要解决对古典文艺的批判继承问题，它的内容还有更深广的一面。我们且回顾一下欧洲文化发展经过的大略。欧洲在希腊罗马奴隶社会鼎盛的时代发展出的光辉灿烂的文化，一般叫作“古典文化”。到了公元四五世纪，奴隶社会的基础以及在这基础上所建立的古典文化都日渐没落了，接着封建统治和天主教会结成了一个不大神圣的同盟，不但残酷地剥夺去人民的劳动果实和政治方面的自由。而且在神权淫威之下，否定了人在现世生活中的一切享受和一切意义。因此，在约莫有一千年的漫长时期中，文艺活动在禁欲主义的名义下几乎完全被窒息了。历史家们把这个教会统治一切的时代叫作“黑暗时代”，并不是没有理由的。接着资产阶级社会随着工商业和城市的发展逐渐兴起来了，它要求一个适应新时代要求的新的上层建筑，新的文化和新的文艺。在文化上，这个社会从中世纪所继承来的是一穷二白的摊子，于是“向哪里去学习”就成为一个日益尖锐的问题。在当时人看，对这问题的解决路径就只有一条：回过头向希腊罗马古典文化去学习。因此，就掀起了一个大运动，叫作“文艺复兴”。所谓“文艺复兴”，本来的意义就是希腊罗马古典文艺的复兴。在文艺方面，这个运动在意大利产生了但丁、薄伽丘、米开朗琪罗、达·芬奇、拉斐尔等大师的光辉成果。在其他国家中，塞万提斯、莎士比亚和拉伯雷几位文艺巨人也是在文艺复兴运动影响之下成长起来的。但是这个运动发展到十七世纪的法国就流产了。流产的原因有两个：首先，封建统治和天主教会的势力在法国还特别顽强，而且在路易十四时代还来过一次临死前的回光反照。其次，在文艺复兴时代，人们虽热情地要求学习古典，但是对于古典的知识还是肤浅的，非常片面的。例如，十七世纪法国古典主义作家口口声声地说要向古人学习，究竟学习些什么呢？他们学习到的是一套死板的“规则”，例如，戏剧要遵守三一律，主角要是社会上层人物，语言要“高贵”，一切要维持“礼貌”（decorum），例如，在诗里说用“刀”杀国王和在舞台上演出凶杀的场面，都是被认为“不礼貌”的。这套“规则”据说是亚里士多德在《诗学》里定下来的，其实大半只是从贺拉斯到布瓦洛那一系列的“诗论”家假亚里士多德的名义所捏造出来的。这些僵化的“规则”成为文艺的桎梏。法国十七世纪古典主义就是在这种桎梏之下发展起来的。所以尽管高乃依、拉辛，特别是莫里哀，都做出相当辉煌的成就，但是总的来说，法国古典主义文艺总不免令人起假山笼鸟之感，而且尤其重要的是：它基本上还是宫廷文艺，为封建统治服务的。由于这个缘故，我们才说法国古典主义是文艺复兴运动的流产。[1]

[1] “古典主义”是法国人自己定的称呼，英美等国一般把它叫作“新古典主义”或“假古典主义”。

启蒙运动者所面临的是法国古典主义文艺统治着全欧的局面。为进一步推动文艺前进，使文艺更好地为上升的资产阶级服务，他们就必须打破这个局面。怎样打破这个局面呢？他们认为法国古典主义者拘守清规戒律，对希腊罗马古典文艺加以狭窄化、庸俗化和形式化，毛病正在于学习古典没有学好，没有抓住古典文艺的精神实质。因此，启蒙运动者要求对古典文艺有更深刻的了解，要求发现它的精神实质，于是就掀起一个加强古典学习的运动。这个运动在德国进行得特别活跃，温克尔曼开了端，莱辛和赫尔德加以发扬光大，到了歌德和席勒便集其大成。《拉奥孔》就是在这样一种加强古典文艺学习的风气之下写成的，它所要执行的历史任务就在越过法国古典主义对古典文艺那种皮毛的学习，进一步要求掌握古典文艺的精神实质，从古典文艺中继承真正值得继承的东西，来建立准备革命的资产阶级所要求的新文艺。这个历史任务，启蒙运动者是出色地完成了的，在政治上他们为法国革命以及接踵而起的其他资产阶级革命做了准备，在文艺上他们为十九世纪浪漫主义和接踵而起的批判现实主义做了准备。

就对古典的批判继承这一点来说，《拉奥孔》对我们现在还有很大的现实意义。它用法国古典主义那样生动的历史教训向我们指出：对古典的有效继承要基于对古典的正确批判，面对古典的正确批判又要基于对古典的深刻了解，反之，对古典如果只有皮毛的片面了解，就无从进行批判，纵使进行批判，那种批判也会是皮毛的片面的，在这种情况之下的继承至多也只能像法国古典主义那样，不但继承不到真正好的东西，而且还会替自己套上一些僵化“规则”的枷锁。在我们批判继承中外优秀文艺传统来建立我们的无产阶级新文艺的过程中，这个历史教训是值得我们时时紧记在心的。同时，我们也值得谨记着十九世纪浪漫主义和批判现实主义的光辉成就并不是凭空得来的，而是需要像狄德罗、温克尔曼、莱辛等人所做的那些辛勤的工作作为准备。

莱辛在《拉奥孔》里所发掘出来的古典文艺的精神实质究竟是些什么呢?

头一条，文艺的确有规律，但是这种规律不是由谁去制定的，像假古典主义者所想象的那样，而是要在现实中去找，因为文艺是反映现实的（莱辛以前的人把“反映现实”叫作“模仿自然”）。莱辛所找到的文艺规律是诗和画有区别，各有特性，诗宜于叙述动作，画宜于描写静物。这个规律他是从分析诗和画所用的不同的物质媒介（占时间的语言声音和占空间的线条颜色等）得来的。这条规律就肯定了文艺的现实基础。这是一个唯物主义的看法，在对为封建统治和教会神权服务的唯心主义的文艺观进行斗争中，是一个有力的武器。

第二条，古典文艺的真正的精神实质在于它的人本主义，就是文艺要以人和人的动作为主要的描写对象（这不是资产阶级思想家所宣扬的“人道主义”），在造型艺术方面最高的美是人体美；在诗和一般文学方面，最主要的题材是人的动作，纵然要写自然美，也要通过人的动作或是通过它对人的关系和意义去描写，要化静为动。本来亚里士多德在《诗学》里早就再三强调过诗的对象是人的动作或“在动作中的人”，但是这条基本规律偏偏被一些自称是“古典主义者”的人所忽视，到了莱辛才把它突出地指出来，这一点也说明了启蒙运动者学习古典，确实是比以前深入了一步。这条规律有哪些含义呢？它不但指出文艺中起决定作用的是内容，而且还指出这内容主要是人，这就肯定了文艺的社会性。其次，人的尊严和自由在封建统治之下遭到了压抑和剥夺。人本主义的提倡是和启蒙运动要求人权的政治任务分不开的。

第三条，文艺不但在创作方面而且在欣赏方面都要有创造性和主观能动性，不是被动地抄袭自然或是被动地接受作品。莱辛一方面主张诗不宜于描写静物，画不宜于叙述动作，而另一方面他也承认诗也可以描写静物，只是要通过动作，通过效果，化静为动或是化美为媚；画也可以叙述动作，只是要选择动作过程中顶点前的那一顷刻，以便给读者留想象的余地。这个看法可以说是辩证的。由化静为动来说，创作就不是被动地抄袭自然，由给读者留想象余地来说，欣赏也就不是被动地接受作品；总之，这两种活动都需要一些创造性和主观能动性。本来莱辛的诗画异质说是针对温克尔曼对古典艺术的看法而进行批判的。按照温克尔曼的说法，古典艺术无论是诗还是画，在表现激烈情感时，都还显出心灵的和平与静穆。莱辛反驳这个说法，指出古典艺术只是在画方面才避免激烈情感所伴随的丑相，在诗方面却并不如此。他从史诗和悲剧中举出许多实例，证明古典诗并不避免激烈的表情，因为在时间上先后承续的叙述就会把在空间中平铺的一目了然的丑相冲淡。歌德在自传式的《诗与真》里提到莱辛的《拉奥孔》，写下了这样一段话：

"须转向年青一代人打听，才可以体会到莱辛用《拉奥孔》对我们产生了如何深刻的印象，这部著作把我们的心灵从忧郁阴暗的直观移置到光明而自由的思想境界了。

揣测歌德说这话的意思，也还是不赞成温克尔曼而赞成莱辛，不赞成所谓对"静穆"境界的直观，而赞成光明自由思想的能动作用。[1]

这三条都涉及文艺理论的基本问题。其中头两条是我们所熟悉的而在莱辛时代却还是新的东西。奠定这两条原则在当时应该是一个很大的功绩。至于第三条，牵涉我一直在主张的"客观与主观统一"的问题。国内大多数人似乎还在反对，莱辛的看法对我们至少还有参考的价值。

《拉奥孔》对我们现在，还有什么其他意义呢？作为一个文艺理论工作者，我觉得在它里面学习到很多的东西。我觉得这部书是就具体问题做具体分析的范例，不像我们美学讨论者老是停留在概念里绕圈子。我还觉得这部书也是革命性与科学性结合的范例，具有启蒙运动者顽强斗争的精神，同时也表现出深刻的研究与谨严的逻辑。

这部书对于创作者有什么意义，最好是由创作者自己来判断。作为一个读者，我觉得这部书所牵涉的技巧问题还是值得学习的。就拿文学描写自然要化静为动这一点为例来说吧。我曾经根据莱辛的原则检查过我国的一些古典诗词，特别是山水诗和咏物词，我发现莱辛的原则是适用的。我也曾经根据莱辛的原则检查我国一些现代小说中描写自然的部分，我发现胪列现象的描绘往往是枯燥的，为了要尽快地掌握人物动作的进展，我往往把单纯描写的部分跳过去。但是在成功的小说作品中，作者总是自觉或不自觉地运用了化静为动的原则。例如，《红旗谱》第一节写小虎子眺望滹沱河那两段：

眼前这条河，是滹沱河。滹沱河打太行山上流下来，像一匹烈

[1] 这一条是根据苏联阿尔泰莫诺夫和格腊日丹斯卡雅在《十八世纪外国文学史》（原文第三二四至三二五页）里所提出的看法而加以补充的。我在《译后记》里曾就莱辛把美限于物体美这个事实，批评他有些形式主义，把模仿自然看作被动地抄袭；现在看来，形式主义一点是对的，被动抄袭一点则是错误的，趁此更正。

性的马。它在峡谷里，要腾空飞蹿，到了平原上，就满地奔驰……

接着就写秋风的寒冷。从这两段描写，我们可以看出描写的两个基本原则。首先，自然景物宜于通过动作来描写，把死的写成活的；其次，自然景物的价值不在它本身而在它衬托出人物的心情（对乡土的爱，对砸钟的沉痛的预感，受压迫者的沉重的心事等）和情节的发展（这条河和反霸斗争有紧密的联系，河的下山出谷奔流可能还象征农民革命运动的发展）。一般说来，小说宜侧重动作的叙述，描写部分宜压缩到最小量。《红旗谱》对于自然的描写，一般恰到好处，没有堆砌的痕迹。如果拿《红日》来和它做一番比较，《红日》的描写部分就没有那样简洁而生动。特别是像莱芜战役那样一个紧张雄壮的场面，描写只要稍微多一点，就会把动作的速度放慢，使紧张的气氛松弛。但是《红日》里也有些比较好的描写，例如，第三十九节钱阿菊洗衣时那一段春天气氛的描写，是能映衬出人物心情的，而且那是在后方疗养的情况下，和情景的发展也还是配合的。我想特别指出第四十节写战士们两天里在油泥地上行军的那一段，因为这可以说明自然描写中的一个问题：自然景物有时可以成为矛盾斗争的一方面，在小说中可以起人物的作用。以上的例子都可以说明莱辛的化静为动的正确性。

但丁的《论俗语》

在从公元第四世纪到十三世纪的一千年左右的漫长时期中，基督教会和封建政权结合在一起，统治了欧洲文化。当时唯一类型的学校是训练学校的学校，僧侣是唯一受到教育的等级，人民大众都被剥夺了享受文化教育的机会，连许多国王和贵族骑士也都是文盲。当时唯一的官方语言是拉丁，基督教的《圣经》只准用拉丁译文为定本，宗教仪式和宣教的活动以及学术论著和官方来往文件都一律只用拉丁；至于人民大众则习用本地方的“俗语”，对于拉丁字一般是陌生的。所以中世纪的统治阶级和被统治阶级之间，在文化教育方面和在语言方面，界限是划分得很明显的，因而矛盾也显得特别尖锐。

基督教会的神权中心，来世主义和禁欲主义的教义是在希腊罗马古典文化长期扎根的地区里传播开来的，它一开始把这种教义作为古典文化的人本主义、现世主义和多方面自由发展的思想的鲜明对立面而提出，把古典文化看作“邪教”文化，长期对它进行顽强的斗争。因此，基督教会仇视世俗文化教育，特别是世俗文艺，因为宗教性的文化教育和文艺之外，在当时所能有的世俗文化教育和文艺只能是传统深厚悠久的“邪教”的古典的一种类型。世俗文艺被认为是说谎的，挑拨情欲的，伤风败俗的，根本上违反基督教精神的，所以中世纪基督教会千方百计地禁止和摧残人民大众中的世俗文艺活动。但是人民大众对文艺的自然要求是禁止不住的，尽管基督教会对文艺极端仇视，文艺在中世纪人民大众中还是呈现了百花齐放的局面，不但在建筑、雕刻和绘画各领域都达到了希腊以后的最高峰，而且在文学方面也达到了光辉的成就。在欧洲文学史上，民间文学在中世纪处在它的黄金时代。它打破了古典传统的许多清规戒律，创造了许多新体裁和新的表现方式，特别是传奇体长篇叙事诗和民歌对后来的浪漫运动发生了深刻的影响。在内容上，中世纪民间文学对基督教会和封建统治进行了尖锐的讽刺（例如，《列那狐的故事》和罗宾汉系统的民歌），对劳动人民的英勇和智慧进行了热情的表扬，对现世的美好事物表现出热烈的爱好。在语言方面，中世纪民间文学放弃了一般人民所不懂的拉丁，运用了各地方的俗语。这是很自然的，因为大部分传奇故事和民歌都是口头流传的。这些用地方语创作的民间文学作品，就是近代欧洲各国民族文学的起源。近代欧洲国家的兴起是与资产阶级登上历史舞台这件事实密切联系在一起的。资产阶级为了自己的发展，需要用各民族的地方分权来代替罗马教廷和“神圣罗马帝国”的中央集权。近代各国民族文学的兴起，也正反映出新兴资产阶级对封建统治所进行的斗争。

就是在这种历史情境之下，但丁以意大利的第一个伟大诗人的身份用近代意大利语言创作出他的划时代的大诗——《神曲》。但丁出生在佛罗伦萨，这在欧洲是手工业发达最早的一座城市，这也就是说，是资产阶级出现最早的一座城市。在这座城市里，代表封建利益的教皇党和代表新兴阶级利益的皇帝党这两大党的斗争之中，但丁是始终站在皇帝党方面的，所以他在政治上是反教廷的，代表新兴阶级进步倾向的。他用意大利文来写《神曲》这件事，也应该看作建立意大利国家和意大利民族语言这个政治意图中的一个环节。

除掉《神曲》以外，但丁还写了一部文艺理论方面的名著：《论俗语》[1]。他所谓“俗语”，就是与教会所用的官方语言（拉丁）相对立的各国人民大众所用的地方语言。在《论俗语》里他所要解决的是当时文学界的一个最迫切的问题，就是在放弃拉丁之后，改用近代语言来写文学作品特别是写诗所引起的问题。但丁所面临的问题颇类似我们在五四时代“白话”运动中所面临的问题：首先，白话（相当于但丁的“俗语”）是否比文言（相当于当时教会通用的拉丁）更适宜于表达思想情感呢？其次，白话应如何提炼，才更适合于用来写文学作品呢？这里第一个问题我们早就解决了。经验证明：只有用白话，才能使文学接近现实生活和接近群众。至于第二个问题，我们还在摸索中，它的重要性已日渐为人们所认识到，但它还不能说是

[1] 可参看柳辉的中译文（节译），载《文艺理论译丛》1958年第三期，人民文学出版社。

已经解决了，特别是就诗歌来说。所以但丁的《论俗语》对我们还有很大的现实意义。

在《论俗语》里但丁首先指出“俗语”与“文言”的分别，并且肯定了“俗语”的优越性：

> 我们所说的俗语，就是婴儿在开始能辨别字音时，从周围的人们所听惯了的语言，说得更简单一点，也就是丝毫不通过规律，从保姆那里所模仿来的语言。此外我们还有第二种语言，就是罗马人所称的“文言”。这第二种语言希腊人有，其他一些民族也有，但不是所有的民族都有。只有少数人才熟悉这第二种语言，因为要掌握它，就要花很多时间对它进行辛苦的学习。在这两种语言之中，俗语更高尚，因为人类开始运用的就是它；因为全世界人都乐于用它，尽管各地方的语言和词汇各不相同；因为它对于我们是自然的，而文言却应该看成是矫揉造作的。

这样抬高“俗语”，就是要文学更接近自然和接近人民。

作为意大利人，但丁最关心的当然是意大利的“俗语”。但是当时意大利既不是一个统一的国家，也没有一种统一的民族语言。在意大利半岛上，各地区有各地区的“俗语”。在这许多种“俗语”之中，用哪一种作为标准呢？但丁把理想中的标准语叫作“光辉的俗语”。他逐一检查了意大利各地区的“俗语”，认为没有哪一种够得上标准，但是每一种都或多或少地含有标准的因素。他说，在实际上意大利的“光辉的俗语”属于所有的意大利的城市，但是在表面上却不属于任何一座城市。这就是说，标准语毕竟是理想的，它要借综合各地区俗语的优点才能形成。所以要形成这种理想的“光辉的俗语”，就要把各地区的俗语“放在筛子里去筛”，把不合标准的因素筛去，把台标准的留下。

这里我们应该谨记在心，但丁所考虑的首先是诗的语言，而且他心目中的诗是像他自己的《神曲》那样具有严肃内容和崇高风格的诗，所以他主张经过“筛”而留下来的应该是“宏伟的字”。他说，“只有宏伟的字才配在崇高风格里运用。”对于“筛”的过程和去取标准，他做了如下的说明：

有些字是孩子气的，有些字是女子气的，有些字是男子气的。在男子气的字之中，有些是乡村性的，有些是城市性的。在城市性的字之中，有些是经过梳理的和油滑的，有些是粗毛短发的和乱发蓬松的。在这几类字之中，经过梳理的和粗毛短发的两类就是我们所说的宏伟的字。……这两类的字才是光辉的俗语中的组成部分。

这段话需要两点说明：

首先，依但丁自己的解释，他“筛”字的标准完全看字的声音，例如，所谓“经过梳理的字”就是“三音节或三音节左右的字，不带气音，不带锐音和昂低音，不带双子音或双嘶音，不要把两个流音配搭在一起，不要在闭止音之后紧接上流音——这类字好像带一种甜味脱出说话人的口唇”；至于所谓“粗毛短发的字”则是一般不可缺少的单音节字，如前置词、代名词和惊叹词之类，以及为配搭三音节字而造成和谐的多音节字，但丁所举的例子之中有十一音节的长字。意大利语言的音乐性本来很强，而但丁作为诗人，对字的音乐性又特别重视。他说：“诗不是别的，只是按照音乐的道理去安排成的辞章结构”。因此，他认为诗是不可翻译的。“人都知道，凡是按照音乐规律来调成和谐体的作品，都不能从一种语言译成另一种语言而不致完全破坏它的优美与和谐。”[1]但丁这样强调诗的语言的音乐性，是否有些形式主义呢？和近代法国“纯诗”派不同，但丁认为音和义是不可分割的，诗要有最好的思想，所以也要最好的语言。他说，“语言对于思想是一种工具。正如一匹马对于一个军人一样，最好的马才适合最好的军人，最好的语言也才适合最好的思想”。

其次，但丁所要求的诗的语言是经过筛滤的“光辉的俗语”，并不符合胡适所宣扬的“作诗如说话”，也不像英国浪漫派诗人华兹华斯在《抒情民歌序》里所要求的“村俗的语言”或“人们真正用来说话的语言”。他并不认为诗歌的语言是“自然流露的语言”，相反地，他说，“诗和特宜于诗

[1] 见但丁的《筵席》，卷一，第七章。

的语言是一种煞费匠心的辛苦的工作。”他主张诗歌应以从保姆学来的语言为基础，经过筛滤。滤去“土俗气”的因素，留下“最好的”、“高尚的”因素。他所采取的是“城市性”的语言，也就是有文化教养的语言。他用来形容理想的语言的字眼，除掉“光辉的”以外，还有“中心的”、“宫廷的”、“法庭的”三种。“光辉的”指语言的高尚优美，“中心的”指带有标准性，没有方言土语的局限性，“宫廷的”指城市中上层阶级所通用的，“法庭的”指准确的、经过权衡斟酌的。但丁要求诗的语言具有这些特点，是否带有封建思想的残余，轻视人民大众的语言，像十七八世纪新古典主义者所要求的那种“高尚的语言”呢？从肯定“俗语比文言较高尚”来看，从放弃拉丁而用近代意大利文来写严肃的诗篇来看，但丁对于人民大众的语言绝对没有轻视的态度。当时宫廷垄断了文化教养，他要求诗的语言具有“宫廷的”性质，也不过要求它是具有文化教养的语言。诗歌和一般文学不仅是运用语言，而且还要起提高语言的作用。在当时近代语言还在草创的不成熟的阶段，要求语言见出文化教养，对提高语言和建立统一的民族语言实在是十分必要的。至于十七八世纪新古典主义者所要求的那种“高尚的语言”，是堂皇典丽、矫揉造作的“文言”，而“文言”正是但丁认为比不上“俗语”高尚的。这两种“高尚的语言”称呼虽同，实质却迥不相同。

但丁在《论俗语》里所侧重的是词汇问题，但是也顺带地讲到题材、音律和风格。他认为严肃的诗应有严肃的题材，而严肃的题材不外三类：他用三个拉丁字来标出这三类的性质，即salus（安全），这是有关国家安全，如战争，和平以及带有爱国主义性质的题材；venus（爱情），这是西方诗歌中一种普遍的传统的题材；以及virtus（才德），这是有关伦理政治宗教和哲学各方面认识和实践的卓越品质和能力的题材。这些“严肃的题材如果用相应的宏伟的韵律，崇高的文体和优美的词汇表现出来，我们就显得是在用悲剧的风格”（“悲剧的”即“严肃的”或“崇高的”）。他把风格分为四种：（1）“平板无味的”，即枯燥的陈述；（2）“仅仅有味的”，即仅仅做到文法的正确；（3）“有味而且有风韵的”，即见出修辞的手法；（4）“有味的，有风韵的而且是崇高的”，即伟大作家们所具有的风格。这最后一种是但丁所认为最理想的。但丁讨论语言的词汇和风格时，主要是从诗歌着眼，但是他认为“光辉的俗语”也适用于散文，他之所以侧重诗，是因为诗先于散文，散文总是要向诗学习语言的运用。

语言的问题，是中世纪末期和文艺复兴时期欧洲各民族开始用近代地方语言写文学作品所面临的一个普遍的重要问题。当时创作家和理论家们都对这个问题特别关心。在《论俗语》出版（1529年但丁死后）之后二十年（1549年），法国近代文学奠基人之一，约瓦辛·杜·伯勒，在但丁的影响之下，写成了他的《法兰西语言的辩护和光辉化》（“光辉化”即提高），也是为用近代法文写诗辩护，并且讨论如何使法文日臻完善。他的问题和解决的办法与但丁的基本类似，只是杜·伯勒处在人文主义和古典主义影响较大的历史阶段，特别强调向希腊拉丁借鉴。这两部书不但对于意大利语言和法国语言的统一，而且对于欧洲其它民族语言的形成和发展，都产生了很大的影响。

但丁的《论俗语》值得我们进行一些学习，因为我们的文学语言，特别是诗歌语言，还是一个有待解决的迫切问题。我们的诗人和作家们不但要使语言更好地表达他们所创造的形象，而且还有提高民族语言的一个崇高任务。《论俗语》这部著作是可以启发我们思考一些问题的，例如，诗特别要注意音调，这是否就是形式主义？

怎样学习美学？

——答青年同志们的来信

最近一两年以来，我经常接到全国各地的青年同志们来信，提出一些关于学习美学方面的问题。这些问题可以归纳成两项：一项是怎样学习，一项是学习些什么，读些什么书。有些人还托我代购美学书籍或函索我的讲稿。对于这些来信我总是尽量抽功夫回答，但是信来得多，我的工作有时很忙，也有搁下来就忘记作复的。至于作复的也大半在匆忙中不能详细地说，恐怕也不能满足来信者的要求。对于这种情形，我一方面看到同志们要求学习美学的热情很高而且很广泛，为我国美学发展的光明前途感到喜悦；另一方面也觉得我应该多帮助这些不耻下问的朋友们，而我的工作条件又不容许我有问必答。不免辜负他们的期望，心里也觉得是一种沉重的负担。因此我想就我所知道的来做一次总的回答。这封回信大半从个人有限的经验出发，说得很难周全，仅供参考而已。

先谈第一项怎样学习的问题。

很多青年同志们向我表白心情，说自己对美学有很浓厚的兴趣，但是自觉基础不好，知识有限，恐怕难学得好，美学好像是一种高深莫测的学问。我看首先要打破这种顾虑，树立信心。欣赏文艺，爱好一切美好的事物，这愈来愈多地成为我们日常生活中的一项重要的活动。我们对于审美，每个人都有一些亲身的经验。一部电影，一部小说，一场戏，一朵花，一把茶壶，一个英雄人物，或是一个微小的举动，诸如此类的事物经常引起我们的美感。我们也经常不满意或是嫌厌一些其他事物，嫌它们丑。这就是我们学习美学所必有的而实际上也都有的感性基础。所谓美学并不是什么高深或神秘的学问。它所要做的事就是把感性经验提高到理性认识，从知其美进到知其所以美，从亲身经验的美感现象进一步追求美的本质或规律，例如，从感觉到一朵花美，进一步分析这种感觉有什么特点，这朵花和旁的花或旁的事物比较起来，何以特别显得美？一朵花的美和一首咏花诗的美或一幅以花卉为题材的绘画的美是否是一回事？究竟是哪些条件使得一件事物美？为什么同是一件事物，某些人觉得美，某些人觉得不很美甚至丑？美的本质究竟是什么？它和真与善有什么联系又有什么区别？人为什么爱美？美对于人有什么意义？怎样才能把事物弄得更美一点，把生活弄得更美一点？我想，对这些问题如果得到圆满的答复，美学就算学得不坏了。回答这些问题，就是把感性认识提高到理性认识，就是建立美学观点。每个人都是一个审美者，每个人在这个基础上进行一些比较、分析和综合的思考工作，每个人就可以成为一个美学家。

照这样看，美学是不难学的。可是许多美学论文和美学书籍为什么那样难懂？这里过错有时在作者，他们研究美学是单从书本出发的，单从概念出发的，他们没有把理论建筑在亲切的感性经验的基础上；他们自己没有想清楚，就说不清楚，当然也就无法叫旁人听清楚。过错有时也在读者，对于比较、分析和综合的思考工作，或是基本知识不够，基本技能训练不够；或是耐心不够，虚心不够，诚实不够；或是兼而有之。

在这里我只向读者或初学美学者谈一些基本要求。刚提到的耐心，虚心和诚实，是一切科学研究工作者所必具有的美德，但是这是提高思想觉悟的问题，在这方面不必由我来谈。我只谈基本知识和技能的问题。

关于美学方面的基本知识，首先要注意的是感性认识范围的逐渐扩大。美学的主要对象是文艺。在我们的百花齐放的国家里，可接触到的文艺现实是极其丰富多彩的，应该抓住一切可能的机会，多看文艺方面的作品、演出和展览，细心玩索体会，要求自己辨别好坏美丑，培养自己的审美能力。如果有可能，自己在某一两门艺术里进行一些创作，对创作有一些亲身的体会，那就远比只知欣赏强，而且会大大提高欣赏的能力，也会大大提高对艺术本质的认识，会在其中发现一些美学问题。在广泛接触现实文艺的基础上，我们下一步就应该选择自己比较熟悉和比较爱好的一门或两门艺术，进行顺历史发展次第的研究。这一方面是为了在学习经验中培养历史发展的观点，这不但会扩大研究资料的范围，更重要的是因为历史观点是研究社会科学的唯一正确的观点；另一方面是为了古典遗产的批判继承，吸收一些有用的旧的东西，以便更好地建立新的东西。这种顺历史发展的线索研究文艺作品的工作，首先当然要从本国的入手，然后设法顺序学习这一两门文艺在西方主要国家里的发展概况。

在设法逐渐扩大对于文艺的感性认识范围之中，我们就会逐渐发现一些问题，举诗为例来说吧，诗的语言何以和散文的语言不同？这不同在多大程度上取决于内容？在多大程度上取决于传统的民族形式？诗的形式何以经常在变？诗所产生的美感究竟是来自形式、内容，还是内容与形式的统一体？何以有些诗在社会基础彻底变革了之后仍为广大人民所共同爱好？何以有些诗只是某一时期或某一阶层的人才爱好？如此等等。这些问题都要牵涉美学上的基本问题。美学像其他科学一样，是为解决问题的。有问题待解决，一门科学才有存在和发展的基础。如果你心中对审美活动没有任何问题，你对美学就还没有真正的需要，也就不会真正感觉到兴趣。你之所以没有问题，并不是客观方面真正没有问题，而是因为你还真正是“一窍不通”，你之所以还是“一窍不通”，不是因为你书读得少，而是因为你是懒汉，对许多摆在眼前的事物根本不加思考，因而也就还没有培养起独立思考的能力。我认为学习美学或是任何其他科学，首先就要打通这一关：扩大眼界，发现问题，并且力求自己解决问题。这就是说，在阅读美学书籍之前，你最好心里有了一系列问题，而且对这一系列的问题多少已有了自己的看法（尽管是不成熟的），在这个基础上去读书，书就容易读得进去，书对于你才是有的放矢，才能有所启发。结合书中的看法来比较你原有的看法，看看有哪些类似，有哪些不同，有哪些看法是你从来就没有想到的，这样进行比较分析，你就会发现愈来愈多的问题以及你原来还不知道的解决问题的角度和方法，你的思考就会逐渐深入，你的美学水平也就会逐渐提高。

学美学单靠自己思考是不够的，当然也要阅读一些书籍。美学不是一门孤立的学问，单靠阅读美学书籍，也绝不能学通美学。这就要牵涉读者来信所询问的第二项问题：学习些什么？读些什么书？

我不打算在这里开出一个庞大的书目。这不但是不必要的，而且对于初学者是有害的，因为它会使人望洋兴叹。我在这里只提出最基本的要求。根据我自己的经验，多读第二手资料（原著的转述或发挥）往往不但是浪费时间，而且容易造成思想的混乱。因此，我所提的大半限于最重要的经典性的原著，只偶尔涉及转述性或阐明性的书籍。

关于理论基础的训练，首先是对马克思列宁主义的掌握，因为只有根据马克思列宁主义的立场、观点和方法，才能建立起正确的美学观点。我假定我们的读者都已学过马克思列宁主义的哲学，只谈马克思主义创始人关于文艺理论和美学的著作。我们已有了几种马克思、恩格斯论文艺的选本。最近曹葆华同志译的一种《马克思恩格斯论艺术》是比较有用的。每个学美学的人都应该找到一部，作为长期细心钻研的经典性的指示。不过这部书也有些毛病，例如，在编排方面很庞杂，大半是割裂原文，断章取义，看不出与上下文的连贯，而且一段同时涉及许多问题的文章被勉强纳在某一类的鸽子笼里，也会限制读者的思路；译文也有生硬或错误的地方，有待改进。我认为学习马克思列宁主义的美学观点，必须从经典原著里去学习。在这方面真正重要的第一是马克思的1844年的《经济学—哲学手稿》（其中论劳动异化和共产主义远景两章是马克思主义美学思想的奠基石）；第二是马克思在《〈政治经济学批判〉导言》里以及马克思和恩格斯在《德意志意识形态》里关于基础和上层建筑以及社会分工所建立的一些原则；第三是列宁的《党的组织和党的文学》和评论托尔斯泰的几篇文章；第四是毛泽东同志的《在延安文艺座谈会上的讲话》。对这几种经典著作必须掌握全文，熟读深思，不应满足于选本中的一些割裂开来的段落。特别是马克思的早年著作一般是很难懂的，但是如果就全书上下连贯起来看，有些难懂的地方是可以经过反复思考而真正弄懂的。读割裂开来的段落就难做到这一点。

其次应该学习的是美学史。美学作为一门独立的科学，虽然还不过两百年左右，但是美学思想在中国和西方都有很长久的历史。学习美学史，我们就会认识到美学思想的发展，就会知道我们现在所碰到的和要解决的一些美学问题已经由过去许多思想家摸索过，争论过；他们走了一些弯路，也走了一些正路，积累了许多有益的经验。这些知识对解决我们当前的美学问题是大有帮助的。我们要当美学的家，就要理清美学的家当，不必一切都凭空起炉灶，或是再走前人所已走过的弯路。中国美学史正由有关院校在整理资料，计划编写中。西方美学史我所看过的还是克罗齐和鲍申葵所写的两种，根据比较确凿，自己也有些见解，尽管这些见解有时很偏，但都不难读，特别是鲍申葵的。比较近的基尔博特和库恩（Gilbert and Kuhn）的《黄学史》，材料搜集得不少，但是介绍得很杂乱，分析很差（这书原著用英文，有俄文译本）。有些美学教科书里也留出一部分来讲美学史，我看过两三种，都嫌简略，很少能把问题讲透。我自己在针对中国初学者的需要，编写一部《西方美学史》，附带编选一部《西方美学史资料》，希望在1962年秋季完成。不过学习美学史，最重要的途径还是通过经典著作来学。在西方，美学著作虽是浩如烟海，真正的历史上起重大影响的只有几部著作，例如，柏拉图的《文艺对话集》、亚里士多德的《诗学》、康德的《判断力的批判》和黑格尔的《美学》。康德和黑格尔的著作都比较难懂，特别是从译文去理解，困难更大。因此，对有志在美学方面深造的人来说，学习一两种西方语言，能达到自由阅读的程度，是非常必要的。多学会一种外国文，就等于多长了一副眼睛，有多占领一块土地的可能。

以上所举的四种马克思主义的文艺理论和美学的经典著作和四种西方美学史的经典著作是学习美学者所必须掌握的“当家书”。此外当然还有一些次要的富于启发性的书，例如，贺拉斯的《诗艺》、布瓦洛的《诗艺》、狄德罗的论美和论戏剧的著作、莱辛的《拉奥孔》、车尔尼雪夫斯基的《生活与美学》，普列汉诺夫的《艺术与社会生活》等，或是已出单行本，或是散见于《文艺理论译丛》和《译文》及其后身《世界文学》里，读者宜设法搜来作为经常阅读和参考的资料。

美学要牵涉一些其他科学。其中最重要的有两种。一种是哲学史，因为美学过去一直是隶属于哲学的，要了解一个思想家的美学观点，就必须知道他的哲学出发点。苏联科学院出的《哲学史》一、二两卷可以参考。其次是心理学，因为美学要研究的审美活动的欣赏和创造两方面，都涉及心理学的问题，可以说，不懂得心理学，就不可能懂得美学。这方面近来出的书不少，究竟哪一种比较合适，还要请教心理学专家。我过去学的都是西方资产阶级学者写的，也想不出哪一本较好。在我学习的年代，美国伍德华兹（Woodworth）写的《心理学》和英国麦独孤（McDougall）的《变态心理学大纲》是比较流行的，现在恐怕已经过时了。法国里波（Ribot）论形象思维的《创造的想象》和德拉库瓦（Delacroix）的《艺术心理学》虽都是几十年以前的老书，却都还值得学习。

无论是谁，无论学的是哪一种科学，在前进的途程中都会经常感觉到由于这门或那门知识的缺乏，造成这样或那样的困难。这是一般规律。各人应该根据自己的需要和条件，努力随时填补自己所必须填补的空白点。在学习上不可能等到万事俱备，再乘东风。每个人的基础都不是生来就有的，都是由日积月累来的。只要有上文所提到的耐心、虚心和诚实，旁人能积累得来的我们也就能积累得来。稳扎稳打，就一定会成功。“望洋兴叹”的怯懦心情以及希望“一蹴而就”的急躁情绪，对学习是有害的。

我敬祝无数热情学习美学的青年同志们再接再厉，勇猛前进，每个人争取在我们行将建立的美学大厦里放下一块奠基石或是砌上一块砖瓦！这就是我对诸位的新春祝贺！

1962年

谈写作学习

——在香港中文大学一次夜餐会上应邀的一次谈话

诸位约我谈一点个人学习写作的经验，我不是一个文学创作家，一生都只写些关于写作的议论文，没有写过一部文学创作。我是桐城人，自幼就只读些姚姬传的《古文辞类纂》，蘅塘退士的《唐诗三百首》，沈德潜的《古诗源》和张惠言的《词选》之类选本。这些作品就养成我对中国文学的爱好。受到一位宋诗派老师的教导，特别爱好诗词。后来进武昌高等师范学校中文系，学过段玉裁的《说文解字注》，对中国文字学得到了初步认识。后来考入香港大学，毕业后又留学英法大学共八年，初步接触到西方文学，随时拿西方文学和中国文学进行比较，写了一些心得。这样就走上美学道路。回国后就一直从事美学或诗学方面的研究和翻译工作，写的全是些理论文。偶尔也想写点文艺创作，可是总写不出来，原因在于我惯于抽象思维，就扼杀了形象思维的能力。因此我常根据自己失败的教训，劝告文学青年朋友们早就集中精力于细心观察和体验实际生活，少谈一点理论或公式教条，把亲身体验的实际生活加以精练的形象化，便是文学作品了。为着自己创作，就要钻研一些模范作品。无论是写诗或写散文，都要精读一些模范作品。就像写字作画都要"临帖"一样，从而摸索出大家名手的诀窍。这是文艺创作家成功的秘诀，也是一切行业（包括近代工业和农业）成功的秘诀。"工欲善其事，必先利其器"。文学用的"器"是语言文字。从事文学创作的人也要在语言文字学方面下一些切实的功夫。这是现在一般青年写作家们所忽视的。我自己开始写作时，白话文运动刚开始。我是从学古文起家的，起初颇觉以白话代替古文未免可惜，经过一阵徬徨，后来我终于认识到白话文比文言更接近现实生活，也更接近群众，于是毅然忍痛地放弃了古文，学习白话文，不过发现古文的根底对写白话文也还有用，想在写白话文中学一点古文的简洁明确。

语言有全国性的，也有地方性的，二者是不可偏废的。文学也是如此。这就是涉及文艺的民族性问题，也就要涉及香港和台湾的文艺前途问题。这两个地方的语言都与粤语和闽语有渊源，这两种地方语，特别是粤语，在近代都产生过自己特有的文学，都对国语和中国文学有所贡献。从此我想到《楚辞》在中国文学中的起源和发展足资借鉴。屈原是楚人，楚在战国时代属于南方的一个少数民族，屈原所创建的《楚辞》是和《诗经》中的《国风》部分一脉相承，而后来对中国文艺和文化起着重要作用的。我悬想台湾文学也终会成为中国文学中的一种“国风”。目前就有生动的事实足以证明。大量的台湾文学作品和乐歌已介绍到大陆，深受一般文艺爱好者欢迎，对青年作家们已在产生显著影响。另一方面，大量内地的文学作品也已在香港和台湾流行。我很高兴地看到自己的一些著作也在香港和台湾不断地翻印流行。最近我还看到秦贤次先生替台湾“洪范文学丛书”编的我的一部《诗论新编》；编得很出色，搜集了我自己早已遗忘了的一些颇足说明问题的资料，例如，我受《歌谣研究》的影响写的对于诗的形式问题的意见，《性欲“母题”在原始诗歌中的位置》，以及《读胡适的〈白话文学史〉后的意见》，《朱佩弦先生的〈诗言志辨〉》。我在香港还注意到近年来台湾印行的大部头的中国古籍也很多很好。这些生动的事实不正足以证明台湾与大陆的和好合作足以提高人类文化和福利吗？实际上这种和好合作是大势所趋、人心所向，将会顺利进行。否则我这次就根本不会应新亚书院的邀约来香港讲学。我在和香港中文大学师生短期接触中对他们的良好学风和研究成果只有钦佩，我深信我们和好合作是大势所趋，让我们认请形势，和好合作，来促进和提高全人类的文明和幸福吧！

1986年

朱光潜

读书与做人

第二部分

做人

作者自传

我笔名孟实，一八九七年九月十九日出生于安徽桐城乡下一个破落的地主家庭。父亲是个乡村私塾教师。我从六岁到十四岁，在父亲鞭挞之下受了封建私塾教育，读过而且大半背诵过四书五经、《古文观止》和《唐诗三百首》，看过《史记》和《通鉴辑览》，偷看过《西厢记》和《水浒》之类旧小说，学过写科举时代的策论时文。到十五岁才入“洋学堂”（高小），当时已能写出大致通顺的文章。在小学只待半年，就升入桐城中学。这是桐城派古文家吴汝纶创办的，所以特重桐城派古文，主要课本是姚惜抱的《古文辞类纂》，按教师的传授，读时一定要朗诵和背诵，据说这样才能抓住文章的气势和神韵，便于自己学习作文。我从此就放弃时文，转而摸索古文。我得益最多的国文教师是潘季野，他是一个宋诗派的诗人，在他的熏陶之下，我对中国旧诗养成了浓厚的兴趣。一九一六年中学毕业，在家乡当了半年小学教员。本想考北京大学，慕的是它的“国故”，但家贫拿不起路费和学费，只好就近考进了不收费的武昌高等师范学校中文系。我很失望，教师还不如桐城中学的。除了圈点一部段玉裁的《说文解字注》，略窥中国文字学门径之外，一无所获。读了一年之后，就碰上北洋军阀的教育部从全国几所高等师范学校里考选一批学生到香港大学去学教育。我考取了。从一九一八年到一九二二年，我就在这所英国人办的大学里学了一点教育学，但主要还是学了英国语言和文学，以及生物学和心理学这两门自然科学的一点常识。这就奠定了我这一生教育活动和学术活动的方向。

我到香港大学后不久，就发生了五四运动，洋学堂和五四运动当然漠不相干。不过我在私垫里就酷爱梁启超的《饮冰室文集》，颇有认识新鲜事物的热望。在香港还接触到《新青年》。我看到胡适提倡白话文的文章，心里发生过很大的动荡。我始而反对，因为自己也在“桐城谬种”之列，可是不久也就转过弯来了，毅然决然地放弃了古文和文言，自己也学着写起白话来了。我在美学方面的第一篇处女作《无言之美》就是用白话文写的。写白话文时，我发现文言的修养也还有些用处，就连桐城派古文所要求的纯正简洁也还无可厚非。

香港毕业后，通过同班友好高觉敷的介绍，我结识了吴淞中国公学校长张东荪。应他的邀约，我于一九二二年夏，到吴淞中国公学中学部教英文，兼校刊《旬刊》的主编。当我的编辑助手的学生是当时还以进步面貌出现的姚梦生，即后来的姚蓬子。在吴淞时代我开始尝到复杂的阶级斗争的滋味。我听过李大钊和恽代英两先烈的讲话。由于我受到长期的封建教育和英帝国主义教育，同左派郑振铎和杨贤江，以及右派中国青年党陈启天、李璜等人都有些往来，我虽是心向进步青年却不热心于党派斗争，以为不问政治，就高人一等。江浙战争中吴淞中国公学被打垮了，我就由上海文艺界朋友夏丏尊介绍，到浙江上虞白马湖春晖中学教英文，在短短的几个月之中我结识了后来对我影响颇深的匡互生、朱自清和丰子恺几位好友。匡互生当时和无政府主义者有些往来，还和毛泽东同志同过学，因不满意春晖中学校长的专制作风，建议改革而没有被采纳，就愤而辞去教务主任职，掀起一场风潮。我同情他，跟他一起采取断然态度，离开春晖中学跑到上海去另谋生路。我和他到了上海之后，夏丏尊、章锡琛、丰子恺、周为群等，也陆续离开春晖中学赶到上海。上海方面又陆续加上叶圣陶、胡愈之、周予同、陈之佛、刘大白、夏衍几位朋友。我们成立了一个立达学会，在江湾筹办了一所立达学园。开办的宗旨是在匡互生的授意之下由我草拟后正式公布的。这个宣言提出了教育独立自由的口号，矛头直接针对着北洋军阀的专制教育。与立达学园紧密联系在一起的还有由我们筹办的开明书店和一种刊物（先叫《一般》，后改名《中学生》）。“开明”是“启蒙”的意思，争取的对象是以中学生为主的青年一代。这家书店就是解放后由叶圣陶在北京主持的青年书店，即中国青年出版社的前身。我把上海的这段经历说详细一点，因为这是我一生的一个主要转折点和后来一些活动的起点。我的大部分著述都是为青年写的，而且是由开明书店出版的。

立达学园办起来之后，我就考取安徽官费留英。一九二五年夏，我取道苏联赴英，正值苏联执行新经济政策时代，在火车上和苏联人攀谈过，在莫斯科住过豪华的欧罗巴饭店，也在烟雾弥漫，肮脏嘈杂的小酒店里喝过伏特加，啃过黑面包，留下了一些既兴奋而又不很愉快的印象。到了英国，我就进了由香港大学的苏格兰教师沈顺教授所介绍的爱丁堡大学。我选修的课程有英国文学、哲学、心理学、欧洲古代史和艺术史。令我至今怀念的导师有英国文学方面的谷里尔生教授，他是荡恩派“哲理诗”的宣扬者，对英国艾略特“近代诗派”和对理查兹派文学批评都起过显著的影响。哲学导师是佩普·新密斯教授，研究康德哲学的权威，而教给我的却是怀疑派休谟的《自然宗教的对话》。列宁在《唯物主义和经验批判主义》里还赞许过他。美术史导师布朗老教授用幻灯来就具体艺术杰作说明艺术发展史，课程结束那一天早晨照例请全班学生们吃一餐早点。一九二九年在爱丁堡毕业后，我就转入伦敦大学的大学学院，听浅保斯教授讲莎士比亚，对他的烦琐考证和所谓“版本批评”我感到厌烦，于是把大部分功夫花在大英博物馆的阅览室里。伦敦和巴黎只隔一个海峡，所以我同时在巴黎大学注册，偶尔过海去听课，听到该校文学院长德拉库瓦教授讲《艺术心理学》，甚感兴趣，他的启发使我起念写《文艺心理学》。前此在爱丁堡大学时我在心理学研究班里宣读过一篇《悲剧的喜感》论文，颇受心理学导师竺来佛博士的嘉许，劝我以此为基础去进行较深入的研究，于是我起念要写一部《悲剧心理学》，作为博士论文。后来就离开了英国，转到莱茵河畔斯特拉斯堡大学。一则因为那是德国大诗人歌德的母校，地方比较僻静，生活较便宜；二则那地方法语和德语通用，可趁机学习对我的专科极为重要的德语。我的论文《悲剧心理学》是在该校心理学教授夏尔·布朗达尔指导之下写成和通过的。

在英法留学八年之中，听课、预备考试只是我的一小部分的工作，大部分的时间都花在大英博物馆和学校的图书馆里，一边阅读，一边写作。原因是我一直在闹穷，官费经常不发，不得不靠写作来挣稿费吃饭。同时，我也发现边阅读、边写作是一个很好的学习方法，这样学习比较容易消化，容易深入些。我的大都分解放前的主要著作都是在学生时代写出的。一到英国，我就替开明书店的刊物《一般》和后来的《中学生》写稿，曾搜辑成《给青年的十二封信》出版。这部处女作现在看来不免有些幼稚可笑，但当时却成了一种最畅销的书，原因在我反映了当时一般青年小知识分子的心理状况。我和广大青年建立了友好关系，就从这本小册子开始。此后我写出文章不愁找不到出版处。接着我就写出了《文艺心理学》和它的缩写本《谈美》；一直是我心中主题的《诗论》，也写出初稿，并译出了我的美学思想的最初来源——克罗齐的《美学原理》。此外，我还写了一部《变态心理学派别》（开明书店）和一部《变态心理学》（商务印书馆），总结了我对变态心理学的认识。在罗素的影响之下，我还写过一部叙述符号逻辑派别的书（稿交商务印书馆，抗日战争中遭火焚掉）。这些科目在现代美学中都还在产生影响。

回国前，由旧中央研究院历史所我的一位高师同班友好徐中舒把我介绍给北京大学文学院长胡适，并且把我的《诗论》初稿交给胡适作为资历的证件。于是胡适就聘我任北大西语系教授。我除在北大西语系讲授西方名著选读和文学批评史之外，还拿《文艺心理学》和《诗论》在北大中文系和由朱自清任主任的清华大学中文系研究班开过课。后来我的留法老友徐悲鸿又约我到中央艺术学院讲了一年《文艺心理学》。

当时正逢“京派”和“海派”对垒。京派大半是文艺界旧知识分子，海派主要指左联。我由胡适约到北大，自然就成了京派人物，京派在“新月”时期最盛，自从诗人徐志摩死于飞机失事之后，就日渐衰落。胡适和杨振声等人想使京派再振作一下，就组织一个八人编委会，筹办一种《文学杂志》。编委会之中有杨振声、沈从文、周作人、俞平伯、朱自清、林徽因等人和我。他们看到我初出茅庐，不大为人所注目或容易成为靶子，就推我当主编。由胡适和王云五接洽，把新诞生的《文学杂志》交商务印书馆出版。在第一期我写了一篇发刊词，大意说在诞生中的中国新文化要走的路宜于广阔些，丰富多彩些，不宜过早地窄狭化到只准走一条路。这是我的文艺独立自由的老调。《文学杂志》尽管是京派刊物，发表的稿件并不限于京派，有不同程度左派色彩的作家们如朱自清、闻一多、冯至、李广田、何其芳、卞之琳等人，也经常出现在《文学杂志》上。杂志一出世，就成为最畅销的一种文艺刊物。尽管它只出了两期就因抗日战争爆发而停刊，至今文艺界还有不少的人记得它（不过抗战胜利后复刊，出了几期就日渐衰落了）。

抗日战争爆发后，我就应新任代理四川大学校长的张颐之约，到川大去当文学院长。刚满一年，国民党二陈派就要撤换张颐而任用他们自己的“四大金刚”之一程天放。我立即挥动“教育自由”的旗帜，掀起轰动一时的“易长风潮”。在这场斗争中我得到了中国共产党的支持，沙汀和周文对我很关心，把消息传到延安，周扬立即通过他们两人交给我一封信，约我去延安参观，我也立即回信给周扬同志说我要去。但是当时我根本没有革命的意志，国民党通过我的一些留欧好友力加劝阻，又通过现代评论派王星拱和陈西滢几位旧友把我拉到武汉大学外文系去任教授。这对我是一次惨痛的教训。意志不坚定，不但谈不上革命，就连争学术自由或文艺自由，也还是空话。到了一九四二年，由于校内有湘皖两派之争，我是皖人而和湘派较友好，王星拱就拉我当教务长来调和内讧。国民党有个老规矩，学校“长字号”人物都必须参加国民党，因此我就由反对国民党转而靠拢了国民党，成了蒋介石的“御用文人”，曾为国民党的《中央周刊》写了两年稿子，后来集成两本册子，一是《谈文学》，一是《谈修养》。

一九四九年冬，我拒绝乘蒋介石派到北京的飞机去台湾，仍留在北大。在新中国成立初思想改造阶段，我是重点对象。我受到很多教育。特别是在参加了文联和全国政协之后，经常得到机会到全国各地参观访问，拿新中国和旧中国对比，我心悦诚服地认识到社会主义是中国所能走的唯一道略。这就决定了我对一九五七年到一九六二年的全国性的美学问题讨论的态度。

我在四川时期，以重庆为抗战中基地的全国文联曾选举我为理事。解放后不久我在北京恢复了文联理事的身份。在美学讨论开始前，胡乔木、邓拓、周扬和邵荃麟等同志就已分别向我打过招呼，说这次美学讨论是为澄清思想，不是要整人。我积极地投入了这场论争，不隐瞒或回避我过去的美学观点，也不轻易地接纳我认为并不正确的批判。这次美学大辩论是新中国文艺界的一件大事，就全国来说，它大大提高了文艺工作者和一般青年研究美学的兴趣和热情；就我个人来说，它帮助我认识自己过去宣扬的美学观点大半是片面唯心的。从此我开始认真钻研辩证唯物主义和历史唯物主义。为此，我在年近六十时，还抽暇把俄文学到能勉强阅读和翻译的程度。我曾精选几本马克思主义经典著作来摸索，译文看不懂的就对照四种文字的版本去琢磨原文的准确含义，对中译文的错误或欠妥处做了笔记。同时我也逐渐看到美学在我国的落后状况，参加美学论争的人往往并没有弄通马克思主义，至于资料的贫乏，对哲学史、心理学、人类学和社会学之类与美学密切相关的科学，有时甚至缺乏常识，尤其夸人惊讶。因此我立志要多做一些翻译重要资料的工作。原已译过克罗齐的《美学原理》，解放后又陆续译出柏拉图的《文艺对话集》，莱辛的《拉奥孔》，爱克曼辑的《歌德谈话录》以及黑格尔的《美学》三卷。此外还有些译稿或在《文艺理论译丛》中发表过，或已在“四人帮”时代丧失了。

美学讨论从一九五七年进行到一九六二年，全部发表过的文章搜集成六册《美学问题讨论集》，我自己发表的文章还另搜集成一个选本，都由作家出版社出版。大约在一九六二年夏天，党中央一些领导同志在高级党校召集过一次会议，胡乔木同志就这次美学讨论做了总结性的发言，肯定了成绩，也指出了今后努力方向。会议还决定派我在高级党校讲了三个月的美学史。前此北大哲学系已成立了美学组，把我从西语系调到哲学系，替美学组训练一批美学教师，我讲的也是西方美学史。一九六二年召开的文科教材会议，决定大专院校文科逐步开设美学课，并指定我编一部《西方美学史》。于是我就在前此讲过的粗略讲义和资料译稿的基础上编出两卷《西方美学史》，一九六三年由人民文学出版社印行。“四人帮”把这部美学史打入冷宫十余年，直到一九七九年再版。在再版时，我曾把序论和结论部分做了一些修改。这就是解放后我在美学方面的主要著作，缺点仍甚多，特别是我当时思想还未解放，不敢评介我过去颇下过一些功夫的尼采和叔本华以及弗洛伊德派变态心理学，因为这几位在近代发生巨大影响的思想家在我国都戴过“反动”的帽子。“前修未密，后起转精”，这些遗漏只有待后起者来填补了。

最近几年我参加了关于形象思维的辩论，还应上海文艺出版社之约，写了一本《谈美书简》通俗小册子。不过我的中心工作还是对马克思主义经典著作的摸索。我重新试译了《费尔巴哈论纲》和《经济学—哲学手稿》中一些关键性的章节，并做了注释和评介，想借此澄清一下“异化”、实践观点、人性论和人道主义、美和美感，唯心与唯物的分别和关系等这些全世界学术界都在关心和热烈争论的问题。这些八十岁以后的译文、札记和论文都搜集在百花文艺出版社出版的《美学拾穗集》里。

今年我已开始抽暇试译维柯的《新科学》。这部著作讨论的是人类怎样从野蛮动物逐渐演变成为文明社会的人，涉及神话和宗教、家族和社会、阶级斗争观点、历史发展观点、美学与语言学的一致性以及形象思维先于抽象思维之类重要问题。全书约四十万字，希望明年内可以译完。再下一步就走着看了。需要做的工作总是做不完的。

1980年9月

谈动

朋友：

从屡次来信看，你的心境近来似乎很不宁静。烦恼究竟是一种暮气，是一种病态，你还是一个十八九岁的青年，就这样颓唐沮丧，我实在替你担忧。

一般人欢喜谈玄，你说烦恼，他便从“哲学辞典”里拖出“厌世主义”、“悲观哲学”等堂哉皇哉的字样来叙你的病由。我不知道你感觉如何？我自己从前仿佛也尝过烦恼的况味，我只觉得忧来无方，不但人莫之知，连我自己也莫名其妙，那里有所谓哲学与人生观！我也些微领过哲学家的教训：在心气和平时，我景仰希腊廊下派哲学者，相信人生当皈依自然，不当存有嗔喜贪恋；我景仰托尔斯泰，相信人生之美在宥与爱；我景仰布朗宁，相信世间有丑才能有美，不完全乃真完全；然而外感偶来，心波立涌，拿天大的哲学，也抵挡不住。这固然是由于缺乏修养，但是青年们有几个修养到“不动心”的地步呢？从前长辈们往往拿“应该不应该”的大道理向我说法。他们说，像我这样一个青年应该活泼泼的，不应该暮气沉沉的，应该努力做学问，不应该把自己的忧乐放在心头。谢谢罢，请留着这副“应该”的方剂，将来患烦恼的人还多呢！

朋友，我们都不过是自然的奴隶，要征服自然，只得服从自然。违反自然，烦恼才乘虚而入，要排解烦闷，也须得使你的自然冲动有机会发泄。人生来好动，好发展，好创造。能动，能发展，能创造，便是顺从自然，便能享受快乐，不动，不发展，不创造，便是摧残生机，便不免感觉烦恼。这种事实在流行语中就可以见出，我们感觉快乐时说“舒畅”，感觉不快乐时说“抑郁”。这两个字样可以用作形容词，也可以用作动词。用作形容词时，它们描写快或不快的状态；用作动词时，我们可以说它们说明快或不快的原因。你感觉烦恼，因为你的生机被抑郁；你要想快乐，须得使你的生机能舒畅，能宣泄。流行语中又有“闲愁”的字样，闲人大半易于发愁，就因为闲时生机静止而不舒畅。青年人比老年人易于发愁些，因为青年人的生机比较强旺。小孩子们的生机也很强旺，然而不知道愁苦，因为他们时时刻刻地游戏，所以他们的生机不至于被抑郁。小孩子们偶尔不很乐意，便放声大哭，哭过了气就消去。成人们感觉烦恼时也还要拘礼节，哪能由你放声大哭呢？黄连苦在心头，所以愈觉其苦。歌德少时因失恋而想自杀，幸而他的文机动了，埋头两礼拜著成一部《少年维特之烦恼》，书成了，他的气也泄了，自杀的念头也打消了。你发愁时并不一定要著书，你就读几篇哀歌，听一幕悲剧，借酒浇愁，也可以大畅胸怀。从前我很疑惑何以剧情愈悲而读之愈觉其快意，近来才悟得这个泄与郁的道理。

总之，愁生于郁，解愁的方法在泄；郁由于静止，求泄的方法在动。从前儒家讲心性的话，从近代心理学眼光看，都很粗疏，只有孟子的“尽性”一个主张，含义非常深广。一切道德学说都不免肤浅，如果不从“尽性”的基点出发。如果把“尽性”两字懂得透彻，我以为生活目的在此，生活方法也就在此。人性固然是复杂的，可是人是动物，基本性不外乎动。从动的中间我们可蹦寻出无限快感。这个道理我可以拿两种小事来印证：从前我住在家里，自己的书房总欢喜自己打扫。每看到书籍零乱，灰尘满地，你亲自去洒扫一过，霎时混浊的世界变成明窗净几，此时悠然就座，游目骋怀，乃觉有不可言喻的快慰，再比方你自己是欢喜打网球的，当你起劲打球时，你还记得天地间有所谓烦恼吗？

你大约记得晋人陶侃的故事。他老来罢官闲居，找不得事做，便去搬砖。晨间把一百块砖由斋里搬到斋外，暮间把一百块砖由斋外搬到斋里。人问其故，他说：“吾方致力中原，过尔优逸，恐不堪事”。他又尝对人说：“大禹圣人，乃惜寸阴，至于众人，当惜分阴”。其实惜阴何必定要搬砖，不过他老先生还很茁壮，借这个玩艺儿多活动活动，免得抑郁无聊罢了。

朋友，闲愁最苦！愁来愁去，人生还是那么样一个人生，世界也还是那么样一个世界。假如把自己看得伟大，你对于烦恼，当有“不屑”的看待；假如把自己看得渺小，你对于烦恼当有“不值得”的看待；我劝你多打网球，多弹钢琴，多栽花木，多搬砖弄瓦。假如你不喜欢这些玩艺儿，你就谈谈笑笑，跑跑跳跳，也是好的。就在此祝你：

谈谈笑笑，

跑跑跳跳！

你的朋友 孟实

谈 静

朋友：

前信谈动，只说出一面真理。人生乐趣一半得之于活动，也还有一半得之于感受。所谓“感受”是被动的，是容许自然界事物感动我的感官和心灵。这两个字含义极广。眼见颜色，耳闻声音，是感受；见颜色而知其美，闻声音而知其和，也是感受。同一美颜，同一和声，而各个人所见到的美与和的程度又随天资境遇而不同。比方路边有一棵苍松，你看见它只觉得可以砍来造船；我见到它可以让人纳凉，旁人也许说它很宜于入画，或者说它是高风亮节的象征。再比方街上有一个乞丐，我只能见到他的蓬头垢面，觉得他很讨厌；你见他便发慈悲心，给他一个铜子；旁人见到他也许立刻发下宏愿，要打翻社会制度。这几个人反应不同，都由于感受力有强有弱。

世间天才之所以为天才，固然由于具有伟大的创造力，而他的感受力也分外比一般人强烈。比方诗人和美术家，你见不到的东西他能见到，你闻不到的东西他能闻到。麻木不仁的人就不然，你就请伯牙向他弹琴，他也只联想到棉匠弹棉花。感受也可以说是“领略”，不过领略只是感受的一方面。世界上最快活的人不仅是最活动的人，也是最能领略的人。所谓领略，就是能在生活中寻出趣味。好比喝茶，渴汉只管满口吞咽，会喝茶的人却一口一口地细啜，能领略其中风味。

能处处领略到趣味的人绝不至于岑寂，也绝不至于烦闷。朱子有一首诗说：“半亩方塘一鉴开，天光云影共徘徊。问渠那得清如许？为有源头活水来。”这是一种绝美的境界。你姑且闭目一思索，把这幅图画印在脑里，然后假想这半亩方塘便是你自己的心，你看这首诗比拟人生苦乐多么恰当！一般人的生活干燥，只是因为他们的“半亩方塘”中没有天光云影，没有源头活水来，这源头活水便是领略得的趣味。

领略趣味的能力固然一半由于天资，一半也由于修养。大约静中比较容易见出趣味。物理上有一条定律说：两物不能同时并存于同一空间。这个定律在心理方面也可以说得通。一般人不能感受趣味，大半因为心地太忙，不空所以不灵。我所谓“静”，便是指心界的空灵，不是指物界的沉寂，物界永远不沉寂的。你的心境愈空灵，你愈不觉得物界沉寂，或者我还可以进一步说，你的心界愈空灵，你也愈不觉得物界喧嘈。所以习静并不必定要逃空谷，也不必定学佛家静坐参禅。静与闲也不同。许多闲人不必都能领略静中趣味，而能领略静中趣味的人，也不必定要闲。在百忙中，在尘市喧嚷中，你偶然丢开一切，悠然遐想，你心中便蓦然似有一道灵光闪烁，无穷妙悟便源源而来。这就是忙中静趣。

我这番话都是替两句人人知道的诗下注脚。这两句诗就是“万物静观皆自得，四时佳兴与人同”。大约诗人的领略力比一般人都要大。近来看周启孟的《雨天的书》引日本人小林一茶的一首俳句。

“不要打哪，苍蝇搓他的手，搓他的脚呢。”觉得这种情境真是幽美。你懂得这一句诗就懂得我所谓静趣。中国诗人到这种境界的也很多。现在姑且就一时所想到的写几句给你看：

> 鱼戏莲叶东，鱼戏莲叶西，鱼戏莲叶南，鱼戏莲叶北。
>
> ——古诗，作者佚名。
>
> 山涤余霭，宇暖微霄。有风自南，翼彼新苗。
>
> ——陶渊明《时运》。
>
> 采菊东篱下，悠然见南山。山气日夕佳，飞鸟相与还。
>
> ——陶渊明《饮酒》。
>
> 目送飘鸿，手挥五弦。俯仰自得，游心太玄。
>
> ——嵇叔夜《送秀才从军》。
>
> 倚仗柴门外，临风听暮蝉。渡头余落日，墟里上孤烟。
>
> ——王摩诘《赠裴迪》。

像这一类描写静趣的诗，唐人五言绝句中最多。只要仔细玩味，你便可以见到这个宇宙又有一种景象，为你平时所未见到的。梁任公的《饮冰室文集》里有一篇谈“烟士披里纯”[1]，詹姆斯的《与教员学生谈话》（James：Talks To Teachers and Students）里面有三篇谈人生观，关于静趣都说得很透辟。可惜此时这两部书都不在手边，不能录几段出来给你看。你最好自己到图书馆里去查阅。詹姆斯的《与教员学生谈话》那三篇文章（最后三篇）尤其值得一读，记得我从前读这三篇文章，很受他感动。

静的修养不仅是可以使你领略趣味，对于求学处事都有极大帮助。释迦牟尼在菩提树荫静坐而证道的故事，你是知道的。古今许多伟大人物常能在仓皇扰乱中雍容应付事变，丝毫不觉张皇，就因为能镇静。现代生活忙碌，而青年人又多浮躁。你站在这潮流里，自然也难免跟着旁人乱嚷。不过忙里偶然偷闲，闹中偶然见静，于身于心，都有极大裨益。你多在静中领略些趣味，不特你自己受用，就是体的朋友们看着你也快慰些。我生平不怕呆人，也不怕聪明过度的人，只是对着没有趣味的人，要勉强同他说应酬话，真是觉得苦也。你对着有趣味的人，你并不必多谈话，只是默然相对，心领神会，便可觉得朋友中间的无上至乐。你有时大概也发生同样感想吧？

眠食诸希珍重！

你的朋友 孟实

[1] “烟士披里纯”系inspiration的音译。梁启超在《饮冰室文集》“烟士披里纯”一文中有注：“烟士披里纯者，发于思想感情最高潮至一刹那顷……”

谈十字街头

朋友：

岁暮天寒，得暇便围炉嘘烟遗想。今日偶然想到日本厨川白村的《出了象牙之塔》和《走向十字街头》两部书，觉得命名大可玩味。玩味之余，不觉发生一种反感。

所谓《走向十字街头》有两种解释。从前学士大夫好以清高名贵相尚，所以力求与世绝缘，冥心孤往。但是闭户读书的成就总难免空疏虚伪。近代哲学与文艺都逐渐趋向写实，于是大家都竭力提倡与现实生活接触。世传苏格拉底把哲学从天上搬到地下，这是“走向十字街头”的一种意义。

学术思想是天下公物，须得流布人间，以求雅俗共赏。威廉·莫里斯和托尔斯泰所主张的艺术民众化，叔琴先生在《一般》诞生号中所主张的特殊的一般化，爱迪生所谓把哲学从课室图书馆搬到茶寮客座，这是“走向十字街头”的另一意义。

这两种意义都富有极大的真理。可是在这“德谟克拉西”呼声极高的时代，大家总不免忘记关于十字街头的另一面真理。

十字街头的空气中究竟含有许多腐败剂，学术思想出了象牙之塔到了十字街头以后，一般化的结果常不免流为俗化（vulgarized）。昨日的殉道者，今日或成为市场偶像，而真纯面目便不免因之污损了。到了市场而不成为偶像，成偶像而不至于破落，都是很难的事。老庄经过流俗化以后，其结果乃为白云观以静坐骗铜子的道士。易学经过流俗化以后，其结果乃为街头摆摊卖卜的江湖客。佛学经过流俗化以后，其结果乃为祈财求子的三姑六婆和秃头肥脑的蠢和尚。这都是世人所共见周知的。不必远说，且看西方科学哲学和文学落到时下一般打学者冒牌的人手里，弄得成何体统！

寂居文艺之宫，固然会像不流通的清水，终究要变成污浊恶臭的。可是十字街头的叫嚣，十字街头的尘粪，十字街头的挤眉弄眼，都处处引诱你汩没自我。臣门如市，臣心就绝不能如水。名利声势虚伪刻薄肤浅欺侮等字样，听起来多么刺耳，实际上谁能摆脱得净尽？所以站在十字街头的人们——尤其是我们青年——要时时戒备十字街头的危险，要时时回首瞻顾象牙之塔。

十字街头上握有最大权威的是习俗。习俗有两种，一为传说（Tradition），一为时尚（Fashion）。儒家的礼教，五芝斋的馄饨，是传说；新文化运动，四马路的新装，是时尚。传说尊旧，时尚趋新，新旧虽不同，而盲从附和，不假思索，则根本无二致。社会是专制的，是压迫的，是不容自我伸张的。比方九十九个人守贞节，你一个人偏要不贞，你固然是伤风败俗，大逆不道；可是如果九十九个人都是娼妓，你一个人偏要守贞节，你也会成为社会公敌，被人唾弃的。因此，苏格拉底所以饮鸠，伽利略所以被教会加罪，罗曼·罗兰、罗素所以在欧战期中被人谩骂。

本来风化习俗这件东西，孽虽造得不少，而为维持社会安宁计，却亦不能尽废。人与人相接触，问题就会发生。如果世界只有我，法律固为虚文，而道德也便无意义。人类须有法律道德维持，固足证其顽劣；然而人类既顽劣，道德法律也就不能勾销。所以老庄上德不德绝圣弃智的主张，理想虽高，而究不适于顽劣的人类社会。

习俗对于维持社会安宁，自有相当价值，我们是不能否认的。可是以维持安宁为社会唯一目的，则未免大错特错。习俗是守旧的，而社会则须时时翻新，才能增长滋大，所以习俗有时时打破的必要。人是一种贱动物，只好模仿因袭，不乐改革创造。所以维持固有的风化，用不着你费力。你让它去，世间自有一班庸人懒人去担心。可是要打破一种习俗，却不是一件易事。物理学上仿佛有一条定律说，凡物既静，不加力不动。而所加的力必比静物的惰力大，才能使它动。打破习俗，你须以一二人之力，抵抗千万人之惰力，所以非有雷霆万钧的力量不可。因此，习俗的背叛者比习俗的顺从者较为难能可贵，从历史看社会进化，都是靠着几个站在十字街头而能向十字街头宣战的人。这班人的报酬往往不是十字架，就是断头台。可是世间只有他们才是不朽，倘若世界没有他们这些殉道者，人类早已为乌烟瘴气闷死了。

一种社会所最可怕的不是民众肤浅顽劣，因为民众通常都是肤浅顽劣的。它所最可怕的是没有在肤浅卑劣的环境中而能不肤浅不卑劣的人。比方英国民众就是很沉滞顽劣的，然而在这种沉滞顽劣的社会中，偶尔跳出一二个性坚强的人，如雪莱、卡莱尔，罗素等，其特立独行的胆与识，却非其他民族所可多得。这是英国人力量所在的地方。路易·狄更生尝批评日本，说她是一个没有柏拉图和亚里士多德的希腊，所以不能造伟大的境界。据生物学家说，物竞天择的结果不能产生新种，须经突变（sports）。所谓突变，是指不像同种的新裔。社会也是如此，它能否生长滋大，就看它有无突变式的分子；换句话说，就看十字街头的矮人群中有没有几个大汉。

说到这点，我不能不替我们中国人汗颜了。处人胯下的印度还有一位泰戈尔和一位甘地，而中国满街只是一些打冒牌的学者和打冒牌的社会运动家。强者皇然叫嚣，弱者随声附和，旧者盲从传说，新者盲从时尚，相习成风，每况愈下，而社会之浮浅顽劣虚伪酷毒，乃日不可收拾。在这个当儿，站在十字街头的我们青年怎能免彷徨失措？朋友，昔人临歧而哭，假如你看清你面前的险径，你会心寒胆裂哟！围着你的全是肤浅顽劣虚伪酷毒，你只有两种应付方法；你只有和它冲突，要不然，就和它妥洽。在现时这种状况之下，冲突就是烦恼，妥洽就是堕落。无论走哪一条路，结果都是悲剧。

但是，朋友，你我正不必因此颓丧！假如我们的力量够，冲突结果，也许是战胜。让我们相信世界达真理之路只有自由思想，让我们时时记着十字街头肤浅虚伪的传说和时尚都是真理路上的障碍，让我们本着少年的勇气把一切市场偶像打得粉碎！

最后，打破偶像，也并非鲁莽叫嚣所可了事。鲁莽叫嚣还是十字街头的特色，是肤浅卑劣的表征。我们要能于叫嚣扰攘中：以冷静态度，灼见世弊；以深沉思考，规划方略；以坚强意志，征服障碍。总而言之，我们要自由伸张自我，不要汩没在十字街头的影响里去。

朋友，让我一齐努力吧！

你的朋友 孟实

谈情与理

朋友：

去年张东荪先生在《东方杂志》发表过两篇论文，讨论兽性问题，并提出理智救国的主张。今年李石岑先生和杜亚泉先生也为着同样问题，在《一般》上起过一番辩论。一言以蔽之，他们的争点是：我们的生活应该受理智支配呢，还是应该受感情支配呢？张杜两先生都是理智的辩护者，而李先生则私淑尼采，对于理智颇肆抨击。我自己在生活方面，尝感着情与理的冲突。近来稍涉猎文学哲学，又发现现代思潮的激变，也由这个冲突发轫。屡次手痒，想做一篇长文，推论情与理在生活与文化上的位置，因为牵涉过广，终于搁笔。在私人通信中大题不妨小做，而且这个问题也是青年急宜了解的，所以趁这次机会，粗陈鄙见。

科学家讨论事理，对于规范与事实，辨别极严，规范是应然，是以人的意志定出一种法则来支配人类生活的。事实是实然的，是受自然法则支配的。比方，伦理、教育、政治、法律、经济各种学问都侧重规范，数、理化各种学问都侧重事实。规范虽和事实不同，而却不能不根据事实。比方在教育学中，“自由发展个性”是一种规范，而根据的是儿童心理学中的事实，在马克思派经济学中，“阶级斗争”和“劳工专政”都是规范，而“剩余价值”律和“人口过剩”律是他所根据的事实。但是一般人制定规范，往往不根据事实而根据自己的希望。不知人的希望和自然界的事实常不相悖，而规范是应该限于事实的。规范倘若不根据事实，则不特不能实现，而且漫无意义。比方，在事实上二加二等于四，而人的希望往往超过事实，硬想二加二等于五。既以为二加二等于五是很好的，便硬定“二加二应该等于五”的规范，这岂不是梦语？

我所以不满意张东荪、杜亚泉诸先生的学说者，就因为他们既没有把规范和事实分别清楚，而又想离开事实，只凭自家理想去定规范。他们想把理智抬举到万能的地位，而不问在事实上理智是否万能；他们只主张理智应该支配一切生活，而不考究生活是否完全可以理智支配。我很奇怪张先生以柏格森的翻译者而抬举理智，我尤其奇怪杜先生想从哲学和心理学的观点去抨击李先生，而不知李先生的学说得自尼采，又不知他自己所根据的心理学早已陈死。

只论事实，世界文化和个人生活果能顺着理智所指的路径前进吗？现代哲学和心理学对于这个问题所给的答案是否定的。

哲学家怎么说呢？现代哲学的主要潮流可以说主要是十八世纪理智主义的反动。自尼采、叔本华以至柏格森，没有人不看透理智的威权是不实在的。依现代哲学家看，宇宙的生命，社会的生命，和个体的生命都只有目的而无先见（purposive without foresight）。所谓有目的，是说生命是有归宿的，是向某固定方向前进的，所谓无先见，是说在某归宿之先，生命不能自己预知归宿何所。比方母鸡孵卵，其目的在产小鸡，而这个目的却不必预存于母鸡的意识中。理智就是先见，生命不受先见支配，所以不受理智支配。这是现代哲学上一种主要思潮，而这个思潮在政治思想上演出两个相反的结论。其一为英国保守派政治哲学。他们说，理智既不能左右社会生命，所以我们应该让一切现行制度依旧存在，它们自己会变好，不用人费力去筹划改革。其一为法国行会主义（syndicalism）。这派激烈分子说，现行制度已经够坏了，把它们打破以后，任它们自己变去，纵然没有理智产生的建设方略，也绝不会有比现在更坏的制度发现出来。无论你相信哪一说，理智都不是万能的。

在心理学方面，理智主义的反动尤其剧烈。这种反动有两个大的倾向。第一个倾向是由边沁的享乐主义（hedonism）转到麦独孤的动原主义（hormic theory）。享乐派心理学者以为一切行为都不外寻求快感与避免痛感。快感与痛感就是行为的动机。吾人心中预存何者发生快感何者发生痛感的计算，而后才有寻求与避免的行为。换句话说，行为是理智的产品，而理智所去取，则以感觉之快与不快为标准。这种学说在十八、十九两世纪颇盛行，到了现代，因为受麦独孤心理学者的攻击，已成体无完肤。依麦独孤派学者看，享乐主义误在倒果为因。快感与痛感是行为的结果，不是行为的动机，动作顺利，于是生快感，动作受阻碍，于是生痛感；在动作未发生之前，吾人心中实未曾运用理智，预期快感如何寻求，痛感如何避免。行为的原动力是本能与情绪，不是理智。这个道理麦独孤在他的《社会心理学》里说得很精辟。

心理学上第二个反理智的倾向是弗洛伊德派的隐意识心理学。依选派学者看，心好比大海，意识好比海面浮着的冰山，其余汪洋深湛的统统是隐意识。意识在心理中所占位置甚小，而理智在意识中所占位置又甚小，所以理智的能力是极微末的，通常所谓理智，大半是理性化（rationalisation）的结果，理智之来，常不在行为未发生之前，而在行为已发生之后。行为之发生，大半由隐意识中的情意综（complexes）主持。吾人于事后须得解释辩护，于是才找出种种理由来。这便是理性化。比方，一个人钟爱一个女子，天天不由自主地走到她的寓所左右。而他自己所能举出的理由只不外“去看报纸”，“去访她哥哥”，“去看那棵柳树今天开了几片新叶”一类的话。照这样说，不特理智不易驾驭感情，而理智自身也不过是感情的变相。维护理智的人喜用弗洛伊德的升华说（sublimation）做护身符，不知所谓升华大半还是隐意识作用，其中情的成分比理的成分更加重要。

综观以上各点，我们可以知道在事实上理智支配生活的能力是极微末，极薄弱的，尊理智抑感情的人在思想上是开倒车，是想由现世纪回到十八世纪。开倒车固然不一定就是坏，可是要开倒车的人应该先证明现代哲学和心理学是错误的。不然，我们绝难悦服。

更进一步，我们姑且丢开理智是否确能支配情感的问题，而衡量理智的生活是否确比情感的生活价值来得高。迷信理智的人不特假定理智能支配生活，而且假定理智的生活是尽善尽美的。第一个假定，我们已经知道，是与现代哲学和心理学相矛盾的。现在我们来研究第二个假定。

第一，我们应该知道理智的生活是很狭隘的。如果纯任理智，则美术对于生活无意义，因为离开情感，音乐只是空气的震动，图画只是涂着颜色的纸，文学只是联串起来的字。如果纯任理智，则宗教对于生活无意义，因为离开情感，自然没有神奇，而冥感灵通全是迷信。如果纯任理智，则爱对于人生也无意义，因为离开情感，男女的结合只是为着生殖。我们试想生活中无美术，无宗教（我是指宗教的狂热的情感与坚决信仰），无爱情，还有什么意义？记得几年前有一位学生物学的朋友在《学灯》上发表一篇文章，说穷到究竟，人生只不过是吃饭与交媾。他的题目我一时记不起，仿佛是“悲”、“哀”一类的字。专从理智着想，他的话是千真万确的。但是他忘记了人是有感情的动物。有了感情，这个世界便另是一个世界，而这个人生便另是一个人生，绝不是吃饭交媾就可以了事的。

第二，我们应该知道理智的生活是很冷酷的，很刻薄寡恩的。理智指示我们应该做的事甚多，而我们实在做到的还不及百分之一。所做到的那百分之一大半全是由于有情感在后面驱遣。比方，我天天看见很可怜的乞丐，理智也天天提醒我赈济困穷的道理，可是除非我心中怜悯的情感触动时，我百回就有九十九回不肯掏腰包。前几天听见一位国学家投河的消息，和朋友们谈，大家都觉得他太傻。他固然是傻，可是世间有许多事项得有几分傻气的人才能去做。纯信理智的人天天都打计算，有许多不利于己的事他绝不肯去做的。历史上许多侠烈的事迹都是情感的而不是理智的。

人类如要完全信任理智，则不特人生趣味剥削无余，而道德亦必流为下品。严密说起，纯任理智的世界中只能有法律而不能有道德。纯任理智的人纵然也说道德，可是他们的道德是问理的道德（morality according to principle），而不是问心的道德（morality according to heart）。问理的道德迫于外力，问心的道德激于衷情，问理而不问心的道德，只能给人类以束缚而不能给人类以幸福。

比方，中国人所认为百善之首的“孝”，就可以当作问理的道德，也可以当作问心的道德。如果单讲理智，父母对于子女不能居功，而子女对于父母便不必言孝。这个道理胡适之先生在《答汪长禄书》里说得很透辟。他说：

“‘父母于子无恩’的话，从王充孔融以来，也很久了。……今年我自己生了一个儿子，我才想到这个问题上去。我想这个孩子自己并不曾自由主张要生在我家，我们做父母的也不曾得他的同意，就糊里糊涂的给他一条生命，况且我们也并不曾有意送给他这条生命。我们既无意，如何能居功？……我们生一个儿子，就好比替他种了祸根，又替社会种了祸根。……所以我们教他养他，只是我们减轻罪过的法子。……这可以说是恩典吗？”因此，胡先生不赞成把“儿子孝顺父母”列为一种“信条”。

胡先生所得得此结论，是假定孝只是一种报酬，只是一种问理的道德。把孝当作这样解释，我也不赞成把它“列为一种信条”。但是我们要知道真孝并不是一种报酬，并不是借债还息。孝只是一种爱，而凡爱都是以心感心，以情动情，绝不像做生意买卖，时时抓住算盘子。计算你给我二五，我应该报酬你一十。换句话说，孝是情感的，不是理智的。世间有许多慈母，不惜牺牲一切，以养护她的儿，世间也有许多婴儿，无论到了怎样因穷忧戚的境遇，总可以把头埋在母亲的怀里，得那不能在别处得到的保护与安慰。这就是孝的起源，这也就是一切爱的起源。这种孝全是激于至诚的，是我所谓问心的道德。

孝不是一种报酬，所以不是一种义务，把孝看成一种义务，于是“孝”就由问心的道德降而为问理的道德了。许多人“孝顺”父母，并不是因为基于情感，只因为他想凡是儿子都须得孝顺父母，才成体统。礼至而情不至，孝的意义本已丧失。儒家想因存礼以存情，于是孝变成一种虚文。像胡先生所说，“无论怎样不孝的人，一穿上麻衣，戴上高梁冠，拿着哭丧棒，人家就赞他做‘孝子’了”。近人非孝，也是从理智着眼，把孝看作一种债息。其实与儒家末流犯同一毛病。问理的孝可非而问心的孝是不可非的。

孝不过是许多事例中之一种。其他一切道德也都可以有问心的和问理的分别。问理的道德虽亦不可少，而衡其价值，则在问心的道德之下。孔子讲道德注重仁字，孟子讲道德注重义字，仁比义更有价值，是孔门学者所公认的。仁就是问心的道德，义就是问理的道德。宋儒注仁义两个字说：“仁者心之德，义者事之宜。”这是很精确的。

我说了这许多话，可以一言以蔽之，仁胜于义，问心的道德胜于问理的道德，所以情感的生活胜于理智的生活，生活是多方面的，我们不但要能够知（know），我们更要能够感（feel）。理智的生活只是片面的生活。理智没有多大能力去支配情感，纵使理智能支配情感，而理胜于情的生活和文化都不是理想的。

我对于这个问题还有许多的话，在这封信里只能言不尽意，待将来再说。

你的朋友 孟实

附注：

此文发表后曾蒙杜亚泉先生给了一个批评（见《一般》三卷三号），当时课忙，所以没有奉复。我此文结论中明明说过，“问理的道德虽亦不可少，而衡其价值，则在问心的道德之下。”我并没有说把理智完全勾销。杜先生也说：“我也主张主情的道德。”然则我们的意见根本并无二致。我不能不羡慕杜先生真有闲功夫。

杜先生一方面既然承认“朱先生说，‘真孝并不是一种报酬’，这句话很精到的”，而另一方面又加上一句“但是‘孝不是一种义务，这句话却错了”。我以为他可以说出一番大道理来，而下文不过是如此：“至于父母就是社会上担负教育子女义务的人……这种人在衰老的时候，社会也应该抚养他。”说明白一点咧在子女幼时，父母曾为社会抚养子女；所以到父母老时，子女也应该为社会抚养父母。

请问杜先生，这是不是所谓报酬？承认我的“孝不是一种报酬”一语为“精到”，而说明“孝是一种义务”时，又回到报酬的原理。这似犯了维护理智的人们所谓“矛盾律”。

“今之孝者，是谓能养”，杜先生大约还记得下文吧？我承认“养老”、“养小”都确是一种义务，我否认能尽这种义务就是孝慈。因为我主张于能尽养老的义务之外，还要有出于忠诚的敬爱，才能谓孝，所以我主张孝不是一种报酬。因为我主张孝不是一种报酬，所以我否认孝只是一种义务。杜先生同意于“孝不是一种报酬”，而质疑于“孝不是一种义务”，这也是矛盾。

维护理智的人，推理一再陷于矛盾，世间还有更好的凭据证明理智不可尽信吗？

谈摆脱

朋友：

近来研究黑格尔（Hegel）讨论悲剧的文章，有时拿他的学说来印证实际生活，颇觉欣然有会意。许久没有写信给你，现在就拿这点道理做谈料。

黑格尔对于古今悲剧，最推尊希腊索福克勒斯（Sophocles）的《安提戈涅》（*Antigone*）。安提戈涅的哥哥因为争王位，借重敌国的兵攻击他自己的祖国忒拜，他在战场中被打死了。忒拜新王克瑞翁（Greon）悬令，如有人敢收葬他，便处死罪，因为他是一个国贼。安提戈涅很像中国的聂嫈，毅然不避死刑，把她哥哥的尸骨收葬了。安提戈涅又是和克瑞翁的儿子海蒙（Haemon）订过婚的，她被绞以后，海蒙痛恨她，也自杀了。

黑格尔以为凡悲剧都生于两理想的冲突，而安提戈涅是最好的实例。就克瑞翁说，做国王的职责和做父亲的职责相冲突。就安提戈涅说，做国民的职责和做妹妹的职责相冲突。就海蒙说，做儿子的职责和做情人的职责相冲突。因此冲突，故三方面结果都是悲剧。

黑格尔且是论文学，其实推广一点说，人生又何尝不是一种理想的冲突场？不过实在界和舞台有一点不同，舞台上的悲剧生于冲突之得解决，而人生的悲剧则多生于冲突之不得解决。生命途程上的歧路尽管千差万别，而实际上只有一条路可走，有所取必有所舍，这是自然的道理。世间有许多人站在歧路上只徘徊顾虑，既不肯有所舍，便不能有所取。世间也有许多人既走上这一条路，又念念不忘那一条路。结果也不免差误时光。“鱼我所欲也，熊掌亦我所欲也，二者不可得兼，舍鱼而取熊掌者也。”有这样果决，悲剧绝不会发生。悲剧之发生就在既不肯舍鱼，又不肯舍熊掌，只在那儿垂涎打算盘。这个道理我可举几个实例来说明：

“禾”是一个大学生，很好文学，而他那一班的功课有簿记、有法律，都是他所厌恶的。他每见到我便愁眉蹙额的说：“真是无聊！天天只是预备考试！天天只是读这些没有意味的课本！”我告诉他：“你既不欢喜那些东西，便把它们丢开就是了。”他说：“既然花了家里的钱进学堂，总得要勉强敷衍考试才是。”我说：“你要敷衍考试，就敷衍考试是了。”然而他天天嫌恶考试，天天又在那儿预备考试。

我有一个幼时的同学恋爱了一个女子。他的家庭极力阻止他。他每次来信都向我诉苦。我去信告诉他说：“你既然爱她，便毅然不顾一切去爱她就是了。”他又说:“家庭骨肉的恩爱就能够这样恝然置之吗？”我回复他说：“事既不能两全，你便应该趁早疏绝她。”但是他到现在还是犹豫不知所可，还是照旧叫苦。

“禹”也是一个旧相识。他在衙门里充当一个小差事。他很能做文章，家里虽不丰裕，也还不至于没有饭吃。衙门里案牍和他的脾胃不很合，而且妨碍他著述。他时常觉得他的生活没有意味，和我谈心时，不是说：“嗳，如果我不要就这个事，这本稿子久已写成了。”就是说：“这事简直不是人干的，我回家陪妻子吃糙米饭去了！”像这样的话我也不知道听他说过多少回数，但是他还是依旧风雨无阻地去应卯。

这些朋友的毛病都不在“见不到”而在“摆脱不开”。“摆脱不开”便是人生悲剧的起源。畏首畏尾，徘徊歧路，心境既多苦痛，而事业也不能成就。许多人的生命都是这样模模糊糊地过去的。要免除这种人生悲剧，第一须要“摆脱得开”。消极说是“摆脱得开”，积极说便是“提得起”，便是“抓得住”。认定一个目标，便专心致志地向那里走，其余一切都置之度外，这是成功的秘诀，也是免除烦恼的秘诀。现在姑且举几个实例来说明我所谓“摆脱得开”。

释迦牟尼当太子时，乘车出游，看到生老病死的苦状，便恍然解悟人生虚幻，把慈父娇妻爱子和王位一齐抛开，深夜遁入深山，静坐菩提树下，冥心默想解脱人类罪苦的方法。这是古今第一个知道摆脱的人。其次如苏格拉底，如耶稣，如屈原，如文天祥，为保持人格而从容就死，能摆脱开一般人所摆脱不开的生活欲，也很可以廉顽立懦。再次如希腊第欧根尼提倡克欲哲学，除一个饮水的杯子和一个盘坐的桶子以外，身旁别无长物，一日见童子用手捧水喝，他便把饮水的杯子也掷碎。犹太斯宾诺莎学说与犹太教义不合，犹太教徒行贿不遂，把他驱逐出籍，他以后便专靠磨镜过活。他在当时是欧洲第一个大哲学家，海得尔堡大学请他去当哲学教授，他说："我还是磨我的镜子比较自由。"所以谢绝教授的位置。这是能为真理为学问摆脱一切的。卓文君逃开富家的安适，去陪司马相如当垆卖酒，是能为恋爱摆脱一切的。张翰在齐做大司马东曹掾，一天看见秋风乍起，想起吴中菰菜莼羹鲈鱼脍，立刻就弃官归里。陶渊明做彭泽令，不愿束带见督邮，向县吏说："我岂能为五斗米折腰向乡里小儿！"立即解绶辞官。这是能摆脱禄位以行吾心所安的。英国小说家司各特早年颇致力于诗，后读拜伦著作，知道自己在诗的方面不能有大成就，便丢开音律专去做他的小说。这是能为某一种学问而摆脱开其他学问之引诱的。孟敏堕甑，不顾而去。郭林宗问他的缘故。他回答说："甑已碎，顾之何益？"这是能摆脱过去失败的。

斯蒂文森论文，说文章之术在知遗漏（the art of omitting），其实不独文章如是，生活也要知所遗漏。我幼时，有一位最敬爱的国文教师看出我不知摆脱的毛病，尝在我的课卷后面加这样的批语："长枪短戟，用各不同，但精其一，已足致胜，汝才有偏向，姑发展其所长，不必广心博骛也。"十年以来，说了许多废话，看了许多废书，做了许多不中用的事，走了许多没有目标的路，多尝试，步成功，回忆师训，殊觉赧然，冷眼观察，世间像我这样暗中摸索的人正亦不少。大节固不用说，请问街头那纷纷群众忙的为什么？为什么天天做明知其无聊的工作，说明知其无聊的话，和明知其无聊的朋友假意周旋？在我看来，这都由于"摆脱不开"。因为人人都"摆脱不开"，所以生命便成了一幕最大的悲剧。

朋友，我写到这里，已超过寻常篇幅，把上面所写的翻看一过，觉得还没有把"摆脱"的道理说得透。我只谈到粗浅处，细微处让你自己暇时细心体会。

你的朋友 孟实

谈在卢佛尔宫所得的一个感想

朋友：

去夏访巴黎卢佛尔宫，得摩挲《蒙娜丽莎》肖像的原迹，这是我生平一件最快意的事。凡是第一流美术作品都能使人在微尘中见出大千，在刹那中见出终古。列奥纳多·达·芬奇（Leonardo de Vinci）的这幅半身美人肖像纵横都不过十几寸，可是她的意蕴多么深广！佩特（Walter Pater）在《文艺复兴论》里说希腊，罗马和中世纪的特殊精神都在这一幅画里表现无遗。我虽然不知道佩特所谓希腊的生气，罗马的淫欲和中世纪的神秘是怎么一回事，可是从那轻盈笑靥里我仿佛窥透人世的欢爱和人世的罪孽。虽则见欢爱而无留恋，虽则见罪孽而无畏惧。一切希冀和畏避的念头在刹那间都涣然冰释，只游心于和谐静穆的意境。这种境界我在贝多芬乐曲里，在《密罗斯爱神》雕像里，在《浮士德》诗剧里，也常隐约领略过，可是都不如《蒙娜丽莎》所表现的深刻明显。

我穆然深思，我悠然遐想，我想象到中世纪人们的热情，想象到达·芬奇作此画时费四个寒暑的精心结构，想象到丽莎夫人临画时听到四周的缓歌慢舞，如何发出那神秘的微笑。

正想得发呆时，这中纪的甜梦忽然被现世纪的足音惊醒，一个法国向导领着一群四五十个男的女的美国人蜂拥而来了。向导操很拙劣的英语指著说："这就是著名的《蒙娜丽莎》。"那班肥颈项胖乳房的人们照例露出几种惊奇的面孔，说出几十处处用得着的赞美的形容词，不到三分钟又蜂拥而去了。一年四季，人们尽管川流不息地这样蜂拥而来蜂拥而去，丽莎夫人却时时刻刻在那儿露出你不知道是怀善意还是怀恶意的微笑。

从观赏《蒙娜丽莎》的群众回想到《蒙娜丽莎》的作者，我登时发生一种不调和的感触，从中世纪到现世纪，这中间有多么深多么广的一条鸿沟！中世纪的旅行家一天走上二百里已算飞快，现在坐飞艇不用几十分钟就可走几百里了。中世纪的著作家要发行书籍须得请僧侣或抄胥用手抄写，一个人朝于斯夕于斯的，一年还不定能抄完一部书，现在大书坊每日可出书万卷，任何人都可以出文集诗集了。中世纪许多书籍是新奇的，连在近代，以培根、笛卡儿那样渊博，都没有机会窥亚里士多德的全豹，近如包慎伯到三四十岁时才有一次机会借阅《十三经注疏》。现在图书馆林立，贩夫走卒也能博通上下古今了。中世纪画《蒙娜·丽莎》的人须自己制画具自己配颜料，作一幅画往往须三年五载才可成功，现在美术家每日可以成几幅乃至十几幅“创作”了。中世纪人想看《蒙娜·丽莎》须和作者或他的弟子有交谊，真能欣赏他，才能侥幸一饱眼福，现在卢佛尔宫好比十字街，任人来任人去了。

这是多么深多么广的一条鸿沟！据历史家说，我们已跨过了这鸿沟，所以我们现代文化比中世纪进步得多了。话虽如此说，而我对着《蒙娜丽莎》和观赏《蒙娜丽莎》的群众，终不免有所怀疑，有所惊惜。

在这个现世纪忙碌的生活中，哪里还能找出三年不窥园、十年成一赋的人？哪里还能找出深通哲学的磨镜匠，或者行乞读书的苦学生？现代科学和道德信条都比从前进步了，哪里还能迷信宗教崇尚侠义？我们固然没有从前人的呆气，可是我们也没有从前人的苦心与热情了，别的不说，就是看《蒙娜·丽莎》也只像看破烂朝报了。

科学愈进步，人类征服环境的能力也愈大。征服环境的能力愈大，的确是人生一大幸福。但是它同时也易生流弊。困难日益少，而人类也愈把事情看得太容易，做一件事不免愈轻浮粗率，而坚苦卓绝的成就也便日益稀罕。比方，从纽约到巴黎还像从前乘帆船时要经许多时日，冒许多危险，美国人穿过卢佛尔宫绝不会像他们穿过巴黎香榭丽舍街一样匆促。我很坚决地相信，如果美国人所谓“效率”（efficiency）以外，还有其他标准可估定人生价值；现代文化至少含有若干危机的。

“效率”以外究竟还有其他估定人生价值的标准吗？要回答这个问题，我们最好拿法国理姆（Reims）、亚眠（Amiens）各处几十中世纪的大教寺和纽约一座世界最高的钢铁房屋相比较。或者拿一幅湘绣和杭州织锦相比较，便易明白。如只论“效率”，杭州织锦和美国钢铁房屋都是一样机械的作品，较之湘绣和理姆大教寺，费力少而效率差不多总算有可指摘之点。但是刺湘绣的闺女和建筑中世纪大教寺的工程师在工作时，刺一针线或叠一块砖，都要费若干心血，都有若干热情在后面驱遣，他们的心眼都钉在他们的作品上，这是近代只讲“效率”的工匠们所诧为呆拙的。织锦和钢铁房屋用意只在适用，而湘绣和中世纪建筑于适用以外还要能慰情，还要能为作者力量气魄的结晶，还要能表现理想与希望。假如这几点在人生和文化上自有意义与价值，“效率”绝不是唯一的估定价值的标准，尤其不是最高品的估定价值的标准。最高品估定价值的标准一定要注重人的成分（human element），遇见一种工作不仅估量它的成功如何，还有问它是否由努力得来的，是否为高尚理想与伟大人格之表现。如果它是经过努力而能表现理想与人格的工作，虽然结果失败了，我们也得承认它是有价值的。这个道理布朗宁（Browning）在 *Rabbi Ben Ezva* 那篇诗里说得最精透，我不会翻译，只择几段出来让你自己去玩味：

Not on the vulgar mass
Called“work”，must Sentence pass，
Things done，that took the eye and had the Price；
O’er which，from level stand，
The low world laid its hand.
Found straight way to its mind，could value in a trice;
But all, the world's coarse thumb
And linger failed to plumb，
So passed in making up the main account;
All instincts immature，
All purposes unsure,
That weighed not as his work.
yet swelled the man’s amount;

Thoughts hardly to b e packed
Into 8 narrow act，
Fancies that broke through thoughts and escaped;
All I could never be.
All，men ignored in me，
This I was worth to God. whose wheel the pitcher shaped.

这几段诗在我生平所给的益处最大。我记得这几句话，所以能惊赞热烈的失败，能欣赏一般人所嗤笑的呆气和空想，能景仰不计成败的坚苦卓绝的努力。

假如我的十二封信对于现代青年能发生毫末的影响，我尤其虔心默祝这封信所宣传的超“效率”的估定价值的标准能印入十个读者的心孔里去；因为我所知道的学生们、学者们和革命家们都太贪容易，太浮浅粗疏，太不能深入，太不能耐苦，太类似美国旅行家看《蒙娜丽莎》了。

你的朋友 孟实

悲剧与人生的距离

莎士比亚说得好：世界只是一座舞台，生命只是一个可怜的戏角。但从另一意义说，这种比拟却有不精当处。世界尽管是舞台，舞台却不能是世界。倘若坠楼的是你自己的绿珠，无辜受祸的是你自己的伊菲革涅亚，你会心寒胆裂。但是她们站在舞台时，你却袖手旁观，眉飞色舞。纵然你也偶一洒同情之泪，骨子里你却觉得开心。有些哲学家说这是人类恶根性的暴露，把“幸灾乐祸”的大罪名加在你的头上。这自然是冤枉，其实你和剧中人物有何仇何恨？

看戏和做人究竟有些不同。杀曹操泄义愤，或是替罗密欧与朱丽叶传情书，就做人说，自是一种功德，就看戏说，似未免近于傻瓜。

悲剧是一回事，可怕的凶灾险恶又另是一回事。悲剧中有人生，人生中不必有悲剧。我们的世界中有的是凶灾险恶，但是说这种凶灾险恶是悲剧，只是在修辞用比譬。悲剧所描写的固然也不外凶灾险恶，但是悲剧的凶灾险恶是在艺术锅炉中蒸馏过来的。

像一切艺术一样，戏剧要有几分近情理，也要有几分不近情理。它要有几分近情理，否则它和人生没有接触点，兴味索然；它也要有几分不近情理，否则你会把舞台真正看作世界，看《奥瑟罗》回想到自己的妻子，或者老实递消息给司马懿，说诸葛亮是在演空城计！

“软玉温香抱满怀，春至人间花弄色，露滴牡丹开”，淫词也，而读者在兴酣采烈之际忘其为淫，正因在实际人生中谈男女间事，话不会说得那样漂亮。俄狄浦斯弑父娶母，奥瑟罗信谗杀妻，悲剧也，而读者在兴酣采烈之际亦忘其为悲，正因在实际人生中天公并未曾濡染大笔，把痛心事描绘成那样惊心动魄的图画。

悲剧和人生之中自有一种不可跨越的距离，你走进舞台，你便须暂时丢开世界。

悲剧都有些古色古香。希腊悲剧流传于人间的几十部之中只有《波斯人》一部是写当时史实，其余都是写人和神还没有分家时的老故事老传说。莎士比亚并不醉心古典，在这一点他却近于守旧。他的悲剧事迹也大半是代远年淹的。十七世纪法国悲剧也是如此。拉辛在《巴雅泽》（*Bajazet*）序文里说："说老实话，如果剧情在哪一国发生，剧本就在哪一国表演，我不劝作家拿这样近代的事迹做悲剧。"他自己用近代的"巴雅泽"事迹，因为它发生在土耳其，"国度的辽远可以稍稍补救时间的邻近"。莎士比亚也很明白这个道理。《奥瑟罗》的事迹比较晚。他于是把它的场合摆在意大利，用一个来历不明的黑面将军做主角。这是以空间的远救时间的近。他回到本乡本土搜材料时，他心焉向往的是李尔王、麦克白一些传说上的人物。这是以时间的远救空间的近。你如果不相信这个道理，让孔明脱去他的八卦衣，丢开他的羽扇，穿西装吸雪茄烟登场！

悲剧和平凡是不相容的，而在实际上不平凡就失人生世相的真面目。所谓"主角"同时都有几分"英雄气"。普罗米修斯、哈姆雷特乃至于无恶不作的埃及皇后克莉奥佩特拉都不是我们凡人所能望其项背的，我们凡人没有他们的伟大魄力，却也没有他们那副傻劲儿。许多悲剧情境移到我们日常世界中来，都会被妥协酿成一个平凡收场，不至引起轩然大波。如果你我是俄狄浦斯，要逃弑父娶母的预言，索性不杀人，独身到老，便什么祸事也没有。如果你我是哈姆雷特，逞义气，就痛痛快快把仇人杀死，不逞义气，便低首下心称他作父亲，多么干脆！悲剧的产生就由于不平常人睁着大眼睛向我们平常人所易避免的灾祸里闯。悲剧的世界和我们是隔着一层的。

这种另一世界的感觉往往因神秘色彩而更加浓厚。悲剧压根儿就是一个不可解的谜语，如果能拿理性去解释它的来因去果，便失其为悲剧了。善有善报，恶有恶报，是人类的普遍希望，而事实往往不如人所期望，不能尤人，于是怨天，说一切都是命运。悲剧是不虔敬的，它隐约指示冥冥之中有一个捣乱鬼，但是这个捣乱鬼的面目究竟如何，它却不让我们知道，本来他也无法让我们知道。看悲剧要带几分童心，要带几分原始人的观世法。狼在街上走，枭在白天里叫，人在空中飞，父杀子，女驱父，昔洛斯彼罗呼风唤雨，这些光怪陆离的幻象，如果拿读《太上感应篇》或是计较油盐柴米的心理去摸索，便失其为神奇了。

艺术往往在不自然中寓自然。一部《红楼梦》所写的完全是儿女情，作者却要把它摆在“金玉缘”一个神秘的轮廓里。一部《水浒》所写的完全是侠盗生活，作者却要把它的根源埋到“伏魔之洞”。戏剧在人情物理上笼上一层神秘障，也是惯技。梅特林克的《普莱雅斯和梅丽桑德》写叔嫂的爱，本是一部人间性极重要的悲剧，作者却把场合的空气渲染得阴森冷寂如地窖，把剧中人的举止言笑描写得如僵尸活鬼，使观者察觉不到它的人间性。邓南遮的《死城》也是如此。别说什么自然主义或是写实主义，易卜生写的在房子里养野鸭来打的老头儿，是我们这个世界里的人物吗？

像一切艺术一样，戏剧和人生之中本来要有一种距离，所以免不了几分形式化，免不了几分不自然。人事里哪里有恰好分成五幕的？谁说情话像张君瑞出口成章？谁打仗只用几十个人马？谁像奥尼尔在《奇妙的插曲》里所写的角色当着大众说心中隐事？以此类推，古希腊和中国旧戏的角色戴面具，穿高跟鞋，拉了嗓子唱，以及许多其他不近情理的玩艺儿都未尝没有几分情理在里面。它们至少可以在舞台和世界之中辟出一个应有的距离。

悲剧把生活的苦恼和死的幻灭通过放大镜，射到某种距离以外去看。苦闷的呼号变成庄严灿烂的意象，霎时使人脱开现实的重压面游魂于幻境，这就是尼采所说的“从形相得解脱”（redemption through appearance）。

一番语重心长的话

——给现代中国青年

我在大学里教书，前后恰已十年，年年看见大批的学生进来，大批的学生出去。这大批学生中平庸的固居多数，英俊有为者亦复不少。我们辛辛苦苦地把一批又一批的训练出来，到毕业之后，他们变成什么样的人，做出什样的事呢？他们大半被一个共同的命运注定。有官做官，无官教书。就了职业就困于职业，正当的工作消磨了二三分光阴，人事的应付消磨了七八分光阴。他们所学的原来就不很坚实，能力不够，自然做不出什么真正事业来。时间和环境又不容许他们继续研究，不久他们原有的那一点浅薄学问也就逐渐荒疏，终身只在忙“糊口”，这样一来，他们的个人生命就平平凡凡地溜过去，国家的文化学术和一切事业也就无从发展。还有一部分人因为生活的压迫和恶势力的引诱，由很可有为的青年腐化为土绅劣豪或贪官污吏，把原来读书人的一副面孔完全换过，为非作歹，恬不知耻，使社会上颓风恶习一天深似一天，教育的功用究竟在哪里呢？

想到这点，我感觉到很烦闷。就个人设想，像我这样教书的人把生命断送在粉笔屑中，眼巴巴地希望造就几个人才出来，得一点精神上的安慰，而年复一年地见到出学校门的学生们都朝一条平凡而暗淡的路径走，毫无补于文化的进展和社会的改善。这种生活有何意义？岂不是自误误人？其次，就国家民族的设想，在这严重的关头，性格已固定的一辈子人似已无大希望，可希望的只有少年英俊，国家耗费了许多人力和财力来培养成千成万的青年，也正是希望他们将来能担负国家民族的重任，而结果他们仍随着前一辈子人的覆辙走，前途岂不很暗淡？

青年们常欢喜把社会一切毛病归咎于站在台上的人们，其实在台上的人们也还是受过同样的教育，经过同样的青年阶段，他们也曾同样地埋怨过前一辈子人。由此类推，到我们这一辈子青年们上台时，很可能地仍为下一辈子青年们不满。今日有理想的青年到明日往往变成屈服于事实而抛弃理想的堕落者。章宗祥领导过留日青年，打过媚敌辱国的蔡钧，而这位章宗祥后来做了外交部长，签订了“二十一条”卖国条约。汪精卫投过炸弹，坐过牢，做过几十年的革命工作，而这位汪精卫现在做了敌人的傀儡，汉奸的领袖。许多青年们虽然没有走到这个极端，但投身社会之后，投降于恶势力的比比皆是。这是一个很可伤心的现象。社会变来变去，而组成社会的人变相没有变质，社会就不会彻底地变好。这五六十年来我们天天在讲教育，教育对于人的质料似乎没有发生很好的影响。这一辈子人睁着眼睛蹈前一辈子人的覆辙，下一辈子人仍然睁着眼睛蹈这一辈子人的覆辙，如此循环辗转，一报还一报，“长夜漫漫何时旦”呢？

社会所属望最殷的青年们，这事实和问题是值得郑重考虑的！时光向前疾驶，毫不留情去等待人，一转眼青年便变成中年老年，一不留意便陷到许多中年人和老年人的厄运。这厄运是一部悲惨的三部曲。第一部是悬一个很高的理想，要改造社会；第二部是发现理想与事实的冲突，意志与社会恶势力相持不下；第三部便是理想消灭，意志向事实投降，没有改革社会，反被社会腐化。给它们一个简题，这是“追求”、“彷徨”和“堕落”。

青年们，这是一条死路。在你们的天真烂漫的头脑里，它的危险性也许还没有得到深切的了解，你们或许以为自己绝不会走上这条路。但是我相信：如果你们没有彻底的觉悟，不拿出强毅的意志力，不下坚苦卓绝的功夫，不做脚踏实地的准备，你们是不成问题地仍走上这条路。数十年之后，你们的生命和理想都毁灭了，社会腐败依然如故，又换了一批像你们一样的青年来，仍是改革不了社会。朋友们，我是过来人，这条路的可怕我并没有夸张，那是绝对不能再走的啊！

耶稣宣传他的福音，说只要普天众生转一个念头，把心地洗干净，以仁爱为怀，人世就可立成天国。这理想简单到不能再简单，可是也深刻到不能再深刻。极简单的往往是正途大道，因为易为人所忽略，也往往最不易实现。本来是很容易的事而变成最难实现的，这全由于人的愚蠢、怯懦和懒惰。世间事之难就难在人们不知道或是不能够转一个念头，或是转了念头而没有力量坚持到底。幸福的世界里绝没有愚蠢者、怯懦者和懒惰者的地位。你要合理地生存，你就要有觉悟、有决心、有奋斗的精神和能力。

“知难行易”，这觉悟一个起点是我们青年所最缺乏的。大家都似在鼓里过日子，闭着眼睛醉生梦死，放弃人类最珍贵的清醒的理性，降落到猪豚一般随人饲养。随凡宰割。世间宁有这样痛心的事！青年们，目前只有一桩大事——觉悟——彻底地觉悟！你们正在做梦，需要一个晴天霹雳把你们震醒，把“觉悟”两字震到你们的耳里去。

“条条大路通罗马”。实现人生和改良社会都不必只有一条路径可走。每个人所走的路应该由他自己审度自然条件和环境需要，逐渐摸索出来，只要肯走，迟早总可以走到目的地。无论你走哪一条路，你都必定立定志向要做人；做现代的中国人，你必须有几个基本的认识。

一、时代的认识——人类社会进化逃不掉自然律。关于进化的自然律，科学家们有不同的看法。依达尔文派学者，生物常在生存竞争中，最适者生存，不适者即归淘汰。依克鲁泡特金，社会的维持和发展全靠各分子能分工互助，互助也是本于天性。这两种相反的主张产生了两种不同的国际政治理想。一种理想是拥护战争，生存既是一种竞争，而在竞争中又只有最适者可生存，则造就最适者与维持最适者都必靠战争，战争是文化进展的最强烈的刺激剂。另一种理想是拥护和平，战争只是破坏，在战争中人类尽量发挥残酷的兽性，愈残酷愈贪摧毁，愈不易团结，愈不易共存共荣；要文化发展，我们需要建设，建设需要互助，需要仁爱，也需要和平。这两种理想各有片面的真理，相反适以相成，不能偏废。我们的时代是竞争最激烈的时代，也是最需要互助的时代。竞争是事实而互助是理想。无论你竞争或是互助，你都要拿副本领来。在竞争中只有最适者才能生存，在互助中最不适者也不见得能坐享他人之成。所谓“最适”就是最有本领，近代的率领是学术思想，是技术，是组织力。无论是个人在国家社会中，或是民族在国际社会中，有了这些本领，才能和人竞争，也才能和人互助，否则你纵想苟且偷生，也必终归淘汰，自然铁律是毫不留情的。

二、国家民族现在地位的认识——我国数千年来闭关自守。固有的文化可以自给自足，而且四围诸国家民族的文化学术水准都比我们的低，不曾感到很严重外来的威胁。从十九世纪以来，海禁大开，中国变成国际集团中的一分子，局面就陡然大变。我们现在遇到两重极严重的难关。首先，我们固有的文化学术不够应付现时代的环境。我们起初慑于西方科学与物质文明的威力，把固有的文化看得一文不值，主张全盘接收欧化；到现在所接收的还只是皮毛，毫不济事，情境不同，移植的树常不能开花结果，而且从两次大战与社会不安的状况看来，物质文明的误用也很危险，于是又有些人提倡固有文化，以为我们原来固有的全是对的。比较合理的大概是兼收并蓄，就中西两方成就截长补短，建设一种新的文化学术。但是文化学术须有长期的培养，不是像酵母菌可以一朝一夕制造出来的。我们从事于文化学术的人们能力都还太幼稚薄弱，还不配说建设。总之，我们旧的已去，新的未来，在这青黄不接的时候，我们和其他民族竞争或互助，几乎没有一套武器或工具在手里，这是一个极严重的局势。其次，我们现在以全副精力抗战建国。这两重工作中抗战是急需，是临时的；建国是根本，是长久的。多谢贤明领袖的指导与英勇将士的努力，多谢国际局面的转变，我们的抗战已逼近最后的胜利。这是我们的空前的一个好机会，从此我们可以在国际社会中做一个光荣的分子，从此我们可以在历史上开一个新局面。但是这“可以”只是“可能”而不是“必然”，由“可能”变为“必然”，还需要比抗战更艰苦的努力。抗战后还有成千成万的问题亟待解决，有许多恶习积弊要洗清，有许多文化事业和生产事业要建设。我们试问，我们的人才准备能否很有效率地担负这些重大的工作呢？要不然，我们的好机会将一纵即逝，我们的许多光明希望将终成泡影。我们的青年对此须有清晰的认识，须急起直追，抓住好时机不让放过。

三、个人对于国家民族的关系的认识——世界处在这个剧烈竞争的时代，国家民族处在这个千钧一发的关头，我们青年人所处的地位何如呢？有两个重要的前提我们必须认识清楚：

第一，国家民族如果没有出路，个人就绝不会有出路；要替个人谋出路，必须先替国家民族谋出路。

第二，个人在社会中如果不能成为有力的分子，则个人无出路，国家民族也无出路。要个人在社会中成为有力的分子，必须有德有学有才，而德行学问才具都须经过艰苦的努力才可以得到。

以往我们青年的错误就在对这两个前提毫无认识。大家都只为个人打计算，全不替国家民族着想。我们忙着贪图个人生活的安定和舒适，不下功夫培养造福社会的能力，不能把自己所应该做的事做好，一味苟且敷衍，甚至用种种不正当的手段去求个人安富尊荣，钻营、欺诈、贪污，无所不至，这样一来，把社会弄得日渐腐败，国家弄得日渐贫弱。这是一条不能再走的死路，我已一再警告过。我们必须痛改前非，把一切自私的动机痛痛快快地斩除干净，好好地在国家民族的大前提上做功夫。我们须知道，我们事事不如人，归根究底，还是我们的人不如人。现在要抬高国家民族的地位，我们每个人必须培养健全的身体、优良的品格、高深的学术和熟练的技能，把自己造成社会中一个有力的分子。

这是三个最基本的认识。我们必须有这些认识，再加以坚苦卓绝的精神去循序实行，到死不懈，我们个人，我们国家民族，才能踏上光明的大道。最后，我还须着重地说，我们需要彻底的觉悟。

朝抵抗力最大的路径走

我提出这个题目来谈，是根据一点亲身的经验。有一个时候，我学过作诗填词。往往一时兴到，我信笔直书，心里想到什么，就写什么，写成了自己读读看，觉得很高兴，自以为还写得不坏，后来我把这些处女作拿给一位精于诗词的朋友看，请他批评，他仔细看了一遍后，很坦白地告诉我说："你的诗词未尝不能作，只是你现在所作的还要不得。"我就问他："毛病在哪里呢？"他说："你的诗词都来得太容易，你没有下过力，你欢喜取巧，显小聪明。"听了这话，我捏了一把冷汗，起初还有些不服，后来对于前人作品多费过一点心思，才恍然大悟那位朋友批评我的话真是一语破的。我的毛病确是在没有下过力。我过于相信自然流露，没有知道第一次浮上心头的意思往往不是最好的意思，第一次浮上心头的词句也往往不是最好的词句。意境要经过洗练，表现意境的词句也要经过推敲，才能脱去渣滓，达到精妙境界。洗练推敲要吃苦费力，要朝抵抗力最大的路径走。福楼拜自述写作的辛苦说："写作要超人的意志，而我却只是一个人！"我也有同样感觉，我缺乏超人的意志，不能拼死力往里钻，只朝抵抗力最低的路径走。

这一点切身的经验使我受到很深的感触。它是一种失败，然而从这种失败中我得到一个很好的教训。我觉得不但在文艺方面，就在立身处世的任何方面，贪懒取巧都不会有大成就，要有大成就，必定朝抵抗力最大的路径走。

"抵抗力"是物理学上的一个术语。凡物在静止时都本其固有"隋性"而继续静止，要使运动，必须在它身上加"动力"，动力愈大，动愈速愈远。动的路径上不能无抵抗力，凡物的动都朝抵抗力最低的方向。如果抵抗力大于动力，动就会停止，抵抗力纵是低，聚集起来也可以使动力逐渐减少以至于消灭，所以物不能永动，静止后要它续动，必须加以新动力。这是物理学上一个很简单的原理，也可以应用到人生上面。人像一般物质一样，也有惰性，要想他动，也必须有动力。人的动力就是他自己的意志力。意志力愈强，动愈易成功；意志力愈弱，动愈易失败。不过人和一般物质有一个重要的分别：一般物质的动都是被动，使它动的动力是外来的；人的动有时可以是主动，使他动的意志力是自生自发自给自足的。在物的方面，动不能自动地随抵抗力之增加而增加；在人的方面，意志力可以自动地随抵抗力之增加而增加，所以物质永远是朝抵抗力最低的路径走，而人可以朝抵抗力最大的路径走。物的动必终为抵抗力所阻止，而人的动可以不为抵抗力所阻止。

照这样看，人之所以为人，就在能不为最大的抵抗力所屈服。我们如果要测量一个人有多少人性，最好的标准就是他对于抵抗力所拿出的抵抗力，换句话说，就是他对于环境困难所表现的意志力。我在上文说过，人可以朝抵抗力最大的路径走，人的动可以不为抵抗力所阻。我说“可以”不说“必定”，因为世间大多数人仍是惰性大于意志力，欢喜朝抵抗力最低的路径走，抵抗力稍大，他就要缴械投降。这种人在事实上失去最高生命的特征，堕落到无生命的物质的水平线上，和死尸一样东推西倒，西推东倒。他们在道德学问事功各方面都绝不会有成就，万一以庸庸得厚福，也是叨天之幸。

人生来是精神所附丽的物质，免不掉物质所常有的惰性。抵抗力最低的路径常是一种引诱，我们还可以说，凡是引诱所以能成为引诱，都因为它是抵抗力最低的路径，最能迎合人的惰性。惰性是我们的仇敌，要克服惰性，我们必须动员坚强的意志力，不怕朝抵抗力最大的路径走。走通了，抵抗力就算被征服，要做的事也就算成功。举一个极简单的例子。在冬天早晨，你睡在热被窝里很舒适，心里虽知道这应该是起床的时候而你总舍不得起来。你不起来，是顺着惰性，朝抵抗力最低的路径走。被窝的暖和舒适，外面的空气寒冷，多躺一会儿的种种借口，对于起床的动作都是很大的抵抗力，使你觉得起床是一件天大的难事。但是你如果下一个决心，说非起来不可，一耸身你也就起来了。这一起来事情虽小，却表示你对于最大抵抗力的征服，你的企图的成功。

这是一个琐屑的事例，其实世间一切事情都可做如此看法。历史上许多伟大人物所以能有伟大成就者，大半都靠有极坚强的意志力，肯向抵抗力最大的路径走。例如孔子，他是当时一个大学者，门徒很多，如果他贪图个人的舒适，大可以坐在曲阜过他安静的学者的生活。但是他毕生东奔西走，席不暇暖，在陈绝过粮，在匡遇过生命的危险，他那副奔波劳碌恓恓惶惶的样子颇受当时隐者的嗤笑。他为什么要这样呢？就因为他有改革世界的抱负，非达到理想，他不肯甘休。《论语》长沮桀溺章最足见出他的心事。长沮桀溺二人隐在乡下耕田，孔子叫子路去向他们问路，他们听说是孔子，就告诉子路说；“滔滔者无下皆是也，而谁以易之！”意思是说，于今世道到处都是一般糟，谁去理会它，改革它呢？孔子听到这话叹气说：“鸟兽不可与同群，吾非斯人之徒与而谁与？天下有道，丘不与易也。”意思是说，我们既是人就应做人所应该做的事；如果世道不糟，我自然就用不着费气力去改革它。孔子平生所说的话，我觉得这几句最沉痛，最伟大。长沮桀溺看天下无道，就退隐躬耕，是朝抵抗力最低的路径走，孔子看天下无道，就牺牲一切要拼命去改革它，是朝抵抗力最大的路径走。他说得很干脆，“天下有道，丘不与易也。”

再如耶稣，从《新约》中四部《福音》看，他的一生都是朝抵抗力最大的路径走。他抛弃父母兄弟，反抗当时旧犹太宗教，攻击当时的社会组织，要在慈爱上建筑一个理想的天国，受尽种种困难艰苦，到最后牺牲了性命，都不肯放弃了他的理想。在他的生命史中有一段是千钧一发的危机。他下决心要宣传天国福音后，跑到沙漠里苦修了四十昼夜。据他的门徒的记载，这四十昼夜中他不断地受恶魔引诱。恶魔引诱他去争尘世的威权，去背叛上帝，崇拜恶魔自己。耶稣经过四十昼夜的挣扎，终于拒绝恶魔的引诱，坚定了对于天国的信念。从我们非教徒的观点看，这段恶魔引诱的故事是一个寓言，表示耶稣自己内心的冲突。横在他面前的有两路：一是上帝的路，一是恶魔的路，走上帝的路要牺牲自己，走恶魔的路他可以握住政权，亨受尘世的安富尊荣。经过了四十昼夜的挣扎，他决定了走抵抗力最大的路——上帝的路。

我特别在耶稣生命中提出恶魔引诱的一段故事，因为它很可以说明宋明理学家所说的天理与人欲的冲突。我们一般人尽善尽恶的不多见，性格中往往是天理与人欲杂糅，有上帝也有恶魔，我们的生命史常是一部理与欲，上帝与恶魔的斗争史。我们常在歧途徘徊，理性告诉我们向东，欲念却引诱我们向西。在这种时候，上帝的势力与恶魔的势力好像摆在天平的两端，见不出谁轻谁重。这是“千钧一发”的时候，“一失足即成千古恨”，一挣扎立即可成圣贤豪杰。如果要上帝的那一端天平沉重一点，我们必须在上面加一点重量，这重量就是拒绝引诱，克服抵抗力的意志力。有些人在这紧要关头拿不出一点意志力，听惰性摆布，轻轻易易地堕落下去，或是所拿的意志力不够坚决，经过一番冲突之后，仍然向恶魔缴械投降。例如，洪承畴本是明末一个名臣，原来也很想效忠明朝，恢复河山，清兵入关后，大家都预料他以死殉国，清兵百计劝诱他投降，他原也很想不投降，但是到最后终于抵不住生命的执着与禄位的诱惑，做了明朝的汉奸。再举一个眼前的例子，汪精卫前半生对于民族革命很努力，当这次抗战开始时，他广播演说也很慷慨激昂。谁料到他的利禄熏心，一经敌人引诱，就起了卖国叛党的坏心思。依陶希圣的记载，他在上海时似仍感到良心上的痛苦，如果他拿出一点意志力，及早回头，或以一死谢国人，也还不失为知过能改的好汉。但是他拿不出一点意志力，就认错做错，甘心认贼作父。世间许多人失节败行，都像汪精卫洪承畴之流，在紧要关头，不肯争一口气，就马马虎虎地朝抵抗力最低的路径走。

这是比较显著的例，其实我们涉身处世，随时随地面前都横着两条路径，一是抵抗力最低的，一是抵抗力最大的。比如当学生，不死心塌地去做学问，只敷衍功课，混分数文凭；毕业后不拿出本领去替社会服务，只奔走巴结，夤缘幸进，以不才而在高位；做事时又不把事当事做，只一味因循苟且，敷衍公事，甚至贪污淫逸，遇钱即抓，不管它来路正当不正当——这都是放弃抵抗力最大的路径而走抵抗力最低的路径。这种心理如充类至尽，就可以逐渐使一个人堕落。我当穷究目前中国社会腐败的根源，以为一切都由于懒。懒，所以苟且因循敷衍，做事不认真；懒，所以贪小便宜，以不正当的方法解决个人的生计；懒，所以随俗浮沉，一味圆滑，不敢为正义公道奋斗；懒，所以遇引诱即堕落，个人生活无纪律，社会生活无秩序。知识阶级懒，所以文化学术无进展；官吏懒，所以政治不上轨道；一般人都懒，所以整个社会都“吊儿郎当”暮气沉沉。懒是百恶之源，也就是朝抵抗力最低的路径走。如果要改造中国社会，第一件心理的破坏工作是除懒，第一件心理的建设工作是提倡奋斗精神。

生命就是一种奋斗，不能奋斗，就失去生命的意义与价值；能奋斗，则世间很少不能征服的困难。古话说得好，“有志者事竟成”。希腊最大的演说家是德摩斯梯尼，他生来口吃，一句话也说不清楚，但他抱定决心要成为一个大演说家，他天天一个人走到海边，向着大海练习演说，到后来居然达到了他的志愿。这个实例阿德勒派心理学家常喜援引。依他们说，人自觉有缺陷，就起“卑劣意识”，自耻不如人，于是心中就起一种“男性的抗议”，自己说我也是人，我不该不如人，我必用我的意志力来弥补天然的缺陷。阿德勒派学者用这原则解释许多伟大人物的非常成就，例如，聋子成为大音乐家，瞎子成为大诗人之类。我觉得一个人的紧要关头在起“卑劣意识”的时候。起“卑劣意识”是知耻，孔子说得好，“知耻近乎勇”。但知耻虽近乎勇而却不就是勇。能勇必定有阿德勒派所说的“男性的抗议”。“男性的抗议”就是认清了一条路径上抵抗力最大而仍然勇往直前，百折不挠。许多人虽天天在“卑劣意识”中过活，却永不能发“男性的抗议”，只知怨天尤人，甚至自己不长进，希望旁人也跟着他不长进，看旁人长进，只怀满肚子醋意。这种人是由知耻回到无耻。注定的要堕落到十八层地狱，永不超生。

能朝抵抗力最大的路径走，是人的特点。人在能尽量发挥这特点时，就足见出他有富裕的生活力。一个人在少年时常是朝气勃勃，有志气，肯干，觉得世间无不可为之事，天大的困难也不放在眼里。到了年事渐长，受过了一些磨折，他就逐渐变成暮气沉沉，意懒心灰，遇事都苟且因循，得过且过，不肯出一点力去奋斗。一个人到了这时候，生活力就已经枯竭，虽是活着，也等于行尸走肉，不能有所作为了。所以一个人如果想奋发有为，最好是趁少年血气方刚的时候，少年时如果能努力，养成一种勇往直前百折不挠的精神，老而益壮，也还是可能的。

一个人的生活力之强弱，以能否朝抵抗力最大的路径为准，一个国家或是一个民族也是如此。这个原则有整个的世界史证明。姑举几个显著的例，西方古代最强悍的民族莫如罗马人，我们现在说到能吃苦肯干，重纪律，好冒险，仍说是“罗马精神”。因其有这种精神，所以罗马人东征西讨，终于统一了欧洲，建立一个庞大的殖民帝国。后来他们从殖民地获得丰富的资源，一般罗马公民都可以坐在家里不动而享受富裕的生活，于是变成骄奢淫逸，无恶不为，一到新兴的“野蛮”民族从欧洲东北角向南侵略，罗马人就毫无抵抗而分崩瓦解。再如满清，他们在入关以前过的是骑猎生活，民性最强悍，很富于吃苦冒险的精神，所以到明末张李之乱社会腐败紊乱时，他们以区区数十万人之力就能入主中原。可是他们做了皇帝之后，一切皇亲国戚都坐着不动吃皇粮，享大位，过舒服生活，不到三百年，一个新兴民族就变成腐败不堪，辛亥革命起，我们就轻轻易易地把他们推翻了。我们如果要明白一个民族能够堕落到什么地步，最好去看看北平的旗人。

我们中华民族在历史上经过许多波折，从周秦到现在，没有哪一个时代我们不遇到很严重的内忧，也没有哪一个时代我们没有和邻近的民族挣扎，我们爬起来跌倒，跌倒了又爬起，如此者已不知若干次。从这简单的史实看，我们民族的生活力确是很强旺，它经过不断的奋斗才维持住它的生存权。这一点祖传的力量是值得我们尊重的。

孟子说：“天将降大任于斯人也，必先苦其心志，劳其筋骨，饿其体肤，空乏其身，行拂乱其所为，所以动心忍性，增益其所不能。”于今我们的时代是“天将降大任于斯人”的时代了，孟子所说的种种磨折，我们正在亲领身受。我希望每个中国人，尤其是青年们，要明白我们的责任，本着大无畏的精神，不顾一切困难，向前迈进。

谈青年的心理病态

这题目是一位青年读者提议要我谈的。他的这个提议似显示青年们自己感觉到他们在心理上有毛病。这毛病究竟何在，是怎样酝酿成的，最好由青年们自己做一个虚心的检讨。我是一个中年人，和青年人已隔着一层，现时代和我当青年的时代也迥然有别，不能全据私人追忆到的经验，刻舟求剑似的去臆测目前的事实。我现在所谈的大半根据在教书任职时的观察，观察有时不尽可据，而且我的观察范围限于大学生。我希望青年读者们拿这旁观者的分析和他们自己的自我检讨比较，并让我知道比较的结果。这于他们自己有益，于我更有益。

一个人的性格形成，大半固靠自己的努力，环境的影响也不可一笔抹杀。“豪杰之士虽无文王犹兴”，但是多数人并非豪杰之士，就不能不有所凭借。很显然地，现时一般青年所可凭借的实太薄弱。他们所走的并非玫瑰之路。

先说家庭。多数青年一入学校，便与家庭隔绝，尤其是来自沦陷区域的。在情感上他们得不到家庭的温慰。抗战期中一般人都感受经济的压迫，衣食且成问题，何况资遣子弟受教育。在经济上他们得不到家庭的援助。父兄既远隔，又各各为生计所迫，终日奔波劳碌，既送子弟入学校，就把一切委托给学校，自己全不去管。在学业品行上他们得不到家庭的督导。这些还只是消极的，有些人能受到家庭影响的，所受的往往是恶影响。父兄把教育子弟当作一种投资，让他们混资格去谋衣食，子弟有时顺承这个意旨，只把学校当作进身之阶，此其一。父兄有时是贪官污吏或土豪劣绅，自己有许多恶习，让子弟也染着这些恶习，此其二。中国家庭向来是多纠纷，而这种纠纷对于青年人常是隐痛，易形成心理的变态，此其三。

次说社会国家。中国社会正当新旧交替之际，过去封建时代的许多积弊恶习还没有涤除净尽，贪污腐败欺诈凌虐的事情处处都有。青年人心理单纯，对于复杂的社会不能了解。他们凭自己的单纯心理，建造一种难于立即实现的社会理想，而事实却往往与这理想背驰，他们处处感觉到碰壁，于是失望、惊疑、悲观等情绪源源而来。其次，青年人富于感受性，少定见，好言是非而却不真能辨别是非，常轻随流俗转移，有如素丝，染于青则青，染于黄则黄。社会既腐浊，他们就不知不觉地跟着它腐浊。总之，目前环境对于纯洁的青年是一种恶性刺激，对于意志薄弱的青年是一种恶性引诱。加以国家处在危难的局面，青年人心里抱着极大的希望，也怀着极深的忧惧。他们缺乏冷静的自信，任一股热情鼓荡，容易提升到高天，也容易降落到深渊。一个人叠次经过这种虐疫式的暖冷夹攻，自然容易变成虚弱，在身体方面如此，在精神方面也如此。

再次说学校。教育必以发展全人为宗旨，德育、智育、美育、群育、体育五项应同时注重。就目前实际状况说，德育在一般学校等于具文，师生的精力都集中于上课，专图授受知识，对于做人的道理全不讲究。优秀青年感觉到这方面的缺乏而彷徨，顽劣青年则放纵恣肆，毫无拘束。即退一步言智育，途径亦多错误，灌输多于启发，浅尝多于深入，模仿多于创造，揣摩风气多于效忠学术。在抗战期中，师资与设备多因陋就简，研究的空气尤不易提高。向学心切者感觉饥荒，凡庸者敷衍混资格。美育的重要不但在事实上被忽略，即在理论上亦未充分了解。我国先民在文艺上造就本极优越，而子孙数典忘祖，有极珍贵的文艺作品而不知欣赏，从事艺术创作者更寥寥。大家都迷于浅狭的功利主义，对文艺不下功夫，结果乃有情操驳杂、趣味卑劣、生活干枯、心灵无寄托等种种现象。群育是吾国人向来缺乏的，现代学校教育对此亦毫无补救。一般学校都没有社会生活，教师与学生相视如路人，同学彼此也相视如路人。世间大概没有比中国大学教授与学生更孤僻更寂寞的一群动物了。体育的忽略也不自今日始，有些学生们还在鄙视运动，黄皮刮瘦几乎是知识阶级的标志。抗战中忽略运动之外又添上缺乏营养。我常去参观学生吃饭，七八人一席只有一两碗无油的蔬菜，有时甚至只有白饭。吃苦本是好事，亏损虚弱却不是好事。青年人正当发育时期，日复一日年复一年地缺乏最低限度的营养，结果只有亏损虚弱，甚至疾病死亡。心理的毛病往往起于生理的毛病，生理的损耗必酿成心理的损耗。这问题有关民族的生命力，凡是远见的教育家政治家都不应忽视。

家庭、社会、国家和学校对于青年人的影响如上所述。在这种情形之下：青年人在心理方面发生下列几种不健康的感觉。

第一是压迫感觉。青年人当生气旺盛的时候，有如春日的草木萌芽，需要伸展与生长，而伸展与生长需要自由的园地与丰富的滋养。如果他们像墙角生出来的草木，上面有沉重的砖石压着，得不着阳光与空气，他们只得黄瘦萎谢，纵然偶尔能费力支撑，破石罅而出，也必变成臃肿蜷曲，不中绳墨。不幸得很，现代许多青年都恰在这种状况之下出死力支撑层层重压。家庭对于子弟上进的企图有时做不合理的阻挠，社会对于勤劳的报酬不尽有保障，国家为着政策有时须限制思想与言论的自由，学校不能使天赋的聪明与精力得充分发展，国家前途与世界政局常纠缠不清，强权常歪曲公理。这一切对于青年人都是沉重的压迫，此外又加上经济的艰窘，课程的繁重，营养缺乏所酿成的体质羸弱，真所谓“双肩上公仇私仇，满腔儿家忧国忧”。一个人究竟有几多力量，能支撑这层层重压呢？撑不起，却也推不翻，于是都积成一个重载，压在心头。

第二是寂寞感觉。人是富于情感的动物。人也是群居的动物，所以人需要同类的同情心最为剧烈。哲学家和宗教家抓住这一点，所以都以仁爱立教。他们知道人类只有在仁爱中才能得到真正幸福。青年人血气方刚，同情的需要比中年人与老年人更为迫切。我们已经说过，现代中国青年不常能得到家庭的温慰，在学校里又缺乏社会生活，他们终日独行踽踽，举目无亲，人生最强烈的要求不能得到最低限度的满足，他们心里如何快乐得起来呢？这里所谓“同情心”包含异性的爱在内。男女中间除着人类同情心的普遍需要之外，又加上性爱的成分，所以情谊一旦投合，便特别坚强。这是一个极自然的现象，不容教育家们闭着眼睛否认或推翻。我们所应该留意的是施以适当教育，因势利导，纳于正轨，不使其泛滥横流。这些年来我们都在采男女同学制，而对于男女同学所有的问题未加精密研究，更未予以正确指导。结果男女中间不是毫无来往，便是偷偷摸摸地来往。毫无来往的似居多数，彼此摆在面前，徒增一种刺激。许多青年人的寂寞感觉，细经分析起来，大半起于异性中缺乏合理而又合体的交际。

第三是空虚感觉。“自然厌恶空虚”，这个古老的自然律可应用于物质，也可应用于心灵。空虚的反面是充实，是丰富。人生要充实丰富，必须有多方的兴趣与多方的活动。一个在道德、学问、艺术或事业方面有浓厚兴趣的人，自然能在其中发现至乐，绝不会感觉到人生的空虚。宋儒教人心地常有“源头活水”，此心须常是“活泼泼的”。又教人玩味颜子在箪食瓢饮的情况之下“所乐何事”，用意都在使内心生活充实丰富。据近代一般心理学家的见解，艺术对于充实内心生活的功用尤大，因为它帮助人在事事物物中都可发现乐趣。观照就是欣赏，而欣赏就是快乐。现在一般青年人对学术既无浓厚兴趣，对艺术及其他活动更漠不置意，生活异常干枯贫乏，所以常感到人生空虚。此外又加上述的压迫与寂寞，使他们追问到人生究竟，而他们的单纯头脑所能想出的回答就是“空虚”。他们由自己个人的生活空虚推论到一般人生的空虚，犯着逻辑学家所谓“以偏概全”的错误。个人生活的空虚往往是事实，至于一般人生是否空虚则大有问题，至少历史上许多伟大人物不这么想。

以上所说的三种不健康的感觉都有几分是心病，但是它们所产生的后果更为严重。在感觉压迫、寂寞和空虚中，青年人始而彷徨，身临难关而找不着出路，踌躇不知所措；继而烦闷，仿佛以为家庭、社会、国家、学校以至于造物主，都有意在和他们为难，不让他们有一件顺心事，于是对一切生厌恶，动辄忧郁、烦躁、苦闷；继而颓唐麻木，经不起一再挫折，逐渐失去辨别是非的敏感与向上的意志，随世俗苟且敷衍，以“世故”为智慧，视腐浊为人情之常。彷徨犹可抉择正路，烦闷犹可力求正路，到了颓唐麻木，就势必至于堕落，无可救药了。我不敢说现在多数青年都已到了颓唐麻木的阶段，但是我相信他们都在彷徨烦闷，如果不及早振作，离颓唐麻木也就不远了。总之，我感觉到现在青年人大半缺乏青年人所应有的朝气，对一切缺乏真正的兴趣和浓厚的热情。他们的志向大半很小，在学校只求敷衍毕业，以后找一个比较优裕的差缺，姑求饱暖舒适，就混过这一生。自然也偶尔遇着少数的例外，但少数例外优秀的青年军势孤力薄，不能造成一种风气。现时代的青年，就他所表现的精神而论，绝不能担当起现时代的艰巨任务。这是有心人不能不为之忧惧的。

这种现状究竟如何救济呢？照以上的分析，病的成因远在家庭社会国家与学校所给的不良的影响，近在青年人自己承受这影响而起的几种不健康的感觉。治本的办法当然是改良环境的影响，尤其是学校教育。这要牵涉许多问题，非本文所能详谈。这里我只向青年人说话，说的话限于在我想是他们可以受用的，就是他们如何医治自己，拯救自己。

第一，青年人对于自己应有勇气负起责任。我们旁观者分析青年人的心理性格，把环境影响当作一个重要的成因，是科学家所应有的平正态度。但是我们也必须补充一句，环境影响并非唯一的决定因素，世间有许多人所受的环境影响几乎完全相同而成就却有天渊之别，这就是证明个人的努力可以胜过环境的影响。青年们自己不应该把自己的失败完全推诿到环境影响，如果这样办，那就是对自己不负责任，为自己不努力去找借口。我们旁观者固不能以豪杰之士期待一切青年，但是每一个青年自己却不应只以庸碌人自期待。旁人在同样环境之下所能达到的成就，他如果达不到，他就应自引以为耻。对自己没有勇气负责的人在任何优越环境之下，都不会有大成就。对自己负责任，是一切向上心的出发点。

第二，青年人应知实事求是，接受当前事实而谋应付，不假想在另一环境中自己如何可以显大本领，也不把自己现在不能显本领的过失推诿到现实环境。自己所处的是甲境，应付不好，聊自宽解说：“如果在乙境，我必能应付好。”这是“文不对题”，仍是变态心理的表现。举个具体的例：问一位青年人为什么不努力做学问，他回答说：“教员不好，图书不够，饭没有吃饱。”这样一来，他就把责任推诿得干干净净了。他应该知道，教员不好，图书不够，饭没有吃饱，这些都是事实，他须接受这些事实去应付。如果能设法把教员换好，图书买够，饭吃饱，那固然再好没有；如果这些一时为事实所不允许，他就得在教员不好，图书不够，饭没有吃饱的事实条件之下，研究一个办法，看如何仍可读书做学问。他如果以为这样的事实条件不让他能读书做学问，那就是承认自己的失败；如果只假想在另一套事实条件之下才读书做学问，那就是逃避事实而又逃避责任。

第三，青年人应明了自己的心病须靠自己努力去医治。法国有一位心理学家——库维——发明一种自治疗术，叫作“自暗示”。依这个方法，一个人如果有什么毛病，只要自己常专心存着自己必定好的念头，天天只朝好处想，绝不能朝坏处想，不久他自会痊愈，他实验过许多病人，无论所患的是生理方面的或是心理方面的病，都特著奇效。他的实验可证明自信对于一个人的心理影响非常之大。自信是一个不幸的人，就随时随地碰上不幸事，自信是一个勇敢的人，世间便无不可征服的困难。许多青年人所缺乏的正是自信心。没有自信心就没有勇气，困难还没有临头就自认失败。

比如，上文所说的三种不健康的感觉，都并非绝对不可避免的。如果能接受事实，有勇气对自己负责任，尽其在我，不计成败，则压迫感觉不至发生。每个人都需要同情，如果每个人都肯拿一点同情出来对付四周的人，则大家互有群居之乐，寂寞感觉不至发生。人生来需要多方活动，精力可发泄，心灵有寄托，兴趣到处泉涌，则生活自丰富，空虚感觉不至发生。这些事都不难做到，一般青年人所以不能做到者，原因就在没有自信，缺乏勇气，不肯努力。

谈处群（上）

——我们不善处群的病征

我们民族性的优点很多，只是不善处群。“一个和尚挑水吃，两个和尚抬水吃，三个和尚没水吃”，这个流行的谚语把我们民族性的弱点表现得最深刻。在私人企业方面，我们的聪明、耐性、刚毅力并不让人，一遇到公众事业，我们便处处暴露自私、孤僻散漫和推诿责任。这是我们的致命伤，要民族复兴，政治家和教育家首先应锐意改革的就在此点。因为民治就是群治，以不善处群的民族采行民治，必定是有躯壳而无生命，不会成功的。本文拟先分析不善处群的病征，次探病源，然后再求对症下药。

我们不善处群，可于以下数点见出：

一、社会组织力的薄弱。乌合之众不能成群，群必为有机体，其中部分与部分，部分与全体，都必有密切联络，息息相关，牵其一即动其余。社会成为有机体，有时由自然演变，也有时由人力造作。如果纯任自然，一个一盘散沙的民众可永远保持散漫的状态。要他团结，不能不借人力。用人力来使一个群众团结，便是组织。群众全体同时自动地把自己团结起来，也是一件不易想象的事。大众尽管同时都感觉到组织团体的必要，而使组织团体成为事实，第一须先有少数人为首领导，其次须有多数人协力赞助。我们缺乏组织力，分析起来，就不外这两种条件的缺乏。社会上有许多应兴之利与应革之弊，为多数人所迫切地感觉到，可是尽管天天听到表示不满的呼声，却从没有一个人挺身而出，领导同表示不满的人们做建设或破坏的工作。比如，公路上有一个缺口，许多人在那里跌过跤，翻过车，虽只需一块石头或一挑土可以填起，而走路行车的人们终不肯费一举手之劳。社会上许多事业不能举办，原因如此简单。“是非只因多开口，烦恼皆由强出头”，这是我们的传统的处世哲学。事实也确是如此。尽管是大家共同希望的事，你如果先出头去做，旁人会对你加以种种猜疑，非难和阻碍。你显然顾到大众利益，却没有顾到某一部分人的自私心或自尊心，他们自己不能或不肯做领袖，却也不甘心让你做领袖。因此聪明人“不为物先”，只袖手旁观，说说风凉话，而许多应做的事也就搁起。

二、社会德操的堕落。德原无分公私，是德行就必须影响到社会福利，这里所谓社会德操是指社会组织所赖以维持的德操。社会德操不胜枚举，最重要的有三种：第一是公私分明。一个受公众信托的人有他的职权，他的责任在行使公众所赋予的职权，为公众谋利益。他自然也还可以谋私人的特殊利益，可是不能利用公众所赋予的职权。在我国常例，一个人做了官，就可以用公家的职位安插自己的亲戚朋友，拿公家的财产做私人的人情，营私人的生意，填私人的欲壑。这样假公济私，贪污作弊，便是公私不分。此外一个人的私人地位与社会地位应该有分别。比如，父亲属政府党，儿子属反对党，在政治上尽管是对立，而在家庭骨肉的分际上仍可父慈子孝。古人大义灭亲，举贤不避亲，同是看清公私界限。现在许多人把私人的恩怨和政治上的是非夹杂不清。是我的朋友我就赞助他在政治上的主张和行动，是我的仇敌我就攻击他在政治上的主张和行动，至于那主张和行动本身为好为坏则漠不置问。我们的政治上许多“人事”的困难都由此而起，这也还是犯公私不分的毛病。第二个重要的社会德操是守法执礼的精神。许多人聚集成为一个团体，就有许多繁复的关系和繁复的活动。繁复就容易凌乱，凌乱就容易冲突。要在繁复之中见出秩序，必定有纪律，使易于凌乱者有条理，易于冲突者各守分相安。无纪律则社会不能存在，无尊重纪律的精神则社会不能维持。所谓纪律就是团体生活的合理的规范，它包含两大因素，一是国家（或其他集团）所制定的法，一是传统习惯所逐渐形成而经验证为适宜的礼。普通所谓“文化”在西文为civilization，照字原说，就是“公民化”或“群化”。“群化”其实就是“法化”与“礼化”。一个民族能守法执礼，才能算是“开化的民族”，否则尽管他的物质条件如何优厚，仍不脱“未开化”的状态。目前我们大多数人似太缺乏守法执礼的精神。比如，到车站买票，依先来后到的次序，事本轻而易举，可是一般买票者踊跃争先，十分钟可了的事往往要弄到几点才了，三言两语可了的事往往要弄到摩拳擦掌，头破血流才了，结果仍是不公平，并且十人坐的车要挤上三四十人，不管车子出事不出事。这虽是小事，但是这种不守秩序的精神处处可以看见，许多事之糟，就糟于此。第三个重要的社会德操是勇于表示意见，而且乐于服从多数议决案的精神，这可以说是理想的议会精神。民主政治的精义在每个公民有议政的权利。人愈多，意见就愈分歧。议政制度的长处就在让分歧的意见尽量地表现，然后经过充分的商酌，彼此逐渐接近融洽，产生一个比较合理比较可使多数人满意的办法。一个理想的公民在有机会参与议论时，应尽量地发表自己的意见，旁人错误时，我应有理由说服他，旁人有理由说服我时，我也承认自己的错误。经过仔细讨论之后，成立了议决案，我无论本来曾否同意，都应竭诚拥护到底。公民如果没有服从多数而打消自己的成见的习惯，民主政治绝不会成功，因为全体公民对于任何要事都有一致意见，是一件不容易的事。我们多数人很缺乏这种政治修养。在开会讨论一件事时，大家都噤若寒蝉，有时虽心不谓然而口却不肯说，到了议决案成立之后，才议论纷纷，埋怨旁人不该那样做，甚至别标一帜，任意捣乱。许多公众事业不易举办，这也是一个重要的原因。

三、社会制裁力的薄弱。任何复杂社会都不免有恶劣分子在内。坏人的破坏力常大于善人的建设力。在一个群众之中，尽管善人多而坏人少，多数善人成之而不足的事往往经少数坏人败之而有余。要加强善人的力量和减少坏人的力量，必须有强厚的社会制裁力。一个社会里不怕有坏人，而怕没有公是公非，让坏人横行无忌。社会制裁力可分三种：第一是道德风纪。每民族都有他的特殊历史环境所造成的行为理想与规范，成为一种洪炉烈焰，一个人投身其中，不由自主地受它熔化，一个民族的道德风纪就是他的共同目标，共同理想。这共同理想的势力愈坚强，那个民族的团结力就愈紧密，而其中各分子越轨害群的可能性也就愈小。这是最积极最深厚的社会制裁力。第二是法律。每民族对于最普遍的关系和最重要的活动都有明文或习惯规定，某事应该这样做，不应该那样做，是不容人以私意决定的。法有定准，则民知所率从。明知而故犯，法律也有惩处的措置。一般人本大半可与为善，可与为恶，而事实上多数人不敢为恶者，就因为有法律的制裁。中国儒家素来尊德而轻法，其实为一般社会说法，法律是秩序的根据，绝不可少。第三是舆论。舆论就是公是公非。一个人做了好事会受舆论褒扬，做了坏事也免不掉舆论的指摘。人本是社会的动物，要见好于社会是人类天性。羞恶之心和西方人所谓“荣誉意识”是许多德行的出发点，其实仍是起于个人对于社会舆论的顾虑。舆论自然也根据道德与法律，但是它的影响更较广泛，尤其是在近代交通发达报纸流行的情况之下，在目前我国社会里，这三种社会制裁力却很薄弱。第一，我们当思想剧变之际，青黄不接，旧有道德信条多被动摇，而新的道德信条又还没有树立。行为既没有确定的标准，多数人遂恣意横行。在从前，至少在理论上，道德是人生要义；在现在，道德似成为迂腐的东西，不但行的人少，连谈的人也少。第二，法的精神贵贯彻，有一人破法，或有一事破法，法的权威便降落。我们民族对于法的精神素较缺乏，近来因社会变动繁复，许多事未上轨道，有力者往往挟其力以乱法，狡黠者往往逞其狡黠以玩法，法遂有只为一部分愚弱乡民而设之倾向。我们明知道社会中有许多不合法的事，但是无可如何。第三，舆论的制裁须有两个重要条件。首先人民知识与品格须达到相当的水准，然后所发出的舆论才能真算公是公非。其次政府须给舆论以相当的自由。目前我们人民的程度还没有达到可造成健全舆论的程度。加以舆论本与道德法律有密切关系，道德与法律的制裁力弱，舆论也自然失其凭依。我们的社会中虽不是绝对没有公是公非，而距理想却仍甚远。一个坏人在功利的观点看，往往是成功的人，社会徒惊羡他的成功而抹杀他的坏。“老实”义为“无用”，“恭谨”看成“迂腐”，这是危险现象，看惯了，人也就不觉它奇怪。至于舆论自由问题，目前事实也还远不如理想。舆论本身未健全自然是一个原因，抗战时期的国策也把教导舆论比解放舆论看得更重要。

以上所举三点是我们不善处群的最重要病征。三点自然也彼此相关，而此外相关的病征也还不少。但是如果能够把这三种病征除去，这就是说，如果我们富于社会组织力，具有很优美的社会德操，而同时又有有力的社会制裁，我相信我们处群的能力一定会加强，而民治的基础也更较稳固。

谈处群（中）

——我们不善处群的病因

近代社会心理学家讨论群的成因，大半着重群的分子具有共同性。第一是种族语言的同一，第二则为文化传统，如学术宗教政治及社会组织等，没有重要的分歧。有了这些条件，一个群众就会有共同理想，共同情感，共同意志，就容易变为共同行动，如果在这上面再加上英明的领袖与严密的制度，群的基础就很坚固了。拿共同性一个标准来说，我们中华民族似乎没有什么欠缺可指。世界上没有另一个民族在种族语言上比我们更较纯一些，也没有另一个民族比我们有更悠久的一贯的文化传统。然而我们中华民族至今还不能算是一个团结紧密而坚强的群，原因在哪里呢？说起来很复杂。历史环境居一半，教育修养也要居一半。

浅而易见的原因是地广民众。上文列举群的共同性，有一点没有提及，就是共同意识。同属于一群的人必须每个人都意识到自己所属的群确实是一个群而不是一班乌合之众；并且对于这个群有很明了的认识，和它能发生极亲切的交感共鸣。群的精神贯注到他自己的精神，他自己的精神也就表现群的精神。大我与小我仿佛打成一片，群才坚固结实。所以群的质与量成反比。群愈大，愈难使它的分子对它有明确的意识，群的力量也就越微；群愈小，愈易使它的分子对它有明确的意识，群的力量也就越强。群的意识在欧洲比较分明，就因为欧洲各国大半地窄民寡。近代欧洲国家的雏形是希腊和罗马的“城邦”。城邦的疆域常仅数十里，人口常常不出数千人，有公众集会，全体国民可以出席，可以参与国家大政，他们常在一起过共同的生活。在这种情形之下，群的意识自然容易发达。我们中国从周秦以后，疆域就很广大，人口就很众多。在全体国民一个大群之下，有依次递降的小群。一般人民对于下层小群的意识也很清楚，只是对于最大群的意识都很模糊。孟子谈他的社会理想说：“死徒无出乡，乡田同井，出入相友，守望相助，疾病相扶持。”这是一个很理想的群，但也是一个很小的群，它的存在条件是“死徒无出乡，乡田同井”。一直到现在，我们的乡民还维持着这种原始的群，他们为这种小群的意识所囿，不能放开眼界来认识大群。我们在过去历史上全民族受过几次的威胁而不能用全民族的力量来应付，但是在极大骚动之后，社会基层还很稳定，原因也就在此。可幸者这种情形已在好转中，交通日渐方便，地理的隔阂愈渐减少，而全民族分子中间的接触也就愈渐多。辛亥革命，五四运动和这次的抗战都可以证明我们现在已开始有全民族的意识，和全民族的活动。在历史上我们还不曾有过同样的事例。

在地广民众的情形之下，群的组织虽不容易，却也并非绝对不可能。它所以不容易的原因在人民难于聚集在一起做共同的活动，如果有一个共同理想把众多而散处的人民摄引来朝一个目标走，他们仍可成为很有力的群。中世纪欧洲各国割据纷争，政权既不统一，民族与语言又很分歧，论理似不易成群，但是伊斯兰教徒占领耶路撒冷以后，欧洲人为着要恢复耶稣教的圣地，几度如醉如狂地结队东征。十字军虽不算成功，但可证明地广民众不一定可以妨碍群的团结，只要大家有共同理想，共同意志与共同活动。这次签约反抗轴心侵略的二十六个国家站在一条阵线上成为一个群，也就因为这个道理，从这些事例，我们可以见出要使广大的民众团结成群，首先要他们有共同理想，要尽量给他们参加共同活动的机会。共同活动就是广义的政治活动。所以政治愈公开，人民参加政治活动的机会愈多，群的意识愈易发达，而处群的能力也愈加强。因为这个道理，民主国家人民易成群，而专制国家人民则不易成群。我国过去数千年政体一贯专制，国家的事都由在上者一手包办，人民用不着操劳。在上者是治人者，主动者，人民是治于人者，被动者。在承平时，人民坐享其成，“同焉皆得而不知其所以得”；在混乱时，人民有时被迫而成群自卫，亦迹近反抗，为在上者所不容，横加摧残压迫，在我国历史上，无群见盛世太平，有群即为纷争攘乱。在这种情形之下，群的意识不发达，群的德操不健全，都是当然的事。

政体既为专制，而社会的基础又建筑于家庭制度。谋国既无机缘，于是人民都集中精力去谋家。在伦理信条上，我们的先哲固亦提倡先国后家，公而忘私，于忠孝不能两全时必先忠而后孝，但在事实上，家的观念却比国的观念浓厚。读书人的最高理想是做官，做官的最大目的不在为国家做事，而在扬声名，显父母。一个人做了官，内亲和外戚都跟着飞黄腾达。你细看中国过去的历史，国家政治常是宫廷政治，一切纷争扰乱也就从皇亲国戚酿起。至于一般小百姓眼睛里看不见国，自然就只注视着家，拼全力为一家谋福利，家与家有时不免有利害冲突，要造成保卫家的势力，于是同姓成为部落，兄弟尽可阋于墙，而外必御其侮。部落主义是家庭主义的伸张，在中国社会里，小群的活动特别踊跃，而大群非常散漫，意见偶有分歧，倾轧冲突便乘之而起，都是因为部落主义在作祟。就表面看，同乡会、同学会、哥老会之类的组织颇可证明中国人能群，但是就事实看，许多不必有的隔阂和斗争，甚至许多罪恶的行为，都起于这类小组织。小组织的精神与大群实不相容，因为大群须化除界限，而小组织多立界限；大群必扩然大公，而小组织是结党营私。我们中国人难于成立大群，就误在小组织的精神太强烈。

一般人结党多为营私，所以“孤高自赏”的人对于结党都存着很坏的观感。“狐群狗党”是中国字汇中所特有的成语，很充分表现中国人对于群与党的鄙视。狐狗成群结党，洁身自好者不肯同流合污，甚至以结党为忌。这是一个极不幸的现象。善人既持高超态度，遇事不肯出头，纵出头也无能为力，于是公众事业都落在宵小的手里，愈弄愈糟。成群结党本身并非一件坏事，尤其在近代社会，个人的力量极有限，要做一番有价值的事业，必须有群众的势力。结党的目的在造成群众的势力，我们所当问的不是这种势力应否存在，而是它如何应用。恶人有党，善人没有党就不能抵御他们。这个道理很浅，而我国知识分子常不了解，多少是受了已往道家隐士思想的影响，道家隐士思想起源于周秦社会混乱的时代，是老于世故者逃避世故的一套想法。他们眼见许多建设作为徒滋纷扰，遂怀疑到社会与文化，主张归真返璞，人各独善其身。长沮桀溺向子路讥诮富于事业心的孔子说：“滔滔者天下皆是也，而谁以易之？且尔与其从避人之士也，岂若从避世之士哉？”他们不但要“避人”，还要“避世”。庄子寓言中有许多让天下和高蹈的故事。后来士流受这一类思想的影响很深，往往以“超然物表”、“遗世独立”相高尚，仿佛以为涉身仕途便玷污清白。齐梁时有一个周颙，少年时隐居一个茅屋里读书学道，预备媲美巢父务光。后来他改变志向，应征做官，他的朋友孔稚珪便以为这是一个大耻辱，假周颙所居的北山的口吻，做了一篇“移文”和他绝交，骂他“诱我松桂，欺我云壑，虽假容于江皋，乃缨情于好爵”。这件事很可表现中国士流鄙视政治活动的态度。这种心理分析起来，很有些近代心理学家所说的“卑鄙意识”在内。人人都想抬高自己的身份，觉得社会卑鄙，不屑为伍，所以跳出来站在一边，表示自己不与人同。现在许多人鄙视群众与政治活动，骨子里都有“卑鄙意识”在作祟。据近代社会心理学家说，群众的活动多起于模仿。一种情绪或思想能为一般人所接受的必须很简单平凡，否则曲高和寡。所以群众所表现的智慧与德操大半很低，易于成群的人也必须易于接受很低的智慧与德操。我们中华民族似比较富于独立性，不肯轻易随人而好立异为高。宗教情操淡薄由此，群不易组织也由此。

传统的观念与相沿的习惯错误，而流行教育实未能改正这种错误。我始终坚信苏格拉底的一句老话：“知识即德行。”凡是德行缺陷，必定由于知识不彻底。群的组织的最大障碍是自私心。存自私心的人多抱着“各人自扫门前雪，不管他人瓦上霜”的念头，他们以为损群可以利己，或以为轻群可以为重己；其中寡廉鲜耻者玷污责任，假公济私，洁身自好者逃避责任，遗世鸣高。其实社会存在是铁一般的事实，个人靠着社会存在也是铁一般的事实。我们必须接受这些事实，才能生存。社会的福利是集团的福利，个人既为集团一分子，自亦可蒙集团的福利。社会的一切活动最终的目的当然仍在谋各个分子的福利，所以各个分子对于社会的努力最后仍是为自己。有人说：“利他主义是彻底的利己主义。”这话实在千真万确。如果全从自己着想而不顾整个社会，像汉奸们为着几个卖身钱做敌人的走狗，实在是短见，没有把算盘打得清楚。他们忘记“皮之不存，毛将焉附”一句话的道理。他们的顽恶由于他们的愚昧，他们的愚昧由于他们所受的教育不够或错误。汉奸如此，一切贪官污吏以及逃避社会责任的人也是如此。“种瓜得瓜，种豆得豆。”掌教育的人们看到社会上许多害群之马，应该有一番严厉的自省！

谈处群（下）

——处群的训练

极浅显而正当的道理常易被人忽略。一个民族的性格和一个社会的状况大半是由教育和政治形成的。倘若一个民族的性格不健全，或是一个社会的状况不稳定，那唯一的结论就是教育和政治有毛病。这本是老生长谈，但是在现时中国，从事教育者未必肯承认国民风纪到了现有状态是他们的罪过，从事政治者未必肯承认社会秩序到了现有的状态是他们的罪过。大家都觉得事情弄得很糟，可是都把一切罪过推诿到旁人，不肯自省自疚。没有彻底的觉悟，自然也没有彻底的悔改。这是极危险的现象。讳疾忌医，病就会无从挽救。我们需要一番严厉的自我检讨，然后才能有一番勇猛的振作。

先说教育。我们在过去虽然也曾特标群育为教育主旨之一，试问一般学校里群育工作究竟做到何种程度？从前北京大学常有同班同斋舍同学们从入学到毕业，三四年之中朝夕相见而始终不曾交谈过一句话。他们自己认为这是北京大学的校风，引为值得夸耀的一件事。一直到现在，还有许多学校里同学们相视，不但如路人，甚至为仇雠，偶遇些小龃龉，便摩拳擦掌，挥戈动武。受教育者所受的教育如此，何能望其善处群？更何能希望其为社会组织的领导？我们的教育所产生的人才不能担当未来的艰巨责任，此其一端。

我们的根本错误在把教育狭义化到知识贩卖。学校的全部工作几限于上课应付考试。每期课程多至十数种，每周上课钟点多至三四十小时。教员力疲于讲，学生力疲于听，于是做人的道理全不讲求。就退一步谈知识，也只是一味灌输死板材料，把脑筋看成垃圾箱，尽量地装，尽量地挤塞，全不管它能否消化启发。从前人说读书能变化气质，于今人书读得越多，气质越硬顽不化，这种教育只能产出一些以些许知识技能博衣饭碗的人，绝不能培养领导社会的真才。

近来颇有人感觉到这种毛病，提倡导师制，要导师于教书之外指点做人的道理，用意本来很善，但是实施起来也并未见功效。这也并不足怪。换汤必须换药，教育止于传授知识一个错误观念不改正，导师仍然是教书匠。导师制起于英国牛津剑桥两大学，这两校的教育宗旨是彰明昭著的不重读书，而重养成“君子人”。在这两校里教员和学生上课钟点都很少，社交活动却很多，导师和学生有经常接触的可能。导师对于学生在学业和行为两方面同时负有责任，每位导师所负责指导的学生也不过数人。现在我们的学校把学业和操行分作两件事，学业仍取“集体生产”式整天上班，操行则由权限不甚划分，责任不甚专一，叠床架屋式的导师、训导员、生活指导员和军事教官去敷衍公事。这种办法行不通，因为导师制的真精神不存在，导师制的必需条件不存在。

要改良现状，我们必须把教育的着重点由上课读书移到学习做人方面去，许多庞杂的课程须经快刀斩乱麻的手段裁去，学生至少有一半时间过真正的团体生活，做团体的活动。教师也必须把过去的错误观念和习惯完全改过，认定自己是在“造人”，不只是在“教书”。每个教师对于所负责造的人须当作一件艺术品看待，须求他对自己可以慰怀，对旁人也可以看得过去。每个学生对于教师须当作自己的造化主，与父母生育有同样的恩惠，知道心悦诚服。这样一来，教师与学生就有家人父子的情感，而学校也就有家庭的和乐空气了。

这一层做到了，第二步便须尽量增加团体合作的活动。团体合作的活动种类甚多，有几个最重要的值得特别提出。

第一是操业合作。现行教育有一个大毛病，就是许多课程的对象都是个人而不是团体。学生们尽管成群结队，实际上各人一心，每人独自上课，独自学习，独自完成学业，无形中养成个人主义的心习。其实学问像其他事业一样，需要分工合作的地方甚多。材料的收集和整理，问题的商讨，实验的配置，遗误的检举，都必须群策群力。学校对于可分工合作的工作应尽量分配给学生们去合作，团体合作训练的效益是无穷的。一个人如果常有团体合作的训练，在学问上可以免偏陋，在性情上也可以免孤僻，他会有很浓厚而愉快的群的意识，他会深切地感觉到：能尽量发挥群的力量，才能尽量发挥个人的力量。

有几种课程特别宜于团体合作。最显著的是音乐。在我们古代教育中，乐是一个极重要的节目。它的感动力最深，它的最大功用在和。在一个团体里，无论分子在地位年龄教育上如何复杂，乐声一作，男女尊卑长幼都一齐肃容静听，皆大欢喜，把一切界限分别都化除净尽，彼此霭然一团和气。爱好音乐的人很少是孤僻的人。所以音乐是群育最好的工具。其次是运动。运动相当于中国古代教育中的射。它不但能强健身体，尤其能培养尊秩序纪律的精神。条顿民族如英美德诸国都特好运动，在运动场上他们培养战斗的技术和政治的风度。他们说一个公正的人有“运动家气派”（sportsmanship）。柏拉图在“理想国”里谈教育，二十岁以前的人就只要音乐和运动两种功课。这两种课程应该在各级学校中普遍设立。近来音乐课程仅限于中小学，运动则各校虽有若无，它们的重要性似还没有为教育家们完全了解。音乐和运动是一个民族的生气的表现，不单是群育的必由之径。除非它们在课程中占重要位置，我们的教育不会有真正的改良。

操业合作之外，第二个重要的处群训练便是团体组织。有健全的团体组织，学生们才有多参加团体活动的机会，才能养成热心公益的习惯。一般学校当局常怕学生有团结，以致滋扰生事，所以对于团体组织与活动常设法阻止，以为这就可以息事宁人，也有些学校在名义上各种团体具备，而实际上没有一个团体是健全的组织。多数学生为错误的教育理想所误，只管埋头死读书，认为参加团体活动是浪费时光，甚至多惹是非，对一切团体活动遂袖手坐观。于是所谓团体便为少数人所操纵，假借团体名义，做种种并非公意所赞同的活动。政治上许多强奸民意假公济私的恶习惯就由此养成。学校里学生自治会应该是一种雏形的民主政府，每个分子都应有参议表决的权利，同时也都应有不弃权的责任。凡关于学生全体利益的事应由学生们自己商讨处理，如起居、饮食、清洁卫生、公共秩序、公众娱乐诸项都无须教职员包办。自治会须有它的法律，有它的风纪，有它的社会制裁力。比如说，有一位同学盗用公物，侮谩师友或是考试舞弊，通常的办法是由学校记过惩处，但是理想的办法是由自治会公审公判，学生团体中须有公是公非，而这种公是公非应有奖励或裁制的力量。民主国家所讬命的守法精神必须如此养成。

人群接触，意见难免有分歧，利害难免有冲突，如果各执己见，势必至于无路可通。要分歧和冲突化除，必须彼此和平静气地讨论，在种种可能的结论中寻一个最妥善的结论。民主政治可以说就是基于讨论的政治。学问也贵讨论，因为学问的目的在辨别是非真伪，而这种辨别的功夫在个人为思想，在团体为讨论，讨论可以说是集团的思想，一个理想的学校必须充满着欢喜讨论的空气。每种课程都可以用讨论方式去学习，每种实际问题都可以在辩论会中解决。在欧美各著名大学里，师生们大部分功夫都费于学术讨论会与辩论会，在这中间他们成就他们的学业，养成他们的政治习惯。在学校里是一个辩论家，出学校就是一个良好的议员或社会领袖。我们的一般学生以遇事沉默为美德，遇公众集会不肯表示意见，到公众有决定时，又不肯服从。这是一个必须医治的毛病，而医治必从学校教育下手。

处群训练一半靠教育，一半也要靠政治。社会仍是一种学校，政治对于公民仍是一种教育。政治愈修明，公民的处群训练也就愈坚实。政治体制有多种，最合理想的是民主。民主政治实施于小国家，较易收实效，因为全体人民可以直接参与会议表决，像瑞士的全体公决制。国大民众，民主政治即不能不采取代议方式。代议制的弊病在代议人不一定能代表公众意志，易流于寡头政治的变相。要补救这种弊病，必须力求下层政治组织健全，因为一般人民虽不必尽能直接参加国政，至少可以直接参加和他们最接近的下层行政区域的政治。我国最下层的行政区域是保甲，逐层递升为乡为县为区为省。保甲在历史上向来是自治的单位，它的组织向来带有几分民主精神。我们要奠定民主基础，必须从保甲着手。保甲政治办好，逐层递升，乡、县、区、省以至于国的政治，自然会一步一步地跟着好。英国政治是一个很好的先例。英国民主政治的成功不仅在国会健全，尤其在国会之下的区议会与市议会同样健全。市议会已具国会的雏形，公民在市议会所得的政治训练可逐渐推用于区议会和国会。一般人民因小见大，知道国会和市议会是一样，市民与市政府的关系也和国民与国政府的关系一样，知道国政与市政和己身同样有切身的利害，不容漠视，更不容胡乱处理。

健全下层政治组织自然也不是一件容易事。我们一方面须推广教育，提高人民知识和道德的水准，一方面也要彻底革除积弊，使人民逐渐养成良好的政治习惯。所谓良好的政治习惯是指一方面热心参与政治活动，一方面不做腐败的政治活动。我国一般人民正缺乏这两种政治的习惯，他们不是不肯参加政治活动，就是做腐败的政治活动。比如，我们的政府近来何尝不感觉到健全下层政治组织的重要？保甲制正在推行，县政正在实验，下级干部人员经常在受训练。但是积重难返，实施距理想仍甚远。根本的毛病在没有抓住民治精神。民治精神在公事公议公决，而现在保甲政治则由少数公务员包办。一般保甲长和联保主任仍是变相的土豪劣绅，敲诈乡愚，比从前专制时代反更烈。一般人民没有参与会议表决的机会，还是处在被统治者的地位。下情无由上达，他们只在含冤叫苦。一件事须得做时，就须做得名副其实，否则滋扰生事，不如不做为妙。县政实施本是为奠定民治基础，如果仍采土豪劣绅包办制，则结果适足破坏民治基础。这件事关系我国民治前途极大，我们的政治家不能不有深切的警戒。

民主政治与包办制如水火不相容。消极地说，废除包办制；积极地说，就是政治公开。这要从最下层做起，奠定稳固的基础，然后逐渐推行到最上层。政治公开有两个要义，一是政权委托于贤能，一是民意须能影响政治。先就第一点说，我国历代抡才，不外由考试与选举。考试是最合于民治精神的一种制度，是我国传统政治的一特色。一个人只要有真才实学，无论出身如何微贱，可以逐级升擢，以至于掌国家大政。因此政权可由平民凭能力去自由竞争，不致为某一特殊阶级所把持乱用。中国过去政权向来在相而不在君，而相大半起家于考试，所以中国传统政体表面上为君主，而实为民主。后来科举专以时文诗赋取士，颇为议者诟病。这只是办法不良，并非考试在原则上有毛病。总理制定建国方略，考试特设专院，实有鉴于考试是中国传统政治中值得发扬光大的一点，用意本至深。但是我们并未能秉承总理遗教，各级公务员大部分未经考试出身，考试中选者也未尽录用，真才埋没，与不才而在高位的情形都不能说没有。这种不公平的待遇不能奖励贫士的努力而徒增长宵小侥缘幸进的恶习，政治上的腐浊多于此种因。要想政得其人，人尽其职，必须彻底革除这种种积弊而尽量推广考试制。至于选举是一般民主国家抡才的常径。选举能否成功，视人民有无政治知识与政治道德。过去我国选举权操纵于各级官吏，名为选举，实为推荐，不像在西方由人民普选。这种办法能否成功，视主其事者能否公允；它的好处在提高选举者的资格，即所以增重选举的责任，提高被选举者的材质。在一般人民未受健全的政治教育以前，我们可以略采从前推荐而加以变通，限制选举者的资格而不必限于官吏，凡是教育健全而信用卓著者都可以联名推选有用人才。选举意在使贤任能，如不公允，由人民贿买或由政府包办，则适足破坏选举的信用与功能，我们必须严禁。民主政治能否成功，就要看选举这个难关能否打破，我们必须有彻底的觉悟。

考试与选举行之得法，一切行政权都由贤能行使，则政治公开的第一要义就算达到。政治公开的第二要义是民意能影响政治。这有两端：第一是议会，第二是舆论。先说议会，民主政治就是议会政治。在西方各国，人民信任议会，议会信任政府，政府对议会负责，议会对人民负责。政府措施不当，议会可以不信任，议会措施不当，人民可以另选。所以政府必须尊重民意，否则立即瓦解。我国从民主政体成立以来，因种种实际困难，正式民意机关至今还未成立。召集国民代表大会，总理遗教本有明文规定，而政府也正在准备促其实现，这还需要全国人民共同努力。最要紧的是要使选举名副其实，不要再有贿买包办的弊病。

我国传统政治本素重舆论。“天视自我民视，天听自我民听”两句话在古代即悬为政治格言。历代言事有专官，平民上诉隐曲，也特有设备，在野清议尤为朝廷所重视。过去君主政体没有很长期地陷于紊乱腐败状态，舆论是一个重要的力量。从前的暴君与现代的独裁政府怕舆论的裁制，常设法加以压迫或控制，结果总是失败。“防民之口，甚于防川”是一点不错的。思想与情感必须有正当的宣泄，愈受阻挠愈一发不可收拾。近代报章流行，舆论更易传播。言论出版自由问题颇引起种种争论。从历史、政治及群众心理各方面看，言论出版必须有合理的自由。舆论与人民程度密切相关，自然也有不健全的时候，我们所应努力的不在钳制舆论，而在教育舆论。是非自在人心，舆论的错误最好还是用舆论去纠正。

以上所述，陈义甚浅，我们的用意不在唱高调而望能实践。如果政治方面没有上述的改革，群的训练就无从谈起。人民必有群的活动，群的意识，必感觉到群的力量，受群的裁制，然后才能养成良好的处群的道德。这是我们施行民治的大工作中的一个基本问题，值得政治家与教育家们仔细思量。

谈恻隐之心

罗素在《中国问题》里讨论我们民族的性格，指出三个弱点：贪污、怯懦和残忍。他把残忍放在第一位，所说的话最足令人深省："中国人的残忍不免打动每一个盎格鲁—撒克逊人。人道的动机使我们尽一分力量来减除其余九十九分力量所做的过恶，这是他们所没有的。……我在中国时，成千成万的人在饥荒中待毙，人们为着几块钱出卖儿女，卖不出就弄死。白种人很尽了些力去赈荒，而中国人自己出的力却很少，连那很少的还是被贪污吞没。……如果一只狗被汽车压倒致重伤，过路人十个就有九个站下来笑那可怜的畜牲的哀号。一个普通中国人不会对受苦受难起同情的悲痛，实在他还像觉得它是一个颇愉快的景象。他们的历史和他们的辛亥革命前的刑律可见出他们免不掉故意虐害的冲动。"

我第一次看《中国问题》还在十几年以前，那时看到这段话心里甚不舒服；现在为大学生选英文读品，把这段话再看了一遍，心里仍是甚不舒服。我虽不是狭义的国家主义者，也觉得心里一点民族自尊心遭受打击，尤其使我怀惭的是没有办法来辩驳这段话。我们固然可以反诘罗素说："他们西方人究竟好得几多呢？"可是他似乎预料到这一招，在上一段话终结时，他补充了一句。"话须得说清楚，故意虐害的事情各大国都在所不免，只是它到了什么程度被我们的伪善隐瞒起来了。"他言下似有怪我们竟明目张胆地施行虐害的意味。

罗素的这番话引起我的不安，也引起我由中华民族性的弱点想到普遍人性的弱点。残酷的倾向，似乎不是某一民族所特有的，它是像盲肠一样由原始时代遗留下来的劣根性，还没有被文化洗刷净尽。小孩们大半欢喜虐害昆虫和其它小动物，踏死一堆蚂蚁，满不在意。用生人做陪葬者或是祭典中的牺牲，似不仅限于野蛮民族。罗马人让人和兽相斗相杀，西班牙人让牛和牛相斗相杀，作为一种娱乐来看。中世纪审判异教徒所用的酷刑无奇不有。在战争中人们对于屠杀尤其狂热，杀死几百万生灵如同踏死一堆蚂蚁一样平常，报纸上轻描淡写地记一笔，造成这屠杀记录者且热烈地庆祝一场。就在和平时期，报纸上杀人、起火、翻船、离婚之类不幸的消息也给许多观众以极大的快慰。一位西方作家说过："揭开文明人的表皮，在里皮里你会发现野蛮人。"据说大哲学家斯宾诺莎的得意的消遣是捉蚊蝇摆在蛛网上看它们被吞食。近代心理学家研究变态心理所表现的种种奇怪的虐害动机如"撒地主义"（sadism），尤足令人毛骨悚然。这类事实引起一部分哲学家，如中国的荀子和英国的霍布斯，推演出"性恶"一个结论。

有些学者对于幸灾乐祸的心理，不以性恶为最终解释而另求原因。最早的学说是自觉安全说。拉丁诗人卢克莱修说："狂风在起波浪时，站在岸上看别人在苦难中挣扎，是一件愉快的事。"这就是中国成语中的"隔岸观火"。卢克莱修以为使我们愉快的并非看见别人的灾祸，而是庆幸自己的安全。霍布斯的学说也很类似。他以为别人痛苦而自己安全，就足见自己比别人高一层，心中有一种光荣之感。苏格兰派哲学家如倍恩（Bain）之流以为幸灾乐祸的心理基于权力欲。能给苦痛让别人受，就足显出自己的权力。这几种学说都有一个共同点：就是都假定幸灾乐祸时有一种人我比较，比较之后见出我比人安全，比别人高一层，比别人有权力，所以高兴。

这种比较也许是有的，但是比较的结果也可以发生与幸灾乐祸相反的念头。比如，我们在岸上看翻船，也可以忘却自己处在较幸运的地位，而假想到自己在船上碰着那些危险的境遇，心中是如何惶恐、焦急、绝望、悲痛。将己心比人心，人的痛苦就变成自己的痛苦。痛苦的程度也许随人而异，而心中总不免有一点不安、一点感动和一点援助的动机。有生之物都有一种同类情感。对于生命都想留恋和维护，凡遇到危害生命的事情都不免恻然感动，无论那生命是否属于自己。生命是整个的有机体，我们每个人是其中一肢一节，这一肢的痛痒引起那一肢的痛痒。这种痛痒相关是极原始的、自然的、普遍的。父母遇着儿女的苦痛，仿佛自身在苦痛。同类相感，不必都如此深切，却都可由此类推。这种同类的痛痒相关就是普通所谓"同情"，孟子所谓“恻隐之心”。孟子所用的比譬极亲切：“今人乍见孺子将入于井，皆有怵惕恻隐之心。”他接着推求原因说：“非所以内交于孺子之父母也，非所以要誉于乡党朋友也，非恶其声而然也。”他没有指出正面的原因，但是下结论说：“由是观之，无恻隐之心非人也。”他的意思是说恻隐之心并非起于自私的动机，人有恻隐之心只因为人是人，它是组成人性的基本要素。

从此可知遇着旁人受苦难时，心中或是发生幸灾乐祸的心理，或是发生恻隐之心，全在一念之差。一念向此，或一念向彼，都很自然，但在动念的关头，差以毫厘便谬以千里。念头转向幸灾乐祸的一方面去，充类至尽，便欺诈凌虐，屠杀吞并，刀下不留情，睁眼看旁人受苦不伸手援助，甚至落井下石，这样一来，世界便变成冤气弥漫，黑暗无人道的场所；念头转向恻隐一方面去，充类至尽，则四海兄弟，一视同仁，守望相助，疾病相扶持，老有所养，幼有所归，鳏寡孤独者亦可各得其所，这样一来，世界便变成一团和气、其乐融融的场所。野蛮与文化，恶与善，祸与福，生存与死灭的歧路全在这一转念上面，所以这一转念是不能苟且的。

这一转念关系如许重大，而转好转坏又全系在一个刀锋似的关头上，好转与坏转有同样的自然而容易，所以古今中外大思想家和大宗教家，都紧握住这个关头。各派伦理思想尽管在侧轻侧重上有差别，各派宗教尽管在信条仪式上互相悬殊，都着重一个基本德行。孔孟所谓“仁”，释氏所谓“慈悲”，耶稣所谓“爱”，都全从人类固有的一点恻隐之心出发。他们都看出在临到同类受苦受难的关头上，一着走错，全盘皆输，丢开那一点恻隐之心不去培养，一切道德都无基础，人类社会无法维持，而人也就丧失其所以为人的本性。这是人类智慧的一个极平凡而亦极伟大的发现，一切伦理思想，一切宗教，都基于这点发现。这也就是说，恻隐之心是人类文化的泉源。

如果幸灾乐祸的心理起于人我的比较，恻隐之心更是如此，虽然这种比较不必尽浮到意识里面来。儒家所谓“推己及物”，“举斯心加诸彼”，“己所不欲，勿施于人”，都是指这种比较。所以“仁”与“恕”是一贯的，不能恕绝不能仁。恕须假定知己知彼，假定对于人性的了解。小孩虐待弱小动物，说他们残酷，不如说他们无知，他们根本没有动物能痛苦的观念。许多成人残酷，也大半由于感觉迟钝，想象平凡，心眼窄所以心肠硬。这固然要归咎于天性薄，风俗习惯的濡染和教育的熏陶也有关系。函人唯恐伤人，矢人唯恐不伤人，职业习惯的影响于此可见。希腊盛行奴隶制度，大哲学家如柏拉图、亚里士多德都不以为非；在战争的狂热中，耶稣教徒祷祝上帝歼灭同奉耶教的敌国，风气的影响于此可见。善人为邦百年，才可以胜残去杀，习惯与风俗既成，要很大的教育力量，才可挽回转来。在近代生活竞争剧烈，战争为解决纠纷要径，而道德与宗教的势力日就衰颓的情况之下，恻隐之心被摧残比被培养的机会较多。人们如果不反省痛改，人类前途将日趋黑暗，这是一个极可危惧的现象。

凡是事实，无论它如何不合理，往往都有一套理论替它辩护。有战争屠杀就有辩护战争屠杀的哲学。恻隐之心本是人道基本，在事实上摧残它的人固然很多，在理论上攻击它的人亦复不少。柏拉图在《理想国》里攻击戏剧，就因为它能引起哀怜的情绪，他以为对人起哀怜，就会对自己起哀怜，对自己起哀怜，就是缺乏丈夫气，容易流于怯懦和感伤。近代德国一派唯我主义的哲学家如斯蒂纳（Sterner）、尼采之流，更明目张胆地主张人应尽量扩张权力欲，专为自己不为旁人，恻隐仁慈只是弱者的德操。弱者应该灭亡，而且我们应促成他们灭亡。尼采痛恨无政府主义者和耶稣教徒，说他们都迷信恻隐仁慈，力求妨碍个人的进展。这种超人主义酿成近代德国的武力主义。在崇拜武力侵略者的心目中，恻隐之心只是妇人之仁，有了它心肠就会软弱，对弱者与不康健者（兼指物质的与精神的）持姑息态度，做不出英雄事业来。哲学上的超人主义在科学上的进化主义又得一个有力的助手。在达尔文一派生物学家看，这世界只是一个生存竞争的战场，优胜劣败，弱肉强食，就是这战场中的公理。这种物竞说充类至尽，自然也就不能容许恻隐之心的存在。因为生存需要斗争，而斗争即须拼到你死我活，能够叫旁人死而自己活着的就是“最适者”。老弱孤寡疲癃残疾以及其他一切灾祸的牺牲者照理应归淘汰。向他们表示同情，援助他们，便是让最不适者生存，违反自然的铁律。

恻隐之心还另有一点引起许多人的怀疑。它的最高度的发展是悲天悯人，对象不仅是某人某物，而是全体有生之伦。生命中苦痛多于快乐，罪恶多于善行，祸多于福，事实常追不上理想。这是事实，而这事实在一般敏感者的心中所生的反响是根本对于人生的悲悯。悲悯理应引起救济的动机，而事实上人力不尽能战胜自然，已成的可悲悯的局面不易一手推翻，于是悲悯者变成悲剧中的主角，于失败之余，往往被逼向两种不甚康健的路上去，一是感伤愤慨，遗世绝俗，如屈原一派人；一是看空一切，徒做未来世界或另一世界的幻梦，如一般厌世出家的和尚。这两种倾向有时自然可以合流。近代许多文学作品可以见出这些倾向。比如，哈代（T.Hardy）的小说，豪斯曼（A.E.Housman）的诗，都带着极深的哀怜情绪，同时也带着极浓的悲观色彩。许多人不满意于恻隐之心，也许因为它有时发生这种不康健的影响。

恻隐之心有时使人软弱怯懦，也有时使人悲观厌世。这或许都是事实。但是恻隐之心并没有产生怯懦和悲观的必然性。波斯大帝泽克西斯（Xerxes）率百万大军西征希腊，站在桥头望台上看他的军队走过赫勒斯滂海峡，回头向他的叔父说："想到人寿短促，百年之后，这大军之中没有一个人还活着，我心里突然感到一阵怜悯。"但是这一阵怜悯并没有打消他征服希腊的雄图。屠格涅夫在一首散文诗里写一只老麻雀牺牲性命去从猎犬口里救落巢的雏鸟。那首诗里充满着恻隐之心，同时也充满着极大的勇气，令人起雄伟之感。孔子说得好："仁者必有勇。"古今伟大人物的生平大半都能证明真正敢作敢为的人往往是富于同类情感的。菩萨心肠与英雄气骨常有连带关系。最好的例是释迦。他未尝无人世空虚之感，但不因此打消救济人类世界的热望。"我不入地狱，谁入地狱！"这是何等的悲悯！同时，这是何等的勇气。孔子是另一个好例。他也明知"滔滔者天下皆是"，但是"知其不可为而为之"。"鸟兽不可与同群，吾非斯人之徒之与而谁与？天下有道，丘不与易也。"这是何等的悲悯！同时，这是何等的勇气！世间勇于做淑世企图的人，无论是哲学家，宗教家或社会革命家，都有一片极深挚的悲悯心肠在驱遣他们，时时提起他们的勇气。

现在回到本文开始时所引的罗素的一段话。他说："人道的动机使我们尽一分力量来灭除其余九十九分力量所做的过恶，这是他们（中国人）所没有的。"这话似无可辩驳。但是我以为我们缺乏恻隐之心，倒不仅在遇饥荒不赈济，穷来卖儿女做奴隶，看到颠沛无告的人掩鼻而过之类的事情，而尤在许多人看到整个社会日趋于险境，不肯做一点挽救的企图。教育家们睁着眼睛看青年堕落，政治家们睁着眼睛看社会秩序紊乱，富商大贾睁着眼睛看经济濒危，都满不在意，仍是各谋各的安富尊荣，有心人会问：“这是什么心肝？”如果我们回答说；“这心肝缺乏恻隐。”也许有人觉得这话离题太远。其实病原全在这上面。成语中有“麻木不仁”的字样，意义极好，麻木与不仁是连带的。许多人对于社会所露的脸象都太麻木，我想这是不能否认的。他们麻木，由于他们不仁（用我们的词语来说，缺乏恻隐之心）。麻木不仁，于是一切都受支配于盲目的自私。这毛病如何救济，大是问题。说来易，做来难。一般人把一切性格上的难问题都推到教育，教育是否有这样万能，我很怀疑。在我想，大灾大乱也许可以催促一部分人的猛省，先哲伦理思想的彻底认识以及佛耶二教的基本精神的吸收，也许可造成一种力量。无论如何，在建国事业中的心理建设项下，培养恻隐之心必定是一个重要的节目。

谈冷静

德国哲学家尼采把人类精神分为两种，一是阿波罗的，一是狄俄倪索斯的。这两个名称起源于希腊神话。阿波罗是日神，是光的来源，世间一切事物得着光才显现形相。希腊人想象阿波罗恋临奥林匹斯高峰，雍容肃穆，转运他的熠熠生辉的巨眼，普照世间一切，妍丑悲欢，同供玩赏，风帆自动而此心不为之动，他永远是一个冷静的旁观者，狄俄倪索斯是酒神，是生命的来源，生命无常幻变，狄俄倪索斯要在生命幻变中忘却生命幻变所生的痛苦，纵饮狂歌，争取刹那间尽量的欢乐，时时随着生命的狂澜流转，如醉如痴，曾不停止一息来反观自然或是玩味事物的形相，他永远是生命剧场中一个热烈的扮演者。尼采以为人类精神原有这两种分别，一静一动，一冷一热，一旁观，一表演。艺术是精神的表现，也有这两种分别，例如，图画雕刻等造型艺术是代表阿波罗精神的，音乐跳舞等非造型艺术是代表狄俄倪索斯精神的。依尼采看，古代希腊人本最富于狄俄倪索斯精神，体验生命的痛苦最深切，所以内心最悲苦，然而没有走上绝望自杀的路，就好在有阿波罗精神来营救，使他们由表演者的地位跳到旁观者的地位，由热烈而冷静，于是人生一切灾祸罪孽便变成庄严灿烂的意象，产生了希腊人的最高艺术——悲剧。

尼采的这番话乍看来难免离奇，实在含有至理。近代心理学区分性格的话和它暗合的很多，我们在这里不必繁引。尼采专就希腊艺术着眼，以为它的长处在以阿波罗精神化狄俄倪索斯精神。希腊艺术的作风在后来被称为“古典的”，和“浪漫的”相对立。所谓“古典的”作风特点就在冷静、有节制、有含蓄，全体必须和谐完美，所谓“浪漫的”作风特点就在热烈、自由流露、尽量表现，想象丰富、情感深挚，而全体形式则偶不免有瑕疵。从此可知古典主义是偏于阿波罗精神的，浪漫主义是偏于狄俄倪索斯精神的。

“古典的”与“浪漫的”原只适用于文艺，后来常有人借用这两个形容词来谈人的性格，说冷静的、纯正的、情理调和的人是“古典的”；热烈的、好奇特的、偏重情感与幻想的人是“浪漫的”。人禀赋不同，生来各有偏向，教育与环境也常容易使人习染于某一方面，但就大体来说，青年人的性格常偏于“浪漫的”，老年人的性格常偏于“古典的”，一个民族也往往如此。这两种性格各有特长，在理论上我们似难作左右袒。不过我们可以说，无论在艺术或在为人方面，“浪漫的”都多少带着些稚气，而“古典的”则是成熟的境界。如果读者容许我说一点个人的经验，我的青年期已过去了，现在快走完中年的阶段，我曾经热烈地爱好过“浪漫的”文艺与性格，现在已开始逐渐发现“古典的”更可爱。我觉得一个人在任何方面想有真正伟大的成就，“古典的”“阿波罗的”冷静都绝不可少。

要明白冷静，先要明白我们通常所以不能冷静的原因。说浅一点，不能冷静是任情感、逞意气、易受欲望的冲动，处处显得粗心浮气；说深一点，不能冷静是整个性格修养上的欠缺，心境不够冲和豁达，头脑不够清醒，风度不够镇定安详。说到性格修养，困难在调和情与理。人是有生气的动物，不能无情感；人为万物之灵，不能无理智。情热而理冷，所以常相冲突。有一部分宗教家和哲学家见到任情纵欲的危险，主张抑情以存理。这未免是剥丧一部分人类天性，可以使人生了无生气，不能算是健康的人生观。中外大哲人如孔子、柏拉图诸人都主张以理智节制情欲，使情欲得其正而能与理智相调和。不过这不是一件易事。孔子自道经验说：“七十而从心所欲，不逾矩。”这才算是情理融和的境界，以孔子那样圣哲，到七十岁才能做到，可见其难能可贵。大抵修养入手的功夫在多读书明理，自己时时检点自己，要使理智常是清醒的，不让情感与欲望恣意孤行，久而久之，自然胸襟澄然，矜平躁释，遇事都能保持冷静的态度。

学问是理智的事，所以没有冷静的态度不能做学问。在做学问方面，冷静的态度就是科学的态度。科学（一切求真理的活动都包含在内）的任务在根据事实推求原理，在紊乱中建立秩序，在繁复中寻求条理。要达到这种任务，科学必须尊重所有的事实，无论它是正面的或反面的，不能挟丝毫成见去抹杀事实或是歪曲事实；他根据人力所能发现的事实去推求结论，必须步步虚心谨慎，把所有的可能的解说都加以缜密考虑，仔细权衡得失，然后选定一个比较圆满的解说，留待未来事实的参证。所以科学的态度必须冷静，冷静才能客观、缜密、谨严。尝见学者立说，胸中先有一成见，把反面的事实抹杀，把相反的意见丢开，矜一曲之见为伟大发明，旁人稍加批评，便以怒目相加，横肆诋骂，批评者也以诋骂相撤，此来彼去，如泣妇骂街，把原来的论点完全忘去。我们通常说这是动情感，凭意气。一个人愈易动情感，凭意气，在学问上愈难有成就。一个有学问的人必定是"清明在躬，志气如神"，换句话说，必定能冷静。

一般人欢喜拿文艺和科学对比，以为科学重理智而文艺重情感。其实文艺正因为表现情感的缘故，需要理智的控制反比科学更甚。英国诗人华兹华斯曾自述经验说："诗起于沉静中所回味得来的情绪。"人人都能感受情绪，感受情绪而能在沉静中回味，才是文艺家的特殊修养。感受是能入，回味是能出。能入是主观的，热烈的；回味是客观的、冷静的。前者是尼采所谓狄俄倪索斯精神的表现，而后者则是阿波罗精神的表现，许多人以为生糙情感便是文艺材料，怪自己没有能力去表现，其实文艺须在这生糙情感之上加以冷静的回味、思索、安排，才能豁然贯通，见出形式。语言与情思都必经过洗刷炼裁，才能恰到好处。许多人在兴高采烈时完成一个作品，便自矜为绝作，过些时候自己再看一遍，就不免发现许多毛病。罗马批评家贺拉斯劝人在完成作品之后，放下几年才发表，也是有见于文艺创作与修改，须要冷静，过于信任一时热烈兴头是最易误事的。我们在前面已经说过，成熟的"古典的"文艺作品特色就在冷静。近代写实派不满意于浪漫派，原因在也主张文艺要冷静。一个人多在文艺方面下功夫，常容易养成冷静的态度。关于这一点，我在几年前写过一段自白，希望读者容许我引来参证：

"我应该感谢文艺的地方很多，尤其它教我学会一种观世法。一般人常以为只有科学的训练才可以养成冷静客观的头脑。……我也学过科学，但是我的冷静客观的头脑不是从科学而是从文艺得来的。凡是不能持冷静的客观的态度的人，毛病都在把'我'看得太大。他们从'我'这一副着色的望远镜里看世界，一切事物于是都失去它们的本来面目。所谓冷静客观的态度就是丢开这副望远镜，让'我'跳到圈子以外，不当作世界里有'我'而去看世界，还是把‘我’与类似‘我’的一切东西同样看待。这是文艺的观世法，也是我所学得的观世法。”

我引这段话，一方面说明文艺的活动是冷静，一方面也趁便引出做人也要冷静的道理。我刚才提到丢开“我”去看世界，我们也应该丢开“我”去看“我”。“我”是一个最可宝贵也是最难对付的东西。一个人不能无“我”，无“我”便是无主见，无人格。一个人也不能执“我”，执“我”便是持成见，逞意气，做学问不易精进，做事业也不易成功。佛家主张“无我相”，老子劝告孔子“去子之骄气与多欲”，都是有见于“执我”的错误。“我”既不能无，又不能执，如何才可以调剂安排，恰到好处呢？这需要知识。我们必须彻底认清“我”，才会妥帖地处理“我”。

“知道你自己”，这句名言为一般哲学家公认为希腊人的最高智慧的结晶。世间事物最不容易知道的是你自己，因为要知道你自己，你必须能丢开“我”去看“我”，而事实上有了“我”就不易丢开“我”，许多人都时时为我见所蒙蔽而不自知，人不易自知，犹如有眼不能自见，有力不能自举。你本是一个凡人，你却容易把自己看成一个英雄；你的某一个念头，某一句话，某一种行为本是错误的，因为是你自己所想的、说的、做的，你的主观成见总使你自信它是对的。执迷不悟是人所常犯的过失。中国儒家要除去这个毛病，提倡“自省”的功夫。“自省”就是自己审问自己，丢开“我”去看“我”。一般人眼睛常是朝外看，自省就是把眼光转向里面看。一般能自省的人才能自知。自省所凭借的是理智，是冷静客观科学的头脑。能冷静自省，品格上许多亏缺都可以免除。比如你发愤时，经过一番冷静的自省，你的怒气自然消释；你起了一个不正当的欲念时，经过一番冷静的自省，那个欲念也就冷淡下去；你和人因持异见争执，盛气相凌，你如果能冷静地把所有的论证衡量一下，自然会发现谁是谁非，如果你自己不对，你须自认错误，如果你自己对，你有理由可以说服人。

从这些例子看，“自省”含有“自制”的功夫在内。一个能自制的人才能自强。能自制便有极大的意志力，有极大的意志力才能认定目标，看清事物条理，征服一切环境的困难，百折不挠以至于成功。古今英雄豪杰有大过人的地方都在有坚强的意志力，而他们的坚强的意志力的表现往往在自制方面。哲学家如苏格拉底，宗教家如耶稣、释迦牟尼，政治家如诸葛亮、谢安、李泌，都是显著的实例。许多人动辄发火生气，或放僻邪侈，横无忌惮，或暴戾刚愎，恣意孤行，这种人看来像是强悍勇猛，实在最软弱，他们做情感的奴隶，或是卑劣欲望的奴隶，自己尚且不能控制，怎能控制旁人或控制环境呢？这种人大半缺乏冷静，遇事鲁莽灭裂，终必至于偾事。如果军国大政落在这种人的手里，则国家民族变成野心或私欲的孤注，在一喜一怒之间轻轻被断送。今日的德意志和日本不惜涂炭千百万生灵，置全民族命脉于险境，实由于少数掌政权者缺乏冷静的头脑，聊图逞一时的意气与狂妄的野心，如悬崖纵马，一发而不可收拾。这是最好的殷鉴。人类许多不必要的灾祸罪孽都是这种人惹出来的。如果我们从这些事例上想一想，就可以见出一个人或一个民族在失去冷静理智的态度时所冒的危险。

一个理想的人须是有德有学有才。德与学需要冷静，如上所述，才也不是例外。才是处事的能力。一件事常有许多错综复杂的关系，头脑不冷静的人处之，便如置身五里雾中，觉得需要处理的是一团乱丝，处处是纠纷困难。他不是束手无策，就是考虑不周到，布置不缜密，一个困难未解决，又横生枝节，把事情弄得更糟，冷静的人便能运用科学的眼光，把目前复杂情形全盘一看，看出其中关系条理与轻重要害，在种种可能的办法之中选择一个最合理的，于是一切纠纷困难便如庖丁解牛，迎刃而解。治个人私事如此，治军国大事也是如此，能冷静的人必能谋定后动，动无不成。

一个冷静的人常是立定脚跟，胸有成竹，所以临难遇险，能好整以暇，雍容部署，不至张皇失措。我们中国人对于这种风格向来当作一种美德来欣赏赞叹。孔子在陈过匡，视险若夷，汉高伤胸扪足，史传都传为美谈，后来《世说新语》所载的“雅量”事例尤多，现提举数条来说明本文所谈的冷静：

桓公伏甲设馔，广延朝士，因此欲诛谢安王坦之。王甚遽，问谢曰：“当作何计？”谢神色不变，谓文度曰：“晋阼存亡在此一行。”相与俱前，王之恐状转见于色，谢之宽容愈表于貌，望阶趋席，方作洛生咏讽，浩浩洪流。桓惮其旷远，乃趣解兵。王谢旧齐名，于此始判优劣。

谢太傅盘桓东山，时与孙兴公诸人汎海戏。风起浪涌，孙王诸人色并遽，便唱使还。太傅神情方王，吟啸不言。舟人以公貌闲意悦，犹去不止。既风转急浪猛，诸人皆喧动不坐。公徐云："如此将无归。"众人即承响而回，于是审其量足以镇定朝野。

王子猷子敬曾俱坐一室，上忽发火。子猷遽走避，不遑取屐，子敬神色恬然，徐唤左右扶凭而出，不异平常。世以此定二王神宇。

这些都是冷静态度的最好实例。这种"雅量"所以难能可贵，因为它是整个人格的表现，需要深厚的修养，有这种雅量的人才能担当大事，因为他豁达、清醒、沉着，不易受困难摇动，在危急中仍可想出办法。

冷静并不如庄子所说的"形如槁木，心如死灰"，但是像他所说的游鱼从容自乐。禅家最好做冷静的功夫，他们的胜境却不在坐禅而在禅机。这"机"字最妙。宇宙间许多至理妙谛，寄寓于极平常微细的事物中，往往被粗心浮气的人们忽略过，陈同甫所以有"恨芳菲世界，游人未赏，都付与莺和燕"的嗟叹。冷静的人一能静观，一能发现"万物皆自得"。孔子引《诗经》"鸢飞戾天，鱼跃于渊"二句而加以评释说："言其上下察也。"这"察"字下得极好，能"察"便能处处发现生机，吸收生机，觉得人生有无穷乐趣。世间人的毛病只是习焉不察，所以生活枯燥，日流于卑鄙污浊。"察"就是"静观"，美学家所说的"观照"，它的唯一条件是冷静超脱。哲学家和科学家所做的功夫在这"察"字上，诗人和艺术家所做的功夫也还在这"察"字上。尼采所说的日神阿波罗也是时常在"察"。人在冷静时静观默察，处处触机生悟，便是"地行仙"。有这种修养的人才有极丰富的生机和极厚实的力量！

谈英雄崇拜

关于英雄崇拜有两种相反的看法，依一种看法，英雄造时势，人类文化各方面的发端与进展都靠着少数伟大人物去倡导推动，多数人只在随从附和。一个民族有无伟大成就，要看他有无伟大人物，也要看他中间多数民众对于伟大人物能否倾倒敬慕，闻风兴起。卡莱尔在他的名著《英雄崇拜》里大致持这种看法。“世界历史，”他说，“人类在这世界上所成就的事业的历史，骨子里就是在当中工作的几个伟大人物的历史。”“英雄崇拜就是对于伟大人物的极高度的爱慕。在人类胸中没有一种情操比这对于高于自己者的爱慕更为高贵。”尼采的超人主义其实也是一种英雄崇拜主义涂上了一层哲学的色彩。但依另一种看法，时势造英雄，历史的原动力是多数民众，民众的努力造成每时代政教文化各方面的“大势所趋”，而所谓英雄不过顺承这“大势所趋”而加以尖锐化，并没有什么神奇。这是托尔斯泰在《战争与和平》里所提出的主张。他说：“英雄只是贴在历史上的标签，他们的姓名只是历史事件的款识。”有些人根据这个主张而推论到英雄不必受崇拜。从史实看，自从古雅典城时代的群众领袖（demagogue）一直到现代极权国家的独裁者，有不少的事例可证明盲目的英雄崇拜往往酿成极大的灾祸。有些人根据这些事例而推论到英雄崇拜的危险。此外还有些人以为崇拜英雄势必流于发展奴性，阻碍独立自由的企图，造成政治上的独裁与学术思想上的正统专制，与德谟克拉西精神根本不相容。

就大体说，反对英雄崇拜的理论在现代颇占优胜，因为它很合一批不很英雄的人的口胃。不过在事实上，英雄崇拜到现在还很普遍而且深固，无论带哪一种色彩的人心中都免不掉有几分。托尔斯泰不很看重英雄，而他自己却被许多人当作英雄去崇拜。这是一个很有趣而也很有意义的人生讽刺。社会靠着传统和反抗两种相反的势力演进。无论你站在哪一方壁垒，双方都各有它的理想的斗士，它的英雄；维拥传统者如此，反抗者也是如此。从有人类社会到现在，每时代每社会都有它的英雄，而英雄也都被人崇拜，这是铁一般的事实，没有人能否认。我们在这里用不着替一个与历史悠久的事实辩护，我们只需研究它的含义和在人生社会上的可能的功用。

什么叫作“英雄”。牛津字典所给hero的字义大要有四：第一是“具有超人的本领，为神灵所默佑者”；第二是“声名煊赫的战士，曾为国争战者”；第三是“其成就及高贵性格为人所景仰者”；第四是“诗和戏剧中的主角”。这四个意义显然是互相关联的。凡是英雄必定是非常人，得天独厚，能人之所难能，在艰危时代能为国家杀敌御侮，在承平时代他的事业和品学也能为民族的楷模，在任何重大事件中，他必是倡导推动者，如戏剧中的主角。他的名称有时不很一致，“圣贤”，“豪杰”，“至人”，所指的都大致相同。

一谈到英雄，大概没有人不明了他是什么一种人；可是追问到究竟哪一个人才算是英雄，意见却很难一致。小孩子们看惯侠义小说，心目中的英雄是在峨眉山修炼得道的拳师剑侠；江湖帮客所知道的英雄是《水浒传》里所形容的梁山泊一群好汉和他们帮里的“舵把子”。读书人言必讲周孔，弄武艺的人拜关羽岳飞。古代和近代，中国和西方，所持的英雄标准也不完全一致。仔细研究起来，每种社会，每种阶级，甚至每个人都各有各的英雄。所以这个意义似很明显的名称所指的究为何种人实在很难确定。

这也并不足为奇。英雄本是一种理想人物。一群人或一个人所崇拜的英雄其实就是他们的或他的人生理想的结晶。人生理想如忠孝节义智仁勇之类都是抽象概念，颇难捉摸，而人类心理习性常倾向于依附可捉摸的具体事例。英雄就是抽象的人生理想所实现的具体事例，他是一幅天然图画，大家都可以指着他向自己说：“像那样的人才是我们所应羡慕而仿效的！”说到英勇，一般人印象也许很模糊，但是一般人都知道崇拜秦皇汉武，或是亚历山大和拿破仑。人人尽管知道忠义为美德，但是要一般人为忠义所感动，千言万语也抵不上一篇岳飞或文天祥的叙传。每个人，每个社会，都有他的特殊的人生理想；很显然的，也就有他的特殊英雄。哲学家的英雄是孔子和苏格拉底，宗教家的英雄是释迦和耶稣，侵略者的英雄是拿破仑，而资本家的英雄则为煤油大王和钢铁大王。行行出状元，就是行行有英雄。

人们所崇拜的英雄尽管不同，而崇拜的心理则无二致。这心理分析起来也很复杂。每个英雄必有确足令人钦佩之点，经得起理智衡量，不仅能引起盲目的崇拜。但是“崇拜”是宗教上的术语，既云崇拜，就不免带有几分宗教的迷信，就不免有几分盲目。英雄尽管有不足崇拜处，可是我们既然崇拜他，就只看得见他的长处，看不见他的短处。“爱而知其恶”就不是崇拜，崇拜是无限制的敬慕，有时甚至失去理性。西谚说：“没有人是他的仆从的英雄。”因为亲信的仆从对主人看得太清楚。古代帝王要“深居简出”，实有一套秘诀在里面。在崇拜的心理中，情感的成分远过于理智的成分。英雄崇拜的缺点在此，因为它免不掉几分盲目的迷信；但是优点也正在此，因为它是敬贤向上心的表现。敬贤向上是人类心灵中最可宝贵的一点光焰，个人能上进，社会能改良，文化能进展，都全靠有它在烛照。英雄常在我们心中煽燃这一点光焰，常提醒我们人性尊严的意识，将我们提升到高贵境界。崇拜英雄就是崇拜他所特有的道德价值。世间只有几种人不能崇拜英雄：一是愚昧者，根本不能辨别好坏，一是骄矜妬忌者，自私的野心蒙蔽了一切，不愿看旁人比自己高一层，一是所谓“犬儒”（cynics），轻世玩物，视一切无足道；最后就是丧尽天良者，毫无人性，自然也就没有人性中最高贵的虔敬心。这几种人以外，任何人都多少可以祟拜英雄，一个人能崇拜英雄，他多少还有上进的希望，因为他还有道德方面的价值意识。

崇拜英雄的情操是道德的，同时也是超道德的。所谓“超道德的”，就是美感的。太史公在《孔子世家》赞里说：“高山仰止，景行行止，虽不能至，然心焉向往之。”这几句话写英雄崇拜的情绪最为精当。对着伟大人物，有如对着高山大海，使人起美学家所说的“崇高雄伟之感”（sense of the sublime）。依美学家的分析，起崇高雄伟感觉时，我们突然间发现对象无限伟大，无形中自觉此身渺小，不免肃然起敬，慄然生畏，惊奇赞叹，有如发呆；但惊心动魄之余，就继以心领神会，物我同一而生命起交流，我们于不知不觉中吸收融会那一种伟大的气魄，而自己也振作奋发起来，仿佛在模仿它，努力提升到同样伟大的境界。对高山大海如此，对暴风暴雨如此，对伟大英雄也如此。崇拜英雄是好善也是审美。在人生胜境，善与美常合而为一，此其一例。

这种所描写的自然只是极境，在实际上英雄崇拜有深有浅，不一定都达到这种极境。但无论深浅，它的影响都大体是好的。社会的形成与维系都不外借宗教政治教育学术几种“文化”的势力。宗教起于英雄崇拜，卡莱尔已经详论过。世界中最宗教的民族要算希伯来人，读《旧约》的人们大概都明了希伯来也是一个最崇拜英雄的民族，政治的灵魂在秩序组织，而秩序组织的建立与维持必赖有领袖。一个政治团体里有领袖能号召，能得人心悦诚服，政治没有不修明的。极权国家固然需要独裁者，民主国家仍然需要独裁者，无论你给他什么一个名义。至于教育学术也都需要有人开风气之先。假想没有孔墨庄老几个哲人，中国学术思想还留在怎样一个地位！没有柏拉图、亚里士多德、笛卡儿、康德几位哲人，西方学术思想还留在怎样一个地位！如此等类问题是颇耐人寻思的。俗话有一句说得有趣：“山中无老虎，猴子称霸王。”阮步兵登广武曾发“时无英雄，遂令竖子成名”之叹。一个国家民族到了“猴子称霸王”或是“竖子成名”的时候，他的文化水准也就可想而见了。

学习就是模仿，人是最善于学习的动物，因为他是最善于模仿的动物。模仿必有模型，模型的美丑注定模仿品的好丑，所谓“种瓜得瓜，种豆得豆”。英雄（或是叫他“圣贤”，“豪杰”）是学做人的好模型。所以从教育观点看，我们主张维持一般人所认为过时的英雄崇拜。尤其在青年时代，意象的力量大于概念，与其向他们说仁义道德，不如指点几个有血有肉的具有仁义道德的人给他们看。教育重人格感化，必须是一个具体的人格才真正有感化力。

我们民族中从古至今，做人的好模型委实不少，可惜长篇传记不发达，许多伟大人物都埋在断简残篇里面，不能以全副面目活现于青年读者眼前。这个缺陷希望将来有史家去弥补。

谈交友

人生的快乐有一大半要建筑在人与人的关系上面。只要人与人的关系调处得好，生活没有不快乐的。许多人感觉生活苦恼，原因大半在没有把人与人的关系调处适宜。这人与人的关系在我国向称为“人伦”。在人伦中先儒指出五个最重要的，就是君臣、父子、夫妇、兄弟、朋友。这五伦之中，父子、夫妇、兄弟起于家庭，君臣和朋友起于国家社会。先儒谈伦理修养，大半在五伦上做功夫，以为五伦上面如果无亏缺，个人修养固然到了极境，家庭和国家社会也就自然稳固了。五伦之中，朋友一伦的地位很特别，它不像其它四伦都有法律的基础，它起于自由的结合，没有法律的力量维系它或是限定它，它的唯一的基础是友爱与信义。但是它的重要性并不因此减少。如果我们把人与人中间的好感称为友谊，则无论是君臣、父子、夫妇或是兄弟之中，都绝对不能没有友谊。就字源说，在中西文里“友”字都含有“爱”的意义。无爱不成友，无爱也不成君臣、父子、夫妇或兄弟。换句话说，无论哪一伦，都非有朋友的要素不可，朋友是一切人伦的基础。懂得处友，就懂得处人；懂得处人，就懂得做人。一个人在处友方面如果有亏缺，他的生活不但不能是快乐的，而且也绝不能是善的。

谁都知道，有真正的好朋友是人生一件乐事。人是社会的动物，生来就有同情心，生来也就需要同情心，读一篇好诗文，看一片好风景，没有一个人在身旁可以告诉他说：“这真好呀！”心里就觉得美中有不足。遇到一件大喜事，没有人和你同喜，你的欢喜就要减少七八分；遇到一件大灾难，没有人和你同悲，你的悲痛就增加七八分。孤零零的一个人不能唱歌，不能说笑话，不能打球，不能跳舞，不能闹架拌嘴，总之，什么开心的事也不能做。世界最酷毒的刑罚要算幽禁和充军，逼得你和你所常接近的人们分开，让你尝无亲无友那种孤寂的风味。人必须接近人，你如果不信，请你闭关独居十天半个月，再走到十字街头在人群中挤一挤，你心里会感到说不出来的快慰，仿佛过了一次大瘾，虽然街上那些行人在平时没有一个让你瞧得上眼。人是一种怪物，自己是一个人，却要显得瞧不超人，要孤芳自赏，要闭门谢客，要把心里所想的看成神妙不可言说，“不可与俗人道”，其实隐意识里面唯恐人不注意自己，不知道自己，不赞赏自己。世间最欢喜守秘密的人往往也是最不能守秘密的人。他们对你说：“我告诉你，你却不要告诉人。”他不能不告诉你，却忘记你也不能不告诉人。这所谓“不能”实在出于天性中一种极大的压迫力。人需要朋友，如同人需要泄露秘密，都由于天性中一种压迫力在驱遣。它是一种精神上的饥渴，不满足就可以威胁到生命的健全。

谁也都知道，朋友对于性格形成的影响非常重大。一个人的好坏，朋友熏染的力量要居大半。既看重一个人把他当作真心朋友，他就变成一种受崇拜的英雄，他的一言一笑，一举一动都在有意无意之间变成自己的模范，他的性格就逐渐有几分变成自己的性格。同时，他也变成自己的裁判者，自己的一言一笑，一举一动，都要顾到他的赞许或非难。一个人可以蔑视一切人的毁誉，却不能不求见谅于知己。每个人身旁有一个“圈子”，这圈子就是由他所尝亲近的人围成的，他跳来跳去，尝跳不出这圈子。在某一种圈子就成为某一种人。圣贤有道，盗亦有道。隔着圈子相视，尧可非桀，桀亦可非尧。究竟谁是谁非，责任往往不在个人而在他所在的圈子。古人说：“与善人交，如入芝兰之室，久而不闻其香，与恶人交，如入鲍鱼之市，久而不闻其臭。”久闻之后，香可以变成寻常，臭也可以变成寻常，而习安之，就不觉其为香为臭。一个人应该谨慎择友，择他所在的圈子，道理就在此。人是善于模仿的，模仿品的好坏，全看模型的好坏，有如素丝，染于青则青，染于黄则黄。“告诉我谁是你的朋友，我就知道你是怎样的一种人。”这句西谚确实是经验之谈。《学记》论教育，一则曰：“七年视论学取友。”再则曰：“相观而善之谓摩。”从孔孟以来，中国士林向奉尊师敬友为立身治学的要道。这都是深有见于朋友的影响重大。师弟向不列于五伦，实包括于朋友一伦里面，师与友是不能分开的。

许叔重《说文解字》谓“同志为友”。就大体说，交友的原则是“同声相应，同气相求”。但是绝对相同在理论与事实都是不可能的。“人心不同，各如其面。”这不同亦正有它的作用。朋友的乐趣在相同中容易见出；朋友的益处却往往在相异处才能得到。古人尝拿“如切如磋，如琢如磨”来譬喻朋友的交互影响。这譬喻实在是很恰当。玉石有瑕疵棱角，用一种器具来切磋琢磨它，它才能圆融光润，才能“成器”。人的性格也难免有瑕疵棱角，如私心、成见、骄矜、暴躁、愚昧、顽恶之类，要多受切磋琢磨，才能洗刷净尽，达到玉润珠圆的境界。朋友便是切磋琢磨的利器，与自己愈不同，摩擦愈多，切磋琢磨的影响也就愈大。这影响在学问思想方面最容易见出。一个人多和异己的朋友讨论，会逐渐发现自己的学说不圆满处，对方的学说有可取处，逼得不得不做进一层的思考，这样地对于学问才能逐渐鞭辟入里。在朋友互相切磋中，一方面被“磨”，一方面也在受滋养。一个人被“磨”的方面愈多，吸收外来的滋养也就愈丰富。孔子论益友，所以特重直谅多闻。一个不能有诤友的人永远是愚而好自用，在道德学问上都不会有很大的成就。

好朋友在我国语文里向来叫作“知心”或“知己”。“知交”也是一个习用的名词。这个语言的习惯颇含有深长的意味。从心理观点看，求见知于人是一种社会本能，有这本能，人与人才可免除隔阂，打成一片，社会才能成立。它是社会生命所借以维持的，犹如食色本能是个人与种族生命所借以维持的，所以它与食色本能同样强烈。古人尝以一死报知己，钟子期死后，伯牙不复鼓琴。这种行为在一般人看近似于过激，其实是由于极强烈的社会本能在驱遣。其次，从伦理哲学观点看，知人是处人的基础，而知人却极不易，因为深刻的了解必基于深刻的同情。深刻的同情只在真挚的朋友中才常发现，对于一个人有深交，你才能真正知道他。了解与同情是互为因果的，你对于一个人愈同情，就愈能了解他；你愈了解他，也就愈同情他。法国人有一句成语说：“了解一切，就是宽容一切。”（tout comprendre, c'est tout pardonner）。这句话说来像很容易，却是人生的最高智慧，需要极伟大的胸襟才能做到。古今有这种胸襟的只有几个大宗教家，像释迦牟尼和耶稣，有这种胸襟才能谈到大慈大悲；没有它，任何宗教都没有灵魂。修养这种胸襟的捷径是多与人做真正的好朋友，多与人推心置腹，从对于一部分人得到深刻的了解，做到对于一般人类起深厚的同情。从这方面看，交友的范围宜稍广泛，各种人都有最好，不必限于自己同行同趣味的。蒙田在他的论文里提出一个很奇怪的主张，以为一个人只能有一个真正的朋友，我对这主张很怀疑。

交友是一件寻常事，人人都有朋友，交友却也不是一件易事，很少人有真正的朋友。势利之交容易破裂，就是道义之交也有时不免闹意气之争。王安石与司马光，苏轼、程颢诸人在政治和学术上的倾轧便是好例。他们个个都是好人，彼此互有相当的友谊，而结果闹成和世俗人一般的翻云覆雨。交道之难，从此可见。从前人谈交道的话说得很多。例如，“朋友有信”，“久而敬之”，“君子之交淡如水”，视朋友须如自己，要急难相助，须知护友之短，像孔子不假盖于悭吝朋友，要劝善规过，但“不可则止，无自辱焉”。这些话都是说起来颇容易，做起来颇难。许多人都懂得这些道理，但是很少人真正会和人做朋友。

孔子尝劝人“无友不如己者”，这话使我很惶惶不安。你不如我，我不和你做朋友，要我和你做朋友，就要你胜似我，这样我才能得益。但是这算盘我会打你也就会打，如果你也这么说，你我之间不就没有做朋友的可能吗？柏拉图写过一篇谈友谊的对话，另有一番奇妙议论。依他看，善人无须有朋友，恶人不能有朋友，善恶混杂的人才或许需要善人为友来消除他的恶，恶去了，友的需要也就随之消灭。这话显然与孔子的话有些牴牾。谁是谁非，我至今不能断定，但是我因此想到朋友之中，人我的比较是一个重要问题，而这问题又和善恶问题密切相关。我从前研究美学上的欣赏与创造问题，得到一个和常识不相通的结论，就是：欣赏与创造根本难分，每人所欣赏的世界就是每人所创造的世界，就是他自己的情趣和性格的反照；你在世界中能“取”多少，就看你在你的性灵中能提出多少“与”它，物与我之中有一种生命的交流，深人所见于物者深，浅人所见于物者浅。现在我思索这比较实际的交友问题，觉得它与欣赏艺术自然的道理亦可暗合默契，你自己是什么样的人，就会得到什么样的朋友。人类心灵尝交感回流。你拿一分真心待人，人也就拿一分真心待你，你所“取”如何，就看你所“与”如何。“爱人者人恒爱之，敬人者人恒敬之。”人不爱你敬你，就显得你自己有损缺。你不必责人，先须返求诸己。不但在情感方面如此，在性格方面也都是如此。友必同心，所谓“心”是指比灵同在一个水准上。如果你我在性灵上有高低，我高就须感化你，把你提高到同样水准；你高也是如此，否则友谊就难成立。朋友往往是测量自己的一种最精确的尺度。你自己如果不是一个好朋友，就绝不能希望得到一个好朋友。要是好朋友，自己须先是一个好人。我很相信柏拉图的“恶人不能有朋友”的那一句话。恶人可以做好朋友时，他在他方面尽管是坏，在能为好朋友一点上就可证明他还有人性，还不是一个绝对的恶人。说来说去，“同声相应，同气相求”那句老话还是对的，何以交友的道理在此，如何交友的方法也在此。交友和一般行为一样，我们应该常牢记在心的是“责己宜严，责人宜宽”。

谈青年与恋爱结婚

在动物阶层，性爱不成问题，因为一切顺着自然倾向，不失时，不反常，所以也就合理。在原始人类社会，性爱不成为严重的问题，因为大体上还是顺自然倾向的，纵有社会裁制，习惯成了自然，大家也就相安无事。在近代开化的社会，性爱的问题变成很严重，因为自然倾向与社会裁制发生激烈的冲突，失时和反常的现象常发生，伦理的、宗教的、法律的、经济的、社会的关系愈复杂，纠纷愈多而解决愈困难。这困难成年人感觉到很迫切，青年人感觉到尤其迫切。性爱在青年期有一个极大的矛盾：一方面性欲在青年期由潜伏而旺盛，力量特别强烈；一方面种种理由使青年人不适宜于性生活的活动。

先说青年人不适宜于性爱的理由：

一、恋爱的正常归宿是结婚，结婚的正常归宿是生儿养女，成立家庭。青年除学习期，在事业上尚无成就，在经济上未能独立，负不起成立家庭教养子女的责任。恋爱固然可以不结婚，但是性的冲动培养到最紧张的程度而没有正常的发泄，那是违反自然，从医学和心理学观点看，对于身心都有很大的妨害。结婚固然也可以节制生育，但是寻常婚后生活中，子女的爱是夫妻中间一个重要的联系，培养起另一代人原是结婚男女的共同目标与共同兴趣，把这共同目标与共同兴趣用不自然的方法割去了，结婚男女的生活就很干枯，他们的情感也就逐渐冷淡。这对于种族和个人都没有裨益，失去了恋爱与婚姻的本来作用。

二、青年身体发展尚未完全成熟，早婚妨碍健康，尽人皆知；如果生儿养女，下一代人也必定比较羸弱，可以影响到民族的体力，我国已往在这方面吃的亏委实不小。还不仅此，据一般心理学家的观察，性格的成熟常晚于体格的成熟，青年在体格方面尽管已成年，在心理方面往往还很幼稚，男子尤其是如此，在二十余岁的光景，他们心中装满着稚气的幻想，没有多方的人生经验，认不清现实，情感游离浮动，理智和意志都很薄弱，性格极易变动，尤其是缺乏审慎周详的抉择力与判断力，今天做的事明天就会懊悔。假如他们钟情一个女子，马上就会陷入沉醉迷狂状态，把爱的实现看得比世间任何事都较重要；达不到目的，世界就显得黑暗，人生就显得无味，觉得非自杀不可；达到目的。结婚就成了“恋爱的坟墓”，从前的仙子就是现在的手镣脚铐。到了这步田地，他们不是牺牲自己的幸福，就是牺牲别人的幸福。许多有为青年的前途就这样毁去了，让体格性格都不成熟的青年人去试人生极大的冒险，那简直是一个极大的罪孽。

三、人生可分几个时期，每时期有每时期的正当使命与正当工作。青年期的正当使命是准备做人，正当工作是学习。在准备做人时，在学习时，无论是恋爱或结婚都是一种妨害。人生精力有限，在恋爱和结婚上面消耗了一些，余剩可用于学习的就不够。在大学期间结婚的学生成绩必不会顶好，在中学期间结婚的学生的前途绝不会有很大的希望。自己还带乳臭，就腼颜准备做父母，还满口在谈幸福，社会上有这现象，就显得它有些病态。恋爱用不着反对，结婚更用不着反对，只是不能“用违其时”。禽兽性生活的优点就在不失时，一生中有一个正当的时期，一年中有一个正当的季节。在人类，正当的时期是壮年，老年人过时，青年人不及时，青年人恋爱结婚，与老年人恋爱结婚，是同样的反常可笑。

假如我们根据这几条理由，就绝对反对青年讲恋爱，是否可能呢？我自己也是过来人，略知此中甘苦，凭自己的经验和对旁人的观察，我可以大胆地说：在三十岁以前，一个人假如不受爱情的搅扰，对男女间事不发生很大的兴趣，专心致志地去做他的学问，那是再好没有的事，他可以多得些成就，少得些苦恼。我还可以说，像这样天真烂漫地过去青春的人，世间也并非绝对没有；而且如果我们认定三十岁左右为正当的结婚年龄，从生物学观点看，这种人也不能算是不自然或不近人情。不过我们也须得承认，在近代社会中，这种浑厚的青年人确实很少；少的原因是在近代生活对于性爱有许多不健康的暗示与刺激，以及教育方面的欠缺。家庭和学校对男女间事绝对不准谈，仿佛这中间事极神秘或是极不体面，有不可告人处。只这印象对儿童们影响就很坏。他们好奇心特别强，你愈想瞒，他们就愈想知道。他们或是从大人方面窥出一些偷偷摸摸的事，或是从一块儿游戏的顽童听到一些淫秽的话。不久他们的性的冲动逐渐发达了，这些不良的种子就在他们心中发芽生枝，好奇心以外又加上模仿本能的活动，他们开始看容易刺激性欲的小说或电影，注意窥探性生活的秘密，甚至想自己也跳到那热闹舞台上去表演。他们年纪轻，正当的对象自无法可得，于是演出种种“性的反常”现象，如同性爱、自性爱、手淫之类。如果他们生在都市里，年纪比较大一点，说不定还和不正当的女人来往。如果他们进了大学，读过一些讴歌恋爱的诗文，看过一些甜情蜜意的榜样，就会觉得恋爱是大学生活中应有的一幕，自己少不得也要凑趣应景，否则即是一个缺陷，一宗耻辱。我们可以说，现在一般青年从幼稚园到大学，沿途所学的性生活的影响都是不健康的，无怪他们向不健康的路径走。

自命为“有心人”的看到这种景象，或是嗟叹世风不古，或是诅咒近代教育，想拿古老的教条来钳制近代青年的活动。世风不古是事实，无用嗟叹，在任何时代，世风都不会“古”的。世界既已演变到现在这个阶段，要想回到男女授受不亲那种状态，未免是痴人说梦。我个人的主张是要把科学知识尽量地应用到性爱问题上面来，使一般人一方面明白它在生物学、生理学和心理学上的意义，一方面也认清它所连带的社会、政治、经济各方面的责任。这问题，像一切其他人生问题一样，可以用冷静的头脑去思索，不必把它摆在一种带有宗教性的神秘氛围里。神秘本身就是一种诱惑，暗中摸索都难免跌跤。

就大体说，我赞成用很自然的方法引导青年撇开恋爱和结婚的路。所谓自然的方法有两种。第一是精力有所发挥，精神有所委托。一个人心无二用，却也不能没有所用。青年人精力最弥满，要他闲着无所用，就难免泛滥横流。假如他在工作里发生兴趣，在文艺里发生兴趣，甚至在游戏运动里发生兴趣，这就可以垄断他的心神，不叫它旁迁他涉。我知道很多青年因为心有所用，很自然地没有走上恋爱的路。第二是改善社交生活，使同情心得到滋养。青年人最需要的是同情，最怕的是寂寞，愈寂寞就愈感觉异性需要的迫切。一般青年追求异性，与其说是迫于性的冲动，毋宁说是迫于同情的需要。要满足这需要，社交生活如果丰富也就够了。一个青年如果有亲热的家庭生活，加上温暖的团体生活，不感觉到孤寂，他虽然还有“遇”恋爱的可能，却无“谋”恋爱的必要。

这番话并非反对男女青年的正常交接，反之，我认为男女社交公开是改善社交生活的一端。愈隔绝，神秘观念愈深，把男女关系看成神秘，从任何观点看，都是要不得的。我虽然赞成叔本华的“男女的爱都是性爱”的看法，却不敢同意王尔德的“男女间只有爱情而无友谊”的看法。因为友谊有深有浅，友谊没有深到变为爱情的程度是常见的。据我个人的观察，青年施受同情的需要虽很强烈，而把同情专注在某一个对象上并不是一个很自然的现象。无论在同性中或异性中，一个人很可能地同时有几个好友。交谊愈广泛，发生恋爱的可能性也就愈少。一个青年最危险的遭遇莫过于向来没有和一个女子有较深的接触，一碰见第一个女子就爱上了她。许多在男女社交方面没有经验的青年却往往是如此，而许多悲剧也就如此酿成。

在男女社交公开中，“遇”恋爱自然很可能，但是危险性比较小，双方对于异性都有较清楚的认识。既然“遇”上了恋爱，一个人最好认清这是一件极自然极平凡而亦极严重的事。他不应视为儿戏，却也不应沉醉在诗人的幻想里，他应该用最写实的态度去应付它。如果“恋爱至上”，他也要从生物学观点把它看成“至上”，与爱神无关，与超验哲学更无关。他就要准备做正常的归宿——结婚，生儿养女，和担负家庭的责任。

柏拉图到晚年计划第二“理想国”，写成一本书叫作《法律》，里面有一段话颇有意思，现在译来做本文的结束：

“我们的公民不应比鸟类和许多其他动物都不如，它们一生育就是一大群，不到生殖的年龄却不结婚，维持着贞洁。但是到了适当的时候，雌雄就配合起来，相欢相爱，终身过着圣洁和天真的生活，牢守着它们的原来的合同——真的，我们应该向他们（公民们）说，你们须比禽兽高明些。”

谈消遣

身和心的活动都有有节奏的周期，这周期的长短随各人的体质和物质环境而有差异。在周期限度之内，工作有它的效果，也有它的快慰。过了周期限度，工作就必产生疲劳，不但没有效果，而且成为苦痛。到了疲劳，就必定有休息，才能恢复工作的效果。这道理极浅，无须深谈。休息的方式甚多，最理想而亦最普遍的是睡眠。在睡眠中生理的功能可以循极自然的节奏进行，各种筋肉虽仍在活动，却不需要紧张的注意力，也没有工作情境需要所加的压迫，它的动作是自由的、自然的、不费力的、倾向弛懈的。一个人如果每天在工作疲劳之后能得到充分时间的熟睡，比任何养生家的秘诀都灵验。午睡尤其有效。午睡醒了，午后又变成了清晨，一日之中就有两度的朝气。西方有些中小学里，时间表内有午睡的规定，那是很合理的。我国的理学家和各派宗教家于睡眠之外练习静坐。静坐可以使心境空灵，生理功能得到人为的调节，功用有时比睡眠更大。但是初习静坐需要注意力的控制，有几分不自然，不易成为恒久的习惯，而且在近代生活状况之下，静坐的条件不易具备，所以它不能很普遍。

睡眠与静坐都不能算是完全的休息，因为许多生理的功能照旧在进行。严格地说，生物在未死以前绝不能有完全的休息。有生气就必有活动，“活”与“动”是不可分的。劳而不息固然是苦，息而不劳尤其是苦。生机需要修养，也需要发泄。生机旺而不泄，像春天的草木萌芽被砖石压着，或是把压力推开，冲吐出来，或是变成蜷曲黄瘦，失去自然的形态。心理学家已经很明白地指示出来：许多心理的毛病都起于生机不得正当的发泄。从一般生物的生活看，精力的发泄往往同时就是精力的蒂养。人当少壮时期，精力最弥满，需要发泄也就愈强烈，愈发泄，精力也就愈充足。一个生气蓬勃的人必定有多方的兴趣，在每方面的活动都比常人活跃，一个人到了可以索然枯坐而不感觉不安时，他必定是一个行将就木的病夫或老者。如果他们在健康状态中，需要活动而不得活动，他必定感到愁苦抑郁。人生最苦的事是疾病幽囚，因为在疾病幽囚中，他或是失去了精力，或是失去了发泄精力的自由。

精力的发泄有两种途径：一是正当工作，一是普通所谓逍遣，包含各种游戏运动和娱乐在内。我们不能用全副精力去工作，因为同样的注意方向和同样的筋肉动作维持到相当的限度，必定产生疲劳，如上所述。人的身心构造是依据分工合作原理的。对于各种工作我们都有相当的一套机器，一种才能，和一副精力。比如说，要看有眼，要听有耳，要走有脚，要思想有头脑。我们运用眼的时候，耳可以休息，运用脑的时候，脚可以休息。所以在专用眼之后改着去用耳，或是在专用脑之后改着去用脚，我们虽然仍旧在活动，所用以活动的只是耳或脚，眼或脑就可以得到休息了。这种让一部分精力休息而另一部分精力活动的办法在西文中叫作 diversion，可惜在中文里没有恰当的译名。这也足见我们没有注意到它的重要。它的意义是“转向”，工作方面的“换口味”，精力的侧出旁击。我们已经说过，生物不能有完全的休息，普通所谓休息，除睡眠以外，大半是 diversion，这种“换口味”的办法对于停止的活动是精力的蓄养，对于正在进行的另一活动是精力的发泄。它好比打仗，一部分兵力上前线，另一部分兵力留在后面预备补充。全体的兵力都上了前线，难于为继，全体的兵力都在后方投兵不动，过久也会疲老无用，仗自然更打不起来。更番瓜代仍是精力的最经济最合理的支配，无论是在军事方面或是在普通生活方面。

更番瓜代有种种方式。普通读书人用脑的机会比较多，最好常在用脑之后做一番筋肉活动，如散步打球栽花做手工之类，一方面可以使脑得休息而恢复疲劳，一方面也可以破除同一工作的单调，不至发生厌闷。卢梭谈教育，主张学生多习手工，这不但因为手工有它的特殊的教育功效，也因为用手对于用脑是一种调节。大哲学家斯宾诺莎于研究哲学之外，操磨镜的职业，这固然是为着生活，实在也很合理，因为两种性质相差很远的工作互相更换，互为上文所说的 diversion，对于心身都有好影响。就生活理想说，劳心与劳力应该具备于一身，劳力的人绝对不劳心固然变成机械，动心的人绝对不劳力也难免文弱干枯。现在劳心与劳力成为两种相对峙的阶级，这固然是历史与社会环境所造成的事实，但是我们应该不要忘记它并不甚合理。在可能范围之内，我们应该求心与力的活动能调节适中。我个人很羡慕中世纪欧洲僧院的生活，他们一方面诵经抄书画画而且做很精深的哲学研究，一方面种地砍柴酿酒织布。我尝想到我们的学校在这个经济凋敝之际为什么不想一个自给自足的办法，有系统有计划地采行半工半读制？这不仅是从经济着眼，就从教育着眼，这也是一种当务之急。大部分学生来自田间，将来纵不全数回到田间，也要走进工厂或公务机关；如果在学校里只养成少爷小姐的心习，全不懂民生疾苦，他们绝难担负现时代的艰巨责任。当然，本文所说的劳心与劳力的调剂也是一个重要的理由。

不同性质的工作更番瓜代，固可收到调剂和休息的效用，可是一个人不能时时刻刻都在工作，事实上没有这种需要，而且劳苦过度，工作也变成一种苦事，不能有很大的效率。我们有时须完全放弃工作，做一点无所为而为的活动，享受一点自由人的幸福。工作都有所为而为，带有实用目的，无所为而为，不带实用目的活动，都可以算作消遣。我们说“消遣”，意谓“混去时光”，含义实在不很好；西方人说“转向”（diversion），意谓“把精力朝另一方面而去用”，它和工作同称为 occupation，比较可以见出消遣的用处。所谓 occupation无恰当中文译词，似包含“占领”和“寄托”二义。在工作和消遣时，都有一件事物“占领”着我们的身心，而我们的身心也就“寄托”在那一件事物里面。身心寄托在那里，精力也就发泄在那里。拉丁文有一句成语说：“自然厌恶空虚。”这句话近代科学仍奉为至理名言。在物理方面，真空固不易维持，一有空隙，就有物来占领；在心理方面，真空虽是一部分宗教家（如禅宗）的理想，在实际上也是反乎自然而为自然所厌恶。我们都不愿意生活中有空隙，都愿常有事物“占领”着身心，没有事做时须找事做，不愿做事时也不甘心闲着，必须找一点玩意儿来消遣，否则便觉得厌闷苦恼。闲惯了，闷惯了，人就变得干枯无生气。

消遣就是娱乐，无可消遣当然就是苦闷。世间欢喜消遣的人，无论他们的嗜好如何不同，都有一个共同点，就是他们必都有强旺的生活力，运动家和艺术家如此，嫖客赌徒乃至于烟鬼也是如此。他们的生活力强旺，发泄的需要也就跟着急迫。他们所不同者只在发泄的方式。这有如大水，可以灌田，发电或推动机器，也可以泛滥横流，淹毙人畜草木。同是强旺的生活力，用在运动可以健身，用在艺术可以怡情养性，用在吃喝嫖赌就可以劳民伤财，为非作歹。“浪子回头是个宝”，也就是这个道理。所以消遣看来虽似末节，却与民族性格国家风纪都有密切关系。一个民族兴盛时有一种消遣方式，颓废时又有另一种消遣方式。古希腊罗马在强盛时，人民都欢喜运动、看戏、参加集会，到颓废时才有些骄奢淫逸的玩艺儿如玩娈童看人兽斗之类。近代条顿民族多欢喜户外运动，而拉丁民族则多消磨时光于咖啡馆与跳舞厅。我国古代民族娱乐花样本极多，如音乐、跳舞、驰马、试剑、打猎、钓鱼、斗鸡、走狗等都含有艺术意味或运动意味。后来士大夫阶级偏嗜琴棋书画，虽仍高雅，已微嫌侧重艺术，带有几分“颓废”色彩。近来“民族形式”的消遣似只有打麻将、坐茶馆、吃馆子、逛窑子几种。对于这些玩艺儿不感兴趣的人们除着做苦工之外，就只有索然枯坐，不能在生活中领略到一点乐趣。我经过几个大学和中学，看见大部分教员和学生终年没有一点消遣，大家都喊着苦闷，可是大家都不肯出点力把生活略加改善，提倡一些高级趣味的娱乐来排遣闲散时光。从消遣一点看，我们可以窥见民族生命力的低降。这是一个很危险的现象。它的原因在一般人不明了消遣的功用，把它太看轻了。

其实这事并不能看轻。柏拉图计划理想国的政治，主张消遣娱乐都由国法规定。儒家标六艺之教，其中礼乐射御四项都带有消遣娱乐意味，只书数两项才是工作。孔子谈修养，“居于仁”之后即继以“游于艺”，这足见中西哲人都把消遣娱乐看得很重，梁任公先生有一文讲演消遣，可惜原文不在手边，记得大意是反对消遣浪费时光。他大概有见于近来我国一般消遣方式趣味太低级。但我们不能因噎废食。精力必须发泄，不发泄于有益身心的运动和艺术，便须发泄于有害身心的打牌、抽烟、喝酒、逛窑子。我们要禁绝有害身心的消遣方式，必须先提倡有益身心的消遣方式。比如，水势须决堤泛滥，你不愿它决诸东方，就必须让它决诸西方，这是有心政治与教育的人们所应趁早注意设法的。要复兴民族，固然有许多大事要做，可是改善民众消遣娱乐，也未见得就是小事。

谈价值意识

“物有本末，事有终始，知所先后，则近道矣。”

我初到英国读书时，一位很爱护我的教师——辛博森先生——写了一封很恳切的长信，给我讲为人治学的道理，其中有一句话说：“大学教育在使人有正确的价值意识，知道权衡轻重。”于今事隔二十余年，我还很清楚地记得这句看来颇似寻常的话。在当时，我看到了有几分诧异，心里想：大学教育的功用就不过如此吗？这二三十年的人生经验才逐渐使我明白这句话的分量。我有时虚心检点过去，发现了我每次的过错或失败都恰是当人生歧路，没有能权衡轻重，以至去取失当。比如说，我花去许多功夫读了一些于今看来是值不得读的书，做了一些于今看来是值不得做的文章，尝试了一些于今看来是值不得尝试的事，这样地就把正经事业耽误了。好比行军，没有侦出要塞，或是侦出要塞而不尽力去击破，只在无战争重要性的角落徘徊摸索，到精力消耗完了还没碰着敌人，这岂不是愚蠢？

我自己对于这种愚蠢有切身之痛，每衡量当世人物，也欢喜审察他们有没有犯同样的毛病。有许多在学问思想方面极为我所敬佩的人，希望本来很大，他们如果死心塌地做他们的学问，成就必有可观。但是因为他们在社会上名望很高，每个学校都要请他们演讲，每个机关都要请他们担任职务，每个刊物都要请他们做文章，这样一来，他们不能集中力量去做一件事，用非其长，长处不能发展，不久也就荒废了。名位是中国学者的大患。没有名位去挣扎求名位，旁驰博骛，用心不专，是一种浪费；既得名位而社会视为万能，事事都来打搅，惹得人心花意乱，是一种更大的浪费。“古之学者为己，今之学者为人。”在“为人”“为己”的冲突中，“为人”是很大的诱惑。学者遇到这种诱惑，必须知所轻重，毅然有所取舍，否则随波逐流，不旋踵就有没落之祸。认定方向，立定脚跟，都需要很深厚的修养。

“正其谊不谋其利，明其道不计其功”，是儒家在人生理想上所表现的价值意识。“学也禄在其中”，既学而获禄，原亦未尝不可，为干禄而求学，或得禄而忘学便是颠倒本末。我国历来学子正坐此弊。记得从前有一个学生刚在中学毕业，他的父亲就要他做事谋生，有友人劝阻他说：“这等于吃稻种。”这句聪明话可表现一般家长视教育子弟为投资的心理。近来一般社会重视功利，青年学子便以功利自期，入学校只图混资格做敲门砖，对学问没有浓厚的兴趣，至于立身处世的道理更视为迂阔而远于事情。这是价值意识的混乱。教育的根基不坚实，影响到整个社会风气以至于整个文化。轻重倒置，急其所应缓，缓其所应急，这种毛病在每个人的生活上，在政治上，在整个文化动向上都可以看见。近来我看了英人贝尔的《文化论》（Clive Bell: Civilization），其中有一章专论价值意识为文化要素，颇引起我的一些感触。贝尔专从文化观点立论，我联想到“价值意识”在人生许多方面的意义。这问题值得仔细一谈。

自然界事物纷纭错杂，人能不为之迷惑，赖有两种发现，一是条理，一是分寸。条理是联系线索，分寸是本末轻重。有了条理，事物才能分别类居，不相杂乱；有了分寸，事物才能尊卑定位，各适其宜。条理是横面上的秩序，分寸是纵面上的等差。条理在大体上是纯理活动的产品，是偏于客观的；分寸的鉴别则有赖于实用智慧，常为情感意志所左右，带有主观的成分。别条理，审分寸，是人类心灵的两种最大的功能。一般自然科学在大体上都是别条理的事，一般含有规范性的学术如文艺伦理政治之类都是审分寸的事。这两种活动有时相依为用，但是别条理易，审分寸难。一个稍有逻辑修养的人大半能别条理，审分寸则有待于一般修养。它不仅是分析，而且是衡量；不仅是知解，而且是抉择。“厩焚，子退朝，曰：‘伤人乎？’不问马”这件事本很琐细，但足见孔子心中所存的分寸，这种分寸是他整个人格的表现。

所谓审分寸，就是辨别紧要的与琐屑的，也就是有正确的价值意识。“价值”是一个哲学上的术语，有些哲学家相信世间有绝对价值，永驻常在，不随时空及人事环境为转移，如康德所说的道德责任，黑格尔所说的永恒公理。但是就一般知解说，价值都有对待，高下相形，美丑相彰，而且事物自身本无价值可言，其有价值，是对于人生有效用，效用有大小，价值就有高低。这所谓“效用”自然是指极广义的，包含一切物质的和精神的实益，不单指狭义功利主义所推崇的安富尊荣之类。作为这样的解释，价值意识对于人生委实重要。人生一切活动，都各追求一个目的，我们必须先估定这目的有无追求的价值。如果根本没有价值而我们去追求，只追求较低的价值，我们就打错了算盘，没有尽量地享受人生最大的好处。有正确的价值意识，我们对于可用的力量才能做经济的分配，对于人生的丰富意味才能尽量榨取。人投生在这个世界里如入珠宝市，有任意采取的自由，但是货色无穷，担负的力量不过百斤。有人挑去瓦砾，有人挑去钢铁，也有人挑去珠玉，这就看他们的价值意识如何。

价值意识的应用范围极广。凡是出于意志的行为都有所抉择，有所排弃。在各种可能的途径之中择其一而弃其余，都须经过价值意识的审核。小而衣食行止，大而道德学问事功，无一能为例外。

价值通常分为真、善、美三种。先说真，它是科学的对象。科学的思考在大体上虽偏于别条理，却也须审分寸。它分析事物的属性，必须辨别主要的与次要的；推求事物的成因，必须辨别自然的与偶然的；归纳事例的原则，必须辨别貌似有关的与实际有关的。苹果落地是常事，只有牛顿抓住它的重要性而发明引力定律，蒸汽上腾是常事，只有瓦特抓住它的重要性而发明蒸汽机。就一般学术研究方法说，提纲挈领是一套紧要的功夫，囫囵吞枣必定是食而不化。提纲挈领需要很锐敏的价值意识。

次说美，它是艺术的对象。艺术活动通常分欣赏与创造。欣赏全是价值意识的鉴别，艺术趣味的高低全靠价值意识的强弱。趣味低，不是好坏无鉴别，就是欢喜坏的而不了解好的。趣味高，只有真正好的作品才够味，低劣作品可以使人作呕。艺术方面的爱惜有时更甚于道德方面的爱憎，行为的失检可以原谅，趣味的低劣则无可容恕。至于艺术创造更步步需要谨严的价值意识。在作品酝酿中，许多意象纷呈，许多情致泉涌，当兴高采烈时，它们好像八宝楼台，件件惊心夺目，可是实际上它们不尽经得起推敲，艺术家必能知道割爱，知道剪裁洗炼，才可披沙拣金。这是第一步。已选定的材料需要分配安排，每部分的分量有讲究，各部分的先后位置也有讲究。凡是艺术作品必有头尾和身材，必有浓淡虚实，必有着重点与陪衬点。“譬如北辰，居其所，而众星拱之。”艺术作品的意思安排也是如此。这是第二步。选择安排可以完全是胸有成竹，要把它描绘出来，传达给别人看，必借特殊媒介，如图画用形色，文学用语言。一个意思常有几种说法，都可以说得大致不差，但是只有一种说法，可以说得最恰当妥帖。艺术家对于所用媒介必有特殊敏感，觉得大致不差的说法实在是差之毫厘，谬以千里，并且在没有碰着最恰当的说法以前，心里就安顿不下去，他必肯呕出心肝去推敲，这是第三步。在实际创造时，这三个步骤虽不必分得如此清楚，可是都不可少，而且每步都必有价值意识在鉴别审核。每个大艺术家必同时是他自己的严厉的批评者。一个人在道德方面需要良心，在艺术方面尤其需要良心。良心使艺术家不苟且敷衍，不甘落下乘。艺术上的良心就是谨严的价值意识。

再次说善，它是道德行为的对象。人性本可与为善，可与为恶，世间善人少而不善人多，可知为恶易而为善难。为善所以难者，道德行为虽根于良心，当与私欲相冲突，胜私欲需要极大的意志力。私欲引入朝抵抗力最低的路径走，而道德行为往往朝抵抗力最大的路径走。这本有几分不自然。但是世间终有人为履行道德信条而不惜牺牲一切者，即深切地感觉到善的价值。“朝闻道，夕死可矣。”孔子醇儒，向少做这样侠士气的口吻，而竟说得如此斩截者，即本于道重于生命一个价值意识。古今许多忠臣烈士宁杀身以成仁，也是有见于此。从短见的功利观点看，这种行为有些傻气。但是人之所以为人，就贵在这点傻气。说浅一点，善是一种实益，行善社会才可安宁，人生才有幸福。说深一点，善就是一种美，我们不容行为有瑕疵，犹如不容一件艺术作品有缺陷。求行为的善，即所以维持人格的完美与人性的尊严。善的本身也有价值的等差。“礼与其奢也宁俭，丧与其奢也宁戚。”重在内心不在外表。“男女授受不亲，嫂溺援之以手”，重在权变不在拘守条文。“人尽夫也，父一而已”，重在孝不在爱。忠孝不能两全时，先忠而后孝。以德报怨，即无以报德，所以圣人主以直报怨。“其父攘羊，其子证之”，为国法而伤天伦，所以圣人不取。子夏丧子失明而丧亲民无所闻，所以为曾子所呵责，孔子自己的儿子死只有棺，所以不肯卖车为颜渊买椁。齐人拒嗟来之食，义本可嘉，施者谢罪仍坚持饿死，则为大过。有无相济是正当道理，微生高乞醯以应邻人之求，不得为直。战所以杀敌制胜，宋襄公不鼓不成列，不得为仁。这些事例有极重大的，有极寻常的，都可以说明权衡轻重是道德行为中的紧要功夫。道德行为和艺术一样，都要做得恰到好处。这就是孔子所谓“中”，孟子所谓“义”。中者无过无不及，义者事之宜。要事事得其宜而无过无不及，必须有很正确的价值意识。

真善美三种价值既说明了，我们可以进一步谈人生理想。每个人都不免有一个理想，或为温饱，或为名位，或为学问，或为德行，或为事功，或为醇酒妇人，或为斗鸡走狗，所谓“从其大体者为大人，存其小体者为小人”。这种分别究竟以什么为标准呢？哲学家们都承认：人生最高目的是幸福。什么才是真正的幸福？对于这问题也各有各的见解。积学修德可被看成幸福，饱食暖衣也可被看成幸福。究竟谁是谁非呢？我们从人的观点来说，须认清凡的高贵处在哪一点。很显然地，在肉体方面，人比不上许多动物，人之所以高于禽兽者在他的心灵。人如果要充分地表现他的人性，必须充实他的心灵生活。幸福是一种享受。享受者或为肉体，或为心灵。人既有肉体，即不能没有肉体的享受。我们不必如持禁欲主义的清教徒之不近人情，但是我们也须明白：肉体的享受不是人类最上的享受，而是人类与鸡豚狗彘所共有的。人类最上的享受是心灵的享受。哪些才是心灵的享受呢？就是上文所述的真善美三种价值。学问、艺术、道德几无一不是心灵的活动，人如果在这三方面达到最高的境界，同时也就达到最幸福的境界。一个人的生活是否丰富，这就是说，有无价值，就看他对于心灵或精神生活的努力和成就的大小。如果只顾衣食饱暖而对于真善美漫不感觉兴趣，他就成为一种行尸走肉了。这番道理本无深文奥义，但是说起来好像很迂阔。灵与肉的冲突本来是一个古老而不易化除的冲突。许多人因顾到肉遂忘记灵，相习成风，心灵生活便被视为怪诞无稽的事。尤其是近代人被“物质的舒适”一个观念所迷惑，大家争着去拜财神，财神也就笼罩了一切。“哀莫大于心死”，而心死则由于价值意识的错乱。我们如想改正风气，必须改正教育，想改正教育，必须改正一般人的价值意识。

谈美感教育

世间事物有真善美三种不同的价值，人类心理有知情意三种不同的活动。这三种心理活动恰和三种事物价值相当：真关于知，善关于意，美关于情。人能知，就有好奇心，就要求知，就要辨别真伪，寻求真理。人能发意志，就要想好，就要趋善避恶，造就人生幸福。人能动情感，就爱美，就欢喜创造艺术，欣赏人生自然中的美妙境界。求知、想好、爱美，三者都是人类天性；人生来就有真善美的需要，真善美具备，人生才完美。

教育的功用就在顺应人类求知、想好、爱美的天性，使一个人在这三方面得到最大限度的调和的发展，以达到完美的生活。“教育”一词在西文为 education，是从拉丁动词 educare 来的，原义是“抽出”，所谓“抽出”就是“启发”。教育的目的在“启发”人性中所固有的求知、想好、爱美的本能，使它们尽量生展。中国儒家的最高人生理想是“尽性”。他们说：“能尽人之性则能尽物之性，能尽物之性则可以赞天地之化育。”教育的目的可以说就是使人“尽性”，“发挥性之所固有”。

物有真善美三面，心有知情意三面，教育求在这三方面同时发展，于是有智育，德育，美育三节目。智育叫人研究学问，求知识，寻真理；德育叫人培养良善品格，学为人处世的方法和道理；美育叫人创造艺术，欣赏艺术与自然，在人生世相中寻出丰富的兴趣。三育对于人生本有同等的重要，但是在流行教育中，只有智育被人看重，德育在理论上的重要性也还没有人否认，至于美育则在实施与理论方面都很少有人顾及。二十年前蔡孑民先生一度提倡过“美育代宗教”，他的主张似没有产生多大的影响。还有一派人不但忽略美育，而且根本仇视美育。他们仿佛觉得艺术有几分不道德，美育对于德育有妨碍。希腊大哲学家柏拉图就以为诗和艺术是说谎的，逢迎人类卑劣情感的，多受诗和艺术的熏染，人就会失去理智的控制而变成情感的奴隶，所以也对诗人和艺术家说了一番客气话之后，就把他们逐出“理想国”的境外。中世纪耶稣教徒的态度很类似。他们以倡苦行主义求来世的解脱，文艺是现世中一种快乐，所以被看成一种罪孽。近代哲学家中卢梭是平等自由说的倡导者，照理应该能看得宽远一点，但是他仍是怀疑文艺，因为他把文艺和文化都看成朴素天真的腐化剂。托尔斯泰对近代西方艺术的攻击更丝毫不留情面，他以为文艺常传染不道德的情感，对于世道人心影响极坏。他在《艺术论》里说：“每个有理性有道德的人应该跟着柏拉图以及耶回教师，把这问题从新这样决定：宁可不要艺术，也莫再让现在流行的腐化的虚伪的艺术继续下去。”

这些哲学家和宗教家的根本错误在认定情感是恶的，理性是善的，人要能以理性镇压感情，才达到至善。这种观念何以是错误的呢？凡是一种有机体，情感和理性既都是天性同有的，就不容易拆开。造物不浪费，给我们一份家当就有一份的用处。无论情感是否可以用理性压抑下去，纵是压抑下去，也是一种损耗，一种残废。人好比一棵花草，要根茎枝叶花实都得到平均的和谐发展，才长得繁茂有生气。有些园丁不知道尽草木之性，用人工去歪曲自然，使某一部分发达到超出常态，另一部分则受压抑摧残。这种畸形发展是不健康的状态，在草木如此，在人也是如此。理想的教育不是摧残一部分天性而去培养另一部分天性，以致造成畸形的发展；理想的教育是让天性中所有的潜蓄力量都得尽量发挥，所有的本能都得平均调和发展，以造成一个全人。所谓“全人”除体格强壮以外，心理方面真善美的需要必都得到满足。只顾求知而不顾其它的人是书虫，只讲道德而不顾其它的人是枯燥迂腐的清教徒，只顾爱美而不顾其它的人是颓废的享乐主义者。这三种人都不是全人而是畸形人，精神方面的驼子跛子。养成精神方面的驼子跛子的教育无可辩护。

美感教育是一种情感教育。它的重要我们的古代儒家是知道的。儒家教育特重诗，以为它可以兴观群怨，又特重礼乐，以为“礼以制其宜，乐以导其和”。《论语》有一段话总述儒家教育宗旨说：“兴于诗，立与礼，成于乐。”诗、礼、乐三项可以说都属于美感教育。诗与乐相关，目的在怡情养性，养成内心的和谐（harmony）；礼重仪节，目的在使行为仪表就规范，养成生活上的秩序（order）。蕴于中的是性情，受诗与乐的陶冶而达到和谐，发于外的是行为仪表，受礼的调节而进到秩序。内具和谐而外具秩序的生活，从伦理观点看，是最善的；从美感观点看，也是最美的。儒家教育出来的人要在伦理和美感观点都可以看得过去。

这是儒家教育思想中最值得注意的一点。他们的着重点无疑地是在道德方面，德育是他们的最后目的，这是他们与西方哲学家宗教家柏拉图和托尔斯泰诸人相同的。不过他们高于柏拉图和托尔斯泰诸人，因为柏拉图和托尔斯泰诸人误认美育可以妨碍德育，而儒家则认定美育为德育的必由之径。道德并非陈腐条文的遵守，而是至性真情的流露。所以德育从根本做起，必须怡情养性。美感教育的功用就在怡情养性，所以是德育的基础功夫。严格地说，善与美不但不相冲突，而且到最高境界，根本是一回事，它们的必有条件同是和谐与秩序。从伦理观点看，美是一种善；从美感观点看，善也是一种美。所以在古希腊文与近代德文中，美善只有一个字，在中文和其他近代语文中，“善”与“美”二字虽分开，仍可互相替用。真正的善人对于生活不苟且，犹如艺术家对于作品不苟且一样。过一世生活好比做一篇文章，文章求惬心贵当，生活也须求惬心贵当。我们嫌恶行为上的卑鄙龌龊，不仅因其不善，也因其丑，我们赞赏行为上的光明磊落，不仅因其善，也因其美，一个真正有美感修养的人必定同时也有道德修养。

美育为德育的基础，英国诗人雪莱在《诗的辩护》里也说得透辟。他说：“道德的大原在仁爱，在脱离小我，去体验我以外的思想行为和体态的美妙。一个人如果真正做善人，必须能深广地想象，必须能设身处地替旁人想，人类的忧喜苦乐变成他的忧喜苦乐。要达到道德上的善，最大的途径是想象，诗从这根本上做功夫，所以能发生道德的影响。”换句话说，道德起于仁爱，仁爱就是同情，同情起于想象。比如，你哀怜一个乞丐，你必定先能设身处地想象他的痛苦。诗和艺术对于主观是情境必能“出乎其外”，对于客观的情境必能“入乎其中”，在想象中领略它，玩索它，所以能扩大想象，培养同情。这种看法也与儒家学说暗合。儒家在诸德中特重“仁”，“仁”近于耶稣教的“爱”、佛教的“慈悲”，是一种天性，也是一种修养。仁的修养就在诗。儒家有一句很简赅深刻的话：“温柔敦厚诗教也。”诗教就是美育，温柔敦厚就是仁的表现。

美育不但不妨害德育而且是德育的基础，如上所述。不过美育的价值还不仅在此。西方人有一句恒言说：“艺术是解放的，给人自由的。”（Art is liberative）这句话最能见出艺术的功用，也最能见出美育的功用。现在我们就在这句话的意义上发挥。从哪几方面看，艺术和美育是“解放的，给人自由的”呢？

第一是本能冲动和情感的解放。人类生来有许多本能冲动和附带的情感，如性欲、生存欲、占有欲、爱、恶、怜、惧之类。本自然倾向，它们都需要活动，需要发泄。但是在实际生活中，它们不但常彼此互相冲突，而且与文明社会的种种约束如道德宗教法律习俗之类不相容。我们每个人都知道，本能冲动和欲望是无穷的，而实际上有机会实现的却寥寥有数。我们有时察觉到本能冲动和欲望不大体面，不免起羞恶之心，硬把它们压抑下去；有时自己对它们虽不羞恶而社会的压力过大，不容它们赤裸裸地暴露，也还是被压抑下去。性欲是一个最显著的例子。从前哲学家宗教家大半以为这些本能冲动和情感都是卑劣的、不道德的、危险的，承认压抑是最好的处置。他们的整部道德信条有时只在理智镇压情欲。我们在上文指出这种看法的不合理，说它违背平均发展的原则，容易造成畸形发展。其实它的祸害还不仅此。弗洛伊德（Freud）派心理学告诉我们，本能冲动和附带的情感仅可暂时压抑而不可永远消灭，它们理应有自由活动的机会，如果勉强被压抑下去，表面上像是消灭了，实际上在隐意识里凝聚成精神上的疮疖，为种种变态心理和精神病的根源。依弗洛伊德看，我们现代文明社会中人因受道德宗教法律习俗的裁制，本能冲动和情感常难得正常的发泄，大半都有些“被压抑的欲望”所凝成的“情意综”（complexes）。这些情意综潜蓄着极强烈的捣乱力，一旦爆发，就成精神上种种病态。但是这种潜力可以借文艺而发泄，因为文艺所给的是想象世界，不受现实世界的束缚和冲突，在这想象世界中，欲望可以用“望梅止渴”的办法得到满足。文艺还把带有野蛮性的本能冲动和情感提到一个较高尚较纯洁的境界去活动，所以有升华作用（sublimation）。有了文艺，本能冲动和情感才得自由发泄，不致凝成疮疖酿精神病，它的功用有如机器方面的“安全瓣”（safety volve）。弗洛伊德的心理学有时近于怪诞，但实含有一部分真理。文艺和其它美感活动给本能冲动和情感以自由发泄的机会，在日常经验中也可以得到证明。我们每当愁苦无聊时，费一点功夫来欣赏艺术作品或自然风景，满腹的牢骚就马上烟消云散了。读古人痛快淋漓的文章，我们常有“先得我心”的感觉。看过一部戏或是读过一部小说之后，我们觉得曾经紧张了一阵是一件痛快事。这些快感都起于本能冲动和情感在想象世界中得解放。最好的例子是歌德著《少年维特之烦恼》的经过。他少时爱过一个已经许人的女子，心里痛苦已极，想自杀以了一切。有一天他听到一位朋友失恋自杀的消息，想到这事和他自己的境遇相似，可以写成一部小说。他埋头两礼拜，写成《少年维特之烦恼》，把自己心中怨慕愁苦的情绪一齐倾泻到书里，书成了，他的烦恼便去了，自杀的念头也消了。从这实例看，文艺确有解放情感的功用，而解放情感对于心理健康也确有极大的裨益，我们通常说一个人情感要有所寄托，才不致苦恼烦闷，文艺是大家公认为寄托情感的最好处所。所谓“情感有所寄托”还是说它要有地方可以活动，可得解放。

第二是眼界的解放。宇宙生命时时刻刻在变动进展中，希腊哲人有“濯足急流，抽足再入，已非前水”的譬喻。所以在这种变动进展的过程中每一时每一境都是个别的、新鲜的、有趣的。美感经验并无深文奥义，它只在人生世相中见出某一时某一境特别新鲜有趣而加以流连玩味，或者把它描写出来。这句话中“见”字最紧要。我们一般人对于本来在那里的新鲜有趣的东西不容易“见”着。这是什么缘故呢？不能“见”必有所蔽。我们通常把自己囿在习惯所画成的狭小圈套里，让它把眼界“蔽”着，使我们对它以外的世界都视而不见，听而不闻。比如，我们如果囿于饮食男女，饮食男女以外的事物就见不着；囿于奔走钻营，奔走以外的事就见不着。有人向海边农夫称赞他的门前海景美，他很羞涩地指着屋后菜园说：“海没有什么，屋后的一园菜倒还不差。”一园菜囿住了他，使他不能见到海景美。我们每个人都有所囿，有所蔽，许多东西都不能见，所见到的天地是非常狭小，陈腐的、枯燥的。诗人和艺术家所以超过我们一般人者就在情感比较真挚，感觉比较锐敏，观察比较深刻，想象比较丰富。我们“见”不着的他们“见”得着，并且他们“见”得到就说得出，我们本来“见”不着的他们“见”着说出来了，就使我们也可以“见”着。像一位英国诗人所说的，他们“借他们的眼睛给我们看”。

（They lend their eyes for us to see）中国人爱好自然风景的趣味是陶谢王韦诸诗人所传染的。在 Turner 和 Whistler 以前，英国人就没有注意到泰晤士河上有雾。Byron 以前，欧洲人很少赞美威尼斯。前一世纪的人崇拜自然，常咒骂城市生活和工商业文化，但是现代美国俄国的文学家有时把城市生活和工商业文化写得也很有趣。人生的罪孽灾害通常只引起愤恨，悲剧却教我们于罪孽灾祸中见出伟大壮严，丑陋乖讹通常只引起嫌恶，喜剧却教我们在丑陋乖讹中见出新鲜的趣味。Rembrandt 画过一些疲癃残疾的老人以后，我们见出丑中也还有美。象征诗人出来以后，许多一纵即逝的情调使我们觉得精细微妙，特别值得留恋。文艺逐渐向前伸展，我们的眼界也逐渐放大，人生世相越显得丰富华严。这种眼界的解放给我们不少的生命力量，我们觉得人生有意义，有价值，值得活下去。许多人嫌生活干燥，烦闷无聊，原因就在缺乏美感修养，见不着人生世相的新鲜有趣。这种人最容易堕落颓废，因为生命对于他们失去意义与价值。“哀莫大于心死”，所谓“心死”就是对于人生世相失去解悟与留恋，就是不能以美感态度去观照事物。美感教育不是替有本阶级增加一件奢侈，而是使人在丰富华严的世界中随处吸收支持生命和推展生命的活力。朱子有一首诗说：“半亩方塘一鉴开，天光云影共徘徊，问渠那得清如许？为有源头活水来。”这诗所写的是一种修养的胜境。美感教育给我们的就是“源头活水”。

第三是自然限制的解放。这是德国唯心派哲学家康德、席勒、叔本华、尼采诸人所最看重的一点，现在我们用浅近语来说明它。自然世界是有限的，受因果律支配的，其中毫末细故都有它的必然性，因果线索命定它如此，它就丝毫移动不得。社会由历史铸就，人由遗传和环境造成。人的活动寸步离不开物质生存条件的支配，没有翅膀就不能飞，绝饮食就会饿死。由此类推，人在自然中是极不自由的。动植物和非生物一味顺从自然，接受它的限制，没有过分希冀，也就没有失望和痛苦。人却不同，他有心灵，有不可压的欲望，对于无翅不飞绝食饿死之类事实总觉有些歉然。人可以说是两重奴隶，首先服从自然的限制，其次要受自己的欲望驱使。以无穷欲望处有限自然，人便觉得处处不如意、不自由，烦闷苦恼都由此起。专就物质说，人在自然面前是很渺小的，它的力量抵不住自然的力量，无论你有如何大的成就，到头终不免一死，而且科学告诉我们，人类一切成就到最后都要和诸星球同归于毁灭，在自然圈套中求征服自然是不可能的，好比孙悟空跳来跳去，终跳不出如来佛的掌心，但是在精神方面，人可以跳开自然的圈套而征服自然，他可以在自然世界之外另在想象中造出较能合理慰情的世界。这就是艺术的创造。在艺术创造中可以把自然拿在手里来玩弄，剪裁它、锤炼它，从新给以生命与形式。每一部文艺杰作以至于每人在人生自然中所欣赏到的美妙境界都是这样创造出来的。美感活动是人在有限中所挣扎得来的无限，在奴属中所挣扎得来的自由。在服从自然限制而汲汲于饮食男女的寻求时，人是自然的奴隶；在超脱自然限制而创造欣赏艺术境界时，人是自然的主宰，换句话说，就是上帝。多受些美感教育，就是多学会如何从自然限制中解放出来，由奴隶变成上帝，充分地感觉人的尊严。

爱美是人类天性，凡是天性中所固有的必须趁适当时机去培养，否则像花草不及时下种及时培植一样，就会凋残萎谢。达尔文在自传里懊悔他一生专在科学上做功夫，没有把他年轻时对于诗和音乐的兴趣保持住，到老来他想用诗和音乐来调剂生活的枯燥，就抓不回年轻时那种兴趣，觉得从前所爱好的诗和音乐都索然无味。他自己说这是一部分天性的麻木。这是一个很好的前车之鉴。美育必须从年轻时就下手，年纪愈大，外务日纷繁，习惯的牢笼愈坚固，感觉愈迟钝，心理愈复杂，欣赏艺术力也就愈薄弱。我时常想，无论学哪一科专门学问，干哪一行职业，每个人都应该会听音乐，不断地读文学作品，偶尔有欣赏图画雕刻的机会。在西方社会中这些美感活动是每个受教育者的日常生活中的重要节目。我们中国人除专习文学艺术者以外，一般人对于艺术都漠不关心。这是最可惋惜的事。它多少表示民族生命力的低降，与精神的颓靡。从历史看，一个民族在最兴旺的时候，艺术成就必伟大，美育必发达。史诗悲剧时代的希腊、文艺复兴时代的意大利、莎士比亚时代的英国、歌德和贝多芬时代的德国都可以为证。我们中国人古代对于诗乐舞的嗜好也极普遍。《诗经》、《礼记》、《左传》诸书所记载的歌乐舞的盛况常使人觉得仿佛是置身近代欧洲社会。孔子处周衰之际，特置慨于诗亡乐坏，也是见到美育与民族兴衰的关系密切。现在我们要想复兴民族，必须恢复周以前歌乐舞的盛况，这就是说，必须提倡普及的美感教育。

给《申报周刊》的青年读者（一）

朋友们：

《申报周刊》在暑期中成为给学生诸君的赠品，编辑者邀我给诸位写几封信。这番盛意颇使我踌躇。“戏仿自己”，在写作者是低级趣味的表现，我从前已经写过《十二封信》，现在如果再来这一套似不免贻“冯妇下车”之诮。而且说话作文，都要一时兴到，随感随发。预订货品，限期点交，不是我的能力所做得到的事。我只希望，以后我常有兴会和时间和诸位谈心。心里有话时就说，无话时就不说，免得使朋友间的通信成为一种具文。

我常接到青年朋友的信，陈诉他们的烦闷。生在现代中国的青年，烦闷不能说是一种奢侈。一切烦闷都起于理想与现实的冲突。在现代中国，这种冲突比在任何时任何地都较剧烈。第一是内政和外交的不良，以及国民经济的破产，处处都令人对于国家前途悲观失望；第二是社会的不安影响到个人的学问事业。国家前途愈混沌，我们愈感觉到个人前途的渺茫。在学校肄业时代，多数人都受经济的压迫；到毕业以后，每个人都有失业的恐慌。虽然有一副热心肠要替社会做一番事业，社会总是不给你一个机会，纵然有了机会，社会积弊太深，你也往往觉得无从下手，有“独木难支大厦”之感。

在这种情形之下，青年总是抱怨环境。说自己不能有成就，有理想不能实现，完全是因为环境恶劣。这种心理未尝不可原谅，但究竟是怯懦懈怠的表现。一个人对于自己须负责任，自己不肯对自己负责任，把一切错都推诿到环境：正犹如中华民族现在不能自拔于贫弱，一味委过于外国的富强一样，都是懦夫的举动。

我相信一个人如果有自信力和奋斗的决心，无论环境如何困难，总可以打出一条生路来。我有一个朋友，从小当兵出身，由小兵而升书记，每月只赚得三元五元钱的口粮，维持他的简单生活，但他有自信力，有奋斗的决心，在誊写公文之暇看书写作，孜孜不辍，现在已成为中国的数一数二的小说家——沈从文先生。我又有一个朋友，在中学当教员，嫌现在教育制度不好，要自己办一个中学来实现他的“人格教育”的理想，就赤手空拳地求得一块地皮，凑齐一笔基金，盖起一座房屋，创办一个新型学校，后来这个学校因为在江湾被日本兵毁了，他又赤手空拳地把它重建起来，他自己因为学校的事积劳成疾死了，他的理想虽没有完全实现，可是许多青年和许多朋友的头脑里都还深深地印着他办事的毅力和待人的诚恳，觉得中国还有好人，中国还有可为——这是我生平所敬仰的无名英雄，为立达学园牺牲性命的匡互生先生。此外我还可以举许多实例，诸位自己也可以想出许多例子证明一个人如果肯奋斗，一定可以打出一条生路来，环境不是绝对不可征服的。

我们中国人向来有一句老话：“有志者事竟成。”在这个紧急关头，我希望每个中国青年都记着这句话。个人不放弃他的自信力和奋斗的决心，全民族不放弃它的自信力和奋斗的决心，都脚踏实地做下去，前途绝不像一般人所想象的那么黑暗。

人总要有志气，不过“志”字也容易引起误解。没有长翅膀想飞，没有学过军事学，当过兵，打过仗，而想将来做大元帅，没有循序渐进地学加、减、乘、除、比例、开方而想将来做算学上的发明家，那不是立“志”而是发狂妄的空想。“志”字的意义原来很混，它可以解作“意志”或“决心”（will），可以解作“愿望”（wish），也可以解作“目的”（purpose），即古训所谓“心之所之”。一般青年心目中的“志”，往往全是“愿望”，而“有志者事竟成”一句话中的“志”应该是兼含“意志”和“目的”二义。认清“目的”，和达到“目的”的路，下坚忍不拔的“决心”向那条路去走，不达“目的”不止，这才是“立志”的真正定义。“愿望”往往只是一种狂妄的妄想。一个小孩子说他将来要做大总统，一个乞丐说他将来成了大阔老以后要砍他的仇人的脑袋，完全不思量达到这种目的的方法和步骤如何，那绝不能算是“立志”。

我很相信卢梭在《爱弥儿》里所说的一段话。他的大意是说人生幸福起于愿望与能力的平衡，一个人应该从幼小就学会在自己的能力范围以内起愿望，想做自己所能做的事，能做自己所想做的事。这番话出自信任自由的卢梭，我觉得更是青年人难得的针砭。真正的自信力要有自知力做基础。一般青年不患不能自信，而患不能自知；不患没有志向，而患把妄想误认为志向；不患志向不能远大，而患不“度德量力”，不切实，想得到而做不到。

青年人不满意于现在，都欢喜在辽远的未来望出一个黄金时代。这比老年人把黄金时代摆在过去，固然较胜一筹，但是也有一种危险，就是容易走到逃避现实，只一味地在一种可望不可攀的理想世界里做梦。这种办法好像一个穷人不脚踏实地做工作，只在幻想他将来得了航空奖券，怎样去过富豪阔绰的日子。

成功的秘诀并不在幻想中树一个很高远的目标，并不在打航空奖券中彩后的计算，而在抓住现在，认清现在环境的事实，认清自己的责任与力量，觉得目前事应该怎样做，就去怎样做，不把现在应做的事拖延到未来再做。时时抓住现在，随机应变，未来的事到时自有办法。对于现在没有办法，对于未来也绝不会有办法。因为未来转眼就变成现在，你今天不打今天的计算只打明天的计算，到了明天，今天的机会错过了，今天所应做的事你没有做；明天的环境变迁了，今天所打的明天的计算在明天又不能适用。“延”与“误”两字永远是联在一起写的。

我很佩服英国人，他们总是事到头来，才想办法。事没有到头来，他们总是冷静地等待着，观察着，今天绝不打明天的计算。但是他们也绝不肯放弃现在的机会，觉得一件事应该去做，就马上去做，不张皇也不迟疑。他们的国家内政外交如此，个人经营的事业也是如此。他们不幻想未来，他们的老谋深算都费在抓住现在和认清现在上面。他们出死力抓住现在，事到头来时，他们总是不慌不忙地处理得很妥当。这种冷静沉着的态度就是值得我们观摩的。

每个人都应该有一种生活方法，有一种处理生活的信条。我常把我的信条称为“三此生义”，“三此”者“此身”、“此时”、“此地”。这个主义包含三项事：

一、此身应该做而且能够做的事，就得让此身（自己）去做，不推诿给旁人。

二、此时应该做而且能够做的事，就得在此时做，不拖延到未来再做。

三、此地应该做而且能够做的事，就得在此地做，不推诿到想象中的另一种环境去做。

举一个实例来说。我现在当教员，我不幻想到做教育部长时再去设法整顿中国教育，也不把中国教育腐败的责任推诿到教育部长的身上。“不在其位，不谋其政”，但是在何种“位”就应该谋何种“政”，我当教员，就应该做教员分内所应尽的事。

我的信条可以一言以蔽之：“从现世修来世。”瞧不起现世，是中世纪耶教徒的错误。如果你让现在长留在地狱的情况里，来世也绝不会有天堂。我希望每个中国青年不要让来世的天堂麻醉他的意志，且努力在我们现在这个世界里用自己的力量去实现天堂。

光潜

二十五年七月，北平

1936年

给《申报周刊》的青年读者（二）

——在混乱中创秩序

朋友：

在上次信里，我反复说明现代青年应该认清现在和抓住现在，因为我觉得中国已经到了生死存亡的关头，青年们不容再有迟疑观望的余地了。如果我们这一代人再不振作，中国事恐怕就永无救药了。每个人都能见到这层，所缺乏的是抓住现在的决心与毅力。

现在中国社会的最大病象，在每个人都埋怨旁人而同时又在跟旁人一样因循苟且。大家都在想：中国社会积弊太深，多数人都醉生梦死，得过且过，纵然有一二人想抵抗潮流，特立独行，也无济于事，倒不如随波逐流，尽量谋个人的安乐。如果中国真要亡的话，那也是“天倒大家当”！

这种心理是普遍的，也是致命的。要想中国起死回生，我们青年首先应丢开这种心理。我们应明白：社会越恶浊越需要有少数特立独行的人们去转移风气。一个学校里学生纵然十人有九人奢侈，一个俭朴的学生至少可以显出奢侈与俭朴的分别，一个机关的官吏纵然十人有九人贪污，一个清廉的官吏至少可以显出贪污与清廉的分别。好坏是非都由相形之下见出。一个社会到了腐败的时候，大家都跟着旁人向坏处走，没有一个人反抗潮流，势必走到一般人完全失去好坏是非分别的意识，而世间便无所谓羞耻事了。所以全社会都坏时，如果有一个好人存在，他的意义与价值是不可测量的。

自己不肯做好人，不肯努力奋斗，只埋怨环境恶劣，不容自己做好人，这种人对于自己全不肯负责任，没有勇气担当自己的过失。他们的最恰当的名号是——“懦夫”！朋友，你抚躬自问，你能否很忠实大胆地向自己的良心说："我不是这种懦夫"呢？

现在许多青年都埋怨环境，揣其心理，是希望环境生来就美满，使他们一帆风顺地达到成功的目标。环境永远不会美满。万一它生来就美满，所谓"成功"乃是"不劳而获"，或者说得更痛快一点，乃是像猪豚一样，"被饲而肥"。所以埋怨环境的心理，充其究竟，只是希望过猪豚生活的心理。人比猪豚较高一招，就全在他能不安于秽浊的环境，有一颗灵心，有一股勇气，要去征服自然，改造自然。

据宗教的传说，太初一切皆紊乱（chaos），上帝从紊乱中创出秩序（order），才有宇宙。我很欢喜这个传说，它的历史的真实性姑且不问，它对于人生却无疑地具有一种感发兴起的力量。人的一切有意义有价值的活动，像上帝创世一样，都是从紊乱中创出秩序。人的特长是思想。思想，无论是哲学和科学的，或是日常实用的，都是把本来紊乱的知觉或印象加以秩序化。比如说，一个审判官断案，把所有的繁复的事实摆在一块参观互较，找出条理线索来，于是本来散漫的东西都连续起来，成为案情的证据，这就是思想的好例。艺术创作也是思想活动的一种。自然界的材料，无论是内心生活或是外界现象，初呈现于观感对原来都很紊乱，艺术家运用心灵的综合，逐渐把它们理出一个秩序来，创出一个形式来，于是才有艺术作品，一篇文章，一幅画或是一座像。推广一点来说，一切人工设施，一切社会制度，一切合理的生活，都是一种艺术，都是从紊乱中所挣扎出来的秩序。

现在中国社会是一团紊乱，谁也承认。它能否达到秩序，就看中国青年有没有艺术家的要求秩序的热忱以及创造秩序的灵心妙手，从这团紊乱中雕琢一种有秩序的形式出来。凡是紊乱都须经过一番整理，才能现出秩序。现在中国人的大病就在不下手做整理的功夫，只望着目前的紊乱发呆，或是怨天尤人。

我也常拿从紊乱中创秩序的必要和青年朋友们说，他们总是将信将疑。他们闪避责任的借口不外是个人的力量有限。他们想：秩序是全体的事，社会全体紊乱，纵有少数人在局部中创出秩序来。仍无补于全体的紊乱。筹划社会全体的秩序是握有政权者的职责，吾侪小民手无寸铁，对着临头大难，只有束手待毙而已。这种心理仍是希望有"真明天子"出来救中国的心理。

"真明天子"是一个渺茫的幻象，纵然他出来了，小百姓们都不是奋发有为的材料，他一个人能把中国事情弄好吗？你如果把现在中国一切灾祸都归咎于政府，你对于这种灾祸之源的政府不设法制裁，它的存在根于你的容忍，到底它的误国的责任还要回到你自己的身上来。如果你说个人无组织，不能做出事来，谁教你不去组织，不去团结，不去造成能表现民意的势力呢？现代各民治国家所享受的自由都不是"天赋的"，都是人民自己挣扎奋斗得来的。你想想看英国的《大宪章》，法国的《人权宣言》，美国的独立，以及苏俄的经济制度的革命，哪一件不是从紊乱中所创出的秩序？哪一件不是人民自己努力奋斗的代价？

全体的紊乱固然可以妨碍局部的秩序，局部的紊乱也未见得可以造成全体的秩序。无论政论家怎么说，我始终坚信全体的秩序要以局部的秩序为基础。清道夫能尽清道的职，警察能尽警察的职，每个行人都守他所应守的规则，一条街道自然有秩序了。一个机关，一个乡村，或是一个国家也是如此。士农工商官吏军警都公而忘私，各尽其责，社会就绝不会有紊乱的现象了。

一般青年都不免有几分夸大狂心理，常想到自己做了大总统或是什么总长，中国事就有办法，而他自己的作为也就来了。这是从前人所夸奖的"有大志"，而我们现代青年所应该痛恨深恶的怯懦（因为不敢担负目前的责任）和虚伪（因为夸大是自欺欺人）。一个农家子弟鄙视耕种，一个商家子弟鄙视贸易，或是一个清寒子弟一定要进大学出洋争头衔，多少都是怯懦和虚伪的表现。要做事何处不可做，何必一定要做大总统？要造学问或地位何处不可造，何必一定要大学或留学的头衔？一种职业只要是有益于社会，纵然是挑大粪，或是补破皮鞋，应该和做总统或当大学教授享同样的尊重。把同是有益的职业加以高低评价，是封建社会和虚骄心理的流毒。没有哪一国的青年比中国青年这种流毒更深。现代中国青年如果要谋心理改造，我以为首先应铲除这种流毒。应该认清事业只有益与害的分别，没有贵与贱的分别。

在孙中山先生所说的许多话中最使我念念不忘的，不是他的《建国方略》或是《遗嘱》，而是他在香港大学演讲时所说的一段自供。他在少年时嫌他住的中山（那时叫香山）县的街道龌龊，就自己去做清道夫，拿扫帚去把他的门前和邻近的街道逐渐扫干净。这就是我所说的"在紊乱中创秩序”。孙先生后来奔走革命，仍然不过是本着这种厌恶紊乱要求秩序的精神。在平民的地位，他能够扫清污浊的街道，在握政权的地位，他就能筹划洗清政治上的种种紊乱。在未握政权之前，你且莫做握政权以后的夸大语，或是埋怨现在握权的人，你且自问：现在你能力范围以内的事你是否都尽力做过。

你说你现在无事可做吗？你的书桌应该理，你的卧室应该检点干净，你的村子里应该多栽几棵树，你的邻坊子弟不识字的太多，你乡里还有许多土豪劣绅敲诈唆讼，你的表兄还在抽鸦片烟，你的外祖母还说曹锟在做大总统……这些数不尽的事不都是你的事吗？

大处着眼，小处下手。时时刻刻都用力去从紊乱中创出秩序，无论你的力量所达到的范围是一间屋，一条街，一个乡村或是一个国家。你能如此，旁人也都能如此（旁人的事你暂且莫管），社会自然有秩序，中国事也自然会改头换面了。

朋友，让我复述前信中的话，从今日起，从此地起，从你自己起！把你目前一切紊乱都按部就班地化成秩序！这是我对于你的最虔敬的祝福语。

光潜

1936年8月

给《申报周刊》的青年读者（三）

——民族的生命力

朋友：

这次世界运动会闭幕了，我想趁这个机会和你谈一个重要问题。许多人因为这次中国选手的失败而意识到国家的荣辱，也有些人在惋惜中国政府遣送选手所耗费的巨款。但是据我个人的观察，大多数人对于这次失败仍是漠不关心，并没有因此获得一种深刻的教训。这种麻木，我以为较之竞赛的失败还更可惋惜，因为心里既根本不把失败当作一回事，一蹶之后就不会有复振的希望。

我们所要计较的并不仅在一个运动会中的成败荣辱问题，而在偌大的中华民族在体格方面所表现的生命力竟至如此贫乏。四万万人中所选出的健儿耀武扬威地一大船载到欧洲去，结果每个人到决赛时都垂头丧气地抱着膀子作壁上观。别说跑第一第二，连跟着别人在一块儿跑的资格都没有，你说惨不惨！我们用不着埋怨选手，他们是从我们中间选送出去的，他们的无能究竟还要归咎于我们自己的无能。

中国人向来偏重道德学问的修养而鄙视体格的修养。我们自以为所代表的是“精神文明”，身体是属于“物质”的，值不得去理会。我们想：人为万物之灵，就在道德学问高尚，如果拿体力做评判价值的标准，那只有向虎狼牛马拜下风。这种鄙视体格的心理并没有被近代学校教育洗除净尽。体操在学校里仍然是敷衍功令的功课。学校提倡运动用意大半仅在培养几个运动员，预备在竞赛中替学校争体面，而不在提高普遍的体格标准。一个聪明的学生只要数学或国文考第一，运动成绩的低劣不但不是一种羞耻，而且简直可以显出几分身份的高贵。学校以外，一般民众更丝毫不觉得运动有何意义。就是教育界中人，离开学生生活以后，以前所常练习的运动也就完全丢开。结果，中国十个人就有九个人像烟鬼，黄皮刮瘦，萎靡不振。每个人脱去衣服，在镜子里看看自己的身体，固然自惭形秽；就是看看邻人的面孔，也是那么憔悴，不能激起一点生气来。像这样衰弱的民族奄奄待毙之不暇，能谈到什么富强事业，更能谈到什么“精神文明”呢？

我在幼时也鄙视过学校里所谓体育。天天只埋头读书，以为在运动方面所花去的时间太可惜，有时连正当的体操功课也不去上。体操比我好的人成绩都不很高明，我心里实在有些瞧不起他们。我在考试时体操常不及格，但结果仍无伤于我的第一第二的位置，我更以为体育是无足轻重的了。这十几年以来，我差不多天天受从前藐视体育所应得的惩罚。每年总要闹几次病，体重始终没有超过八十斤，年纪刚过三十，头发就白了一大半；劳作稍过度，就觉得十分困倦。我有时也很想在学问方面奋斗，但是研究一个问题或是做一篇文章，到了最紧要的关头时，就苦精力接不上来，要半途停顿。思想的工作正如打仗或赛跑，最要紧的关头往往在最后五分钟。这最后五分钟的失败往往不在缺乏坚持的努力，而在可使用的精力完全耗尽。世间固然有许多身体羸弱而在思想学问，事业各方面造就很大的人，但是我有理由相信：如果他们身体强健，造就一定更较伟大。如果论智力，我不相信中国人天生地比外国人低下。但是中国人在学术上的造就到现在还是落后，原因固不止一种，我相信身体羸弱是最重要的一种。普通的德国人或英国人到50～60岁的年纪还是血气方刚，还有20～30年可以向学问事业方面努力锐进。但是普通的中国人到了30岁以后，便逐渐衰弱老朽。在旁人正是奋发有为的年纪，我们已须宣告体力的破产，做退休老死的计算。在普通的外国人，头30年只是训练和准备的时期，后30～40年才谈到成就和收获；在我们中国人，刚过了训练和准备的时期，可用的精力就渐就耗竭，如何能谈到成就和收获呢？

体格羸弱的影响不仅在学问事业方面可以见出，对于一个人的心境脾胃以至于人生观都不免酿成了许多病态。我常分析自己，每逢性情暴躁容易为小事动气时，大半是因为身体方面有什么不舒适的地方，如头痛如脚痛之类；每逢垂头丧气，对一切事都仿佛绝望时，大半因为精力疲倦，所能供给的精力不足以应付事物的要求。在睡了一夜好觉之后，清晨爬起来，周身精神饱满，生气蓬勃，我对人就特别和善，心里就特别畅快，看一切困难都不在眼里，对于前途处处都觉得是希望。我常仔细观察我所接触的人物，发现这种体格与心境的密切关系几乎是普遍的。我没有看见一个身体真正好的人为人不和善，处事不乐观，我也没有看见一个颓丧愁闷的人在身体方面没有丝毫缺陷。中国青年多悲观厌世，暮气沉沉，我敢说大半是身体不健康的结果。

这二十年来，我常在观察中国社会而推求它的腐化的根本原因；愈观察，愈推求，我愈察觉到身体对于精神的影响之伟大。我常听到“道德学家”“精神文明”说者把社会一切的乱象都归咎到道德的崩溃精神的破产。我也曾把这一类的老话头拿来应用到中国社会，觉得道德的崩溃究竟只是结果而不是原因。只就现象说，中华民族的一切病症都归原到一个字——懒。

懒所以因循苟且，看见应该做的事不去做，让粪堆在大路上，让坏人当权，让坏制度坏习惯存在。懒，所以爱贪小便宜，做官遇到可抓的钱就抓，想一旦成富翁，一劳永逸，做学生不肯做学问，凭自己的本领去挣地位，只图奔走逢迎，夤缘倖进。懒，所以含垢忍辱，一个堂堂男子汉不肯在正当光荣的职业中谋生活，宁愿去当汉奸，或是让妻女做娼妓，敌人打进门里来，永远学缩头乌龟。

如果我有时间，我可以把“懒”的罪状一直数下去。一切道德上的缺点都可以一言以蔽之曰“懒”。“懒”就是物理学中所讲的“惰性”。无论在物理方面或是在精神方面，惰性都起于“动力”的缺乏。就生物说，“动力”的缺乏就是“弱”。所以“懒”的根本原因还是在“弱”，在生活力的耗竭，在体格的不健全。换句话说，精神的破产毕竟是起于体格的破产。

生命是一种无底止的奋斗。一个兵士作战，一个学者探讨学术，或是一个普通公民勇于尽自己的职责，向一切众恶引诱说一个坚决的“不”字，都要有一种奋斗的精神。奋斗的精神就是生活力的表现。中华民族在体格方面太衰弱，所以缺乏奋斗所必需的生活力，所以懒，所以学问落后，事业废弛，道德崩溃，经济破产，事事都不如人。

要真正想救中国，慢些谈学问，慢些谈政治，慢些谈道德，第一件要事，先把身体培养强健。要生活，先要储蓄生活力！如果中华民族仍不觉悟体力对于精神影响之大，以及健康运动之重要，仍然是那样黄皮刮瘦，暮气沉沉，要想中国不亡那简直是无天理！

我半生的光阴都费在书本上面，对于一般人所说的“精神文明”之尊敬与爱护，自问并不敢后于旁人，现在来大声疾呼，提倡健康运动，在旁人看来，或不免有些奇怪；其实这也并无足怪，身体羸弱的祸害与苦楚对于我是切肤之痛，所以我不能不慨乎言之。我在中国人中已迫近老朽之年了，还在起始学游泳打太极拳，这是施耐庵所骂的“用违其时”。愈觉得补救之太晚，我愈懊悔年轻时代对于体育的忽略。我希望比我幸运的——因为还未失去时机的——青年们不再蹈我这一种人的覆辙。我从自己的失败中得到一个极深刻的教训：身体好，什么事都有办法，身体不好，什么事都做不好。小而个人的成功，大而民族的复兴都要从身体健康下手。这件事也并非学校的体操或国际的运动竞赛所能促成的。我们要把健康的重要培养成为全民旗的信仰。从择配优生以至于保婴防疫公众卫生等都要很郑重地去研究和实行推广。运动也要变成全社会的娱乐，不仅求培养几个选手。这件事是中华民族图存所急不容缓的。中年以上的人们已经没有希望。只有靠青年们努力了。我敬祝全国青年从今日起，设法多做强健身体的运动，为中华民族多培养一些生命力！

光潜

1936年8月

给《申报周刊》的青年读者（四）

——游戏与娱乐

朋友：

前信谈民族的生命力，意尚有未尽，现在再说几句话来补充。

精神的衰落由于体格的羸弱；要想振作精神，先要设法强健身体；要想强健身体，不能不求运动的普遍化。这个道理本极浅近，许多人因为它浅近而忽视它的重要，所以我在前信中反复陈之。今天我所要补充的话是关于游戏与娱乐的。我的要旨可以用一两句话说完：无论是民族或是个人，生命力的富裕都流露于游戏与娱乐，所以如果你要观察一个人或是一个民族有无生气，游戏与娱乐是最好的试水准。中华民族现在已走到衰残老朽无生气的地步，最显著的征兆就在缺乏正当的游戏和娱乐。这是一般人所承认的。我以为我们还可以进一步说：游戏和娱乐的缺乏不仅是生命力枯涸的征兆，简直是生命力枯涸的原因。前信所说的运动只能算是游戏与娱乐中的一个小节目。如果我们想把中华民族改造成一种活泼有生气的民族，只提倡运动还不够，我们应该多多注意一般的游戏和娱乐。

让我们看看欧美人的生活！他们每天工作都有一定的时间，——下了工，无论是男的女的，老的少的，贫的富的，都如醉如狂地各寻各的娱乐：看戏、跳舞、听音乐、打球、逛公园、上咖啡馆，一玩就玩一个痛快；到第二天起来，又抖擞精神，各做各的工作，一做也就做一个痛快。一到礼拜天或是其它假期，他们简直像学童散学，或是囚犯出牢似的，说不出来那一股快乐劲儿。有钱的人坐头等车到海滨去洗澡晒太阳，没有钱的人也背一袋干粮徒步走到附近的山上或河边，过一天痛快的逍遥生活。我从前住法国时，曾寄居在一个乡下人家，主人是一个寻常的工人，所赚的工资恰够维持家用，看他处处都很节省，但是一到假期，他总是把一礼拜中辛苦所挣的些微储蓄花在娱乐方面。他虽然是很穷，生活却过得很舒适。到晚间来，他的妻子要弹一阵子钢琴，他的小孩要唱几曲歌，玩几种把戏，他自己要讲一段故事，说几句笑话。一家四五口人居然过得很热闹，很快活。在这种小家庭中你绝对感觉不到单调乏味或是寂寞。总之，无论是在野外，在公共娱乐场，或是在家庭里面，他们处处都流露一种蓬蓬勃勃的生气，每个人都觉得生活是一件乐事，因为每个人都知道怎样生活。

让我们回头看看我们中国人的生活！大多数小百姓整天整年地像牛马一样地劳作，肩背上老是感觉到生活的压迫，面孔上老是表现奔波劳碌所酿成的憔悴，没有一刻休息的时间，更谈不到什么消遣和娱乐。许多人都在夸奖中国人这种刻苦耐劳的本领，不知道刻苦耐劳固然可钦佩，过分劳苦的生活也是剥削民族元气的刀锯。弓有弛才能有张，张而不弛，过了一定的限度必定裂断，至少也要失去它的弹性与射击力。中华民族生活就像永远是攀满弦的弓，现在似乎已逼近筋疲力尽的日子了。姑就工作的效率说，学过心理学的人都知道，接连做十二点钟的工不如拿六点钟来休息寻娱乐，以剩下的六点钟去聚精会神地工作。所以欧美人虽然每天只做八小时左右的工，而效率反比我们整天做得不歇大得多。我们一般中国人，做既然没好好地做，玩也没有好好地玩，只不松不紧地拖下去，结果是弄得体力俱敝而事无所成。这是中国社会一个极严重的病象，如果掌政教之责的人们一日不觉悟到它的严重性而急谋救药，我相信中华民族就一日没有恢复生命力的希望。

生命是需要流动变化而厌恶单调板滞的。地下的泉水要流通才能兴旺。它愈有机会发泄，就愈源源不绝地涌出。如果你把它的出口塞住，它不是停蓄淤滞，就是泛滥横流。人的生命力也是如此。人生来就有种种本能，情欲和其它自然倾向，每种都有一种潜力附丽在上面，这种潜力正如泉水，要流通发泄，才能生发不穷。弗洛伊德派心理学很明白地告诉我们：近代人的许多心理变态都起于人性的自然要求不得适当的满足。所以新近哲学家们都以为最健全的人生理想是多方面的自由发展；压抑某一部分性格，让另一部分性格畸形发展，是一种最误事的办法。不幸得很，我们中国人已往所采取的恰是这种最误事的办法。小孩子生下来就要受种种束缚和钳制，许多健康人所必有的自然冲动老早就被压抑下去，还未少年，便已老成。到了老成，束缚更多。尤其是受过教育的人们要扮一副儒雅严肃面孔，一辈子不能痛痛快快地过一天自然人的生活。游戏便是轻薄，娱乐全不正经。“人生而静天之性”，所以“静”到老到死是最高的理想。我常想，中国人在精神方面尽是一些驼子跛子瞎子，四肢挛曲，五官不全，好比园中的花木，全被花匠用人工弯扭成种种不自然的形状，他们的生活干枯，他们的容貌憔悴，他们的文化衰落，都是事有必至，理有固然的。

游戏与娱乐是人生自然需要，中国人绝不是例外。有这种需要而没有这种机会，于是种种变态的不正当的满足方法就起来了。外国人有闲功夫就去泅水打球爬山逛公园，中国人有闲功夫就守着方桌打麻将，躺在床上抽大烟，或是在酒馆里吃得一肚子油腻之后，醉醺醺地跑到窑子里抱妓女，比较新式的也不过是挤到肉臭熏天的电影院和跳舞场里去凑热闹。我可以说，中国人所有的娱乐都是文化衰落后的病态的象征，它们的功用不在调剂生活的单调，求多方面的发展，而在姑图一时的强刺激和麻醉，与吗啡针绝对没有分别。

我说正当的游戏和娱乐的缺乏足征中国文化的衰落与民族生命力的枯竭，听者也许以为过甚其词。其实我们如果稍稍研究古代中国人的生活状况，就知道这是不可逃避的结论。在古代小学教育中六艺是必修科，其中不但射御，就是礼乐书数也多少含有游戏与娱乐的性质。公私宴会中奏乐、唱歌、投壶、跳舞往往是必有的节目，平民娱乐如博箭，摴蒲、斗鸡，走狗、击剑、跳丸、履絙、戏车、弄马、藏钩、射覆、击钱、掷豆等五花八门，简直数不清楚。孔子有一天叫门人们谈各人的志向。曾点说：“暮春者春服既成，冠者五六人，童子六七人，浴乎沂，风乎舞雩，咏而归。”孔子听了特别赞赏地说：“吾与点也！”可见古代儒家也并不提倡不近人情的枯燥生活。我们现在回头看看，古书中所载的许多游艺杂技有几种保存到现在？拿现代中国人的生活比周秦时代的生活，相差有几远？中国人本来欢喜唱歌，现在已失去唱歌的习惯；本来欢喜跳舞，现在已失去跳舞的习惯；本来欢喜射御以及许多其他杂艺，现在这些杂艺变为士大夫所不齿的“鄙事”。你说这不是文化衰落的征兆？最显著的是乐歌的灭亡。乐歌是生气的最真切表现。世界上没有一个有生气的民族不欢喜唱歌奏乐，而中华民族在世界中可说已经退化成为最不会唱歌奏乐的民族。别说这是小事！它比一般人所慨叹的“人心不古，世道沦夷”还更可危惧，因为浪子终可回头，而老朽是必趋于枯死。

我有许多幼年时代的英俊的同学现在都在抽大烟，或是整天地打麻将，逛窑子。想到他们，我不禁慨叹一个人在中国其容易毁；同时，也替未来的许多英俊青年慄慄危惧。谁敢说将来中国没有一天会亡于鸦片与麻将？政府在高唱禁烟禁赌，我以为这还是治标的办法，治本的办法是提倡多方面的正当游戏和娱乐。许多事情都由习惯养成，比如，外国传来的跳舞，许多年轻男女都已学会了，难道许多其它比较有益的玩艺就学不会吗？唱歌、弹琴、爬山、泅水、划船、打球、骑马、野餐旅行，哪一件不比抽鸦片打麻将强？谁不知抽鸦片打麻将是坏事？但是在中国生活真枯燥，许多人都被单调和厌倦逼得睁着眼睛下火坑。如有正当的娱乐，许多坏嗜好是不禁自禁的。

一个人如果有正当的游戏和娱乐，对于生活兴趣一定浓厚，心境一定没有忧郁或厌倦，精神一定发扬活泼，做事一定能勇往直前。一个民族如果相习成风地嗜好正当的游戏和娱乐，它的生气一定是蓬蓬勃勃的，文化衰落后的种种变态的不康健的恶习一定不能传染到它身上。所以在今日中国青年图谋民族复兴应注意的事项中，我把游戏和娱乐摆在一个极重要的地位。我奉劝我所敬爱的青年们都趁早学几种游戏，寻几种有益身心的娱乐的方法，多唱歌，多驰马试剑，别再像我们这一辈子人天天在房子里枯坐着，埋怨生活单调苦闷！

光潜

1936年10月

给《申报周刊》的青年读者（五）

——谈理想与事实

朋友：

前几天有一位师范大学朱君来访，闲谈中他向我提出一个很严重的问题："现代社会恶浊，青年人所见到的事实和他自己所抱的理想常相冲突，比如毕业后做事就是一个大难关。如果要依照理想，廉洁自矢，守正不阿，则各机关大半是坏人把持住，你就根本不能插足进去，改造社会自然是谈不到。如果不择手段，依照中国人谋事的习惯法，奔走逢迎，献媚权贵，则你还没有改造社会，就已被社会腐化。我自己也很想将来替社会做一点事，但是又不愿同流合污。想到这一层，心里就万分烦恼。先生以为我们青年人处在这种两难的地位，究竟应该持什么一种态度呢？"

朱君所提出的只是理想与事实的冲突的一端。其实现在中国社会各方面，从家庭、婚姻、教育、内政、外交，以至于整个的社会组织，都处处使人感到事实与理想的冲突。每一个稍有良心的人从少到老都不免在这种冲突中挣扎奋斗，尤其是青年有志之士对于这种冲突特别感到苦恼。大半每个人在年轻时代都是理想主义者，欢喜闭着眼睛，在想象中造成一座堂华美丽的空中楼阁。后来入世渐深，理想到处碰事实的钉子，便不免逐渐牺牲理想而迁就事实。一到老年。事实就变成万能。理想就全置度外。聪敏者唯唯否否，圆滑不露棱角，奸猾者则钻营竞逐，窃禄取宠。行为肮脏而话却说得堂皇漂亮。我们略放眼一看，就可以见出许多"优秀分子"的生命都形成这么一种三部曲的悲剧。

我常想，老年人难得的美德是尊重理想，青年人难得的美德是尊重事实。老年人我们姑且不去管他们，死在等待他们，他们纵然是改进社会的一个大累，不久也就要完事了。“既往不咎，来者可追。”我们这个时代的中国青年所负的责任特别繁重，中国事有救与无救，就全要看这一代人的成功与失败。一发千钧，稍纵即逝。这个时代的中国青年应该认清他们的责任。认清目前的特殊事实，以冷静而沉着的态度去解决事实所给的困难。最误事的是不顾事实而空谈理想。

我还记得那一次我回答朱君的话。我说：什么叫作“理想”？它不外有两种意义：一种是“可望而不可攀。可幻想而不可实现的完美”。比如说，在许多宗教中，理解的幸福是长生不老；它成为理想，就因为实际上没有人能长生不老。另一种是“一个问题的最完美的答案”或是“可能范围以内的最圆满的办法”。比如说，长生不老虽非人力所能达到，强健却是人力所能达到的。就人所能谋的幸福说，强健是一个合理的理想。这两种理想的分别在一个蔑视事实条件，一个顾到事实条件；一个渺茫空洞，一个有方法步骤可循。第一种理想是心理学家所谓想象中的欲望的满足，在宗教与文艺中自有它的重要，可是绝不能适用于实际人生。在实际人生中，理想都应该是解决事实困难的最合理的答案。一个理想如果不能解决事实困难，永远与事实困难相冲突，那就可以证明那个理想本身有毛病，或者可以说，它简直不成其为理想。现代青年每遇心里怀着一个“理想”时，应该自己反省一遍；看它是属于我们所说的两种理想中的哪一种。如果它属于前一种，而他要实现它，那么，他就是迂诞、狂妄、浮躁、糊涂，没有别的话。如果它属于后一种，他就应该有决心毅力，有方法程次，按部就班地去使它实现。他就不应该因为理想与事实冲突而生苦恼或怨天尤人。

比如就青年说，有两个问题最切要：第一是怎样去学一点切实的学问？第二是学成之后，怎样找机会去做事？一般青年对于求学问题所感到的困难不外两种。一种是经济困难。在现在经济破产状况之下。十个人就有九个人觉得由小学而中学，由中学而大学这一笔费用不易筹措。天灾人祸。常出意外，多数青年学生都时时有被逼辍学的可能。另一种是学力问题。学校少而应试者多。比如，几个稍好的大学每年都有四五千人应试，而录取额最多只有四五百名。十人之中就有九人势须向隅。这两种事实都是与青年学生理想相冲突的。一般青年似乎都以为读书必进大学，甚至必进某某大学；如果因为经济或学力的欠缺，不能如自己所愿望，便以为学问之途对于自己是断绝了。我以为读书而悬进大学或出洋为最高标准，根本还是深中科举资格观念的余毒。做学问的机会甚多，如果一个人真是一个做学问的材料，他终究总可以打出一条路来。如果不是这种材料，天下事可做的甚多，又何必贪读书的虚荣？就是读书，一个人也只能在自己的特殊经济情形和资禀学力范围之内，选择最适宜的路径。种田、做匠人、当兵、做买卖，以至于更卑微的职业也都要有人去干；干哪一行职业，也都可以得到若干经验学问。哲学家斯宾诺莎不肯当大学教授而宁愿操磨镜的微业以谋生活。这种精神是最值得佩服的。现在中国青年大半仍鄙视普通职业，都希望进大学、出洋、当学者、做官，过舒适的生活。这种风气显然仍是旧日科举时代所流传下来的。学者和官僚愈多，物质消耗愈大、权利竞争愈烈，平民受剥削愈盛，社会也就愈不安宁。我们试平心而论，这是不是目前中国的实在情形？

如果一般青年能了解这番道理，对于择校选科，只求在自己的特殊情形之下，如何学得一副当有用的公民的本领，不一定要勉强预备做学者或官僚，我相信上文所说的第二个问题——做事问题——就不至于像现时那么严重。在中国现在百废待举。一个中学生或大学生何至没有事可做？一个不识字的人还可以种田做买卖，难道一个受教育的人反不如乡下愚夫愚妇？事是很多的。只是受过教育的人不屑于做小事。事没有人做。结果才闹成人没有事做。

我劝青年们多去俯就有益社会的小事，并非劝他们一定不要插足于政治教育以及其他较被优待的职业。这些事也要有人去做，而且应该有纯洁而能干的人去做，现在各种优遇位置大半被一班有势力而无能力的人们把持，新进者不易插足进去。这确是事实，但不是不可变动的事实。恶势力之所以成为势力，大半是靠团结。要打破一种恶势力。一个人孤掌难鸣。也一定要有团结才行。中国青年的毛病在洁身自好者不能团结，能团结者又不免同流合污，所以结果龌龊者胜而纯洁者败。谈到究竟，恶势力在一个社会里能够存在，还要归咎于纯洁分子的惰性太深，抵抗力太小。要挽救目前中国社会种种积弊，有志的纯洁青年们应该团结起来，努力和恶势力奋斗。比如说，一乡一县的事业被土豪劣绅把持，当地的优秀青年如果真正能团结奋斗，绝不难把事权夺过来。推之一省一国，也是如此。结党、造势力、争权位都不是坏事；坏事是结党而营私，争权位而分赃失职。只要势力造成权位争得以后，自己能光明正大地为社会谋福利，终究总可以博得社会的同情，打倒坏人所造成的恶势力。社会的同情总是站在善人方面。“人之好善，谁不如我？”现在许多人都见到社会上种种积弊和补救的方法。只是每个人都觉得自己力量孤单，见到而做不到。其实这里问题很简单。大家团结起来就行了。在任何社会，有一分能力总可以做一分事，做不出事来，那是自己没有能力，用不着怨天尤人。

理想不应与事实冲突。不但在求学谋事两方面是如此，其他一切也莫不然。比如说政治，现在一班青年都仿佛以为一经“革命”，地狱就可以立刻变成天国。被“革命”的是什么？革命后拿什么来代替？怎样去革命？第一步怎样做？第二步怎样做？遇到难关又怎样去克服？这些问题他们似乎都不曾仔细想过。只是天天在摇旗呐喊。我们天天都听到“革命”的新口号，却没有看见一件真正“革了命”的事迹。关于这一点，目前知识界的“领袖”们似乎说不清他们的罪过，他们教一班青年误认喊革命口号为做革命工作，误认革命为一件无须学识与技能的事业。“革命”两个字在青年心理中已变成一种最空洞不过的“理想”，像道家所说的“太极”，有神秘的面貌而无内容，它和事实毫不接头，自然更谈不到冲突。

政治理想是随时代环境变迁的。我们不要古人为我们打算盘，也大可不必去替后人打算盘。每一个国家的最好的政治理想应该是当时当境的最圆满的应付事实的方法。目前中国所有的是什么样的事实？民穷国敝，外患纷乘。稍不振作，即归毁灭。这种事实应该使每个有头脑的中国人觉悟到：在今日谈中国政治，“图存”是第一要义。中国是一个久病之夫，一切摧残元气的举动，一切聊快一时的毁坏，都与“图存”一个基本要义不相容。“社会革命”，“打倒帝国主义”，“永久平等”，“大同平等”，种种方剂都要牵涉全世界的制度组织。在加入这个全世界的大战线以前，中国人首先须要把自己训练到能荷枪执戟，才可以有资格。

这番话对于现代青年是很苦辣不适口的。我只能向他们说：高调谁也会唱，但是我的良心不容许我唱高调，因为我亲眼看见，调愈唱得高，事愈做得坏，小百姓受苦愈大，而青年也愈感彷徨怅惘。

光潜

1936年11月

谈谦虚

说来说去，做人只有两桩难事，一是如何对付他人，一是如何对付自己。这归根还只是一件事，最难的事还是对付自己，因为知道如何对付自己，也就知道如何对付他人，处世还是立身的一端。

自己不易对付，因为对付自己的道理有一个模棱性，从一方面看，一个人不可无自尊心，不可无我，不可无人格。从另一方面看，他不可有妄自尊大心，不可执我，不可任私心成见支配。总之，他自视不宜太小，却又不宜太大，难处就在调剂安排，恰到好处。

自己不易对付，因为不容易认识，正如有力不能自举，有目不能自视。当局者迷，旁观者清。我们对于自己是天生成的当局者而不是旁观者，我们自囿于“我”的小圈子，不能跳开“我”来看世界，来看“我”，没有透视所必需的距离，不能取正确观照所必需的冷静的客观态度，也就生成地要执迷，认不清自己，只任私心、成见、虚荣、幻觉种种势力支配，把自己的真实面目弄得完全颠倒错乱。我们像蚕一样，作茧自缚，而这茧就是自己对于自己所错认出来的幻象。真正有自知之明的人实在不多见。“知人则哲”，自知或许是哲以上的事。“知道你自己”一句古训所以被称为希腊人最高智慧的结晶。

“知道你自己”，谈何容易！在日常自我估计中，道理总是自己的对，文章总是自己的好，品格也总是自己的高，小的优点放得特别大，大的弱点缩得特别小。人常“阿其所好”，而所好者就莫过于自己。自视高，旁人如果看得没有那么高，我们的自尊心就遭受了大打击，心中就结下深仇大恨。这种毛病在旁人，我们就马上看出；在自己，我们就熟视无睹。

希腊神话中有一个故事。一位美少年纳西司（Narcissus）自己羡慕自己的美，常伏在井栏上俯看水里自己的影子，愈看愈爱，就跳下去拥抱那影子，因此就落到井里淹死了。这寓言的意义很深永。我们都有几分“拉西司病”，常因爱看自己的影子堕入深井而不自知。照镜子本来是好事，我们对于不自知的人常加劝告：“你去照照镜子看！”可是这种忠告是不聪明的，他看来看去，还是他自己的影子，像拉西司一样，他愈看愈自鸣得意，他的真正面目对于他自己也就愈模糊。他的最好的镜子是世界，是和他同类的人。他认清了世界，认清了人性，自然也就会认清自己，自知之明需要很深厚的学识经验。

德尔斐神谕宣示希腊说，苏格拉底是他们中间最大的哲人，而苏格拉底自己的解释是：他本来和旁人一样无知，旁人强不知以为知，他却明白自己的确无知，他比旁人高一招，就全在这一点。苏格拉底的话老是这样浅近而深刻，诙谐而严肃。他并非说客套的谦虚话，他真正了解人类知识的限度。“明白自己无知”是比得上苏格拉底的那样哲人才能达到的成就。有了这个认识，他不但认清了自己，多少也认清了宇宙。孔子也仿佛有这种认识。他说：“吾有知乎哉，无知也。”他告诉门人：“知之为知之，不知为不知，是知也。”所谓“不知之知”正是认识自己所看到的小天地之外还有无边世界。

这种认识就是真正的谦虚。谦虚并非故意自贬声价，做客套应酬，像虚伪者所常表现的假面孔；它是起于自知之明，知道自己所已知的比起世间所可知的非常渺小，未知世界随着已知世界扩大，愈前走发现天边愈远。他发现宇宙的无边无底，对之不能不起崇高雄伟之感，反观自己渺小，就不能不起谦虚之感。谦虚必起于自我渺小的意识，谦虚者的心目中必有一种为自己所不知不能的高不可攀的东西，老是要抬着头去望它。这东西可以是全体宇宙，可以是圣贤豪杰，也可以是一个崇高的理想。一个人必须见地高远，“知道天高地厚”才能真正地谦虚，不知道天高地厚的人就老是觉得自己伟大，海若未曾望洋，就以为“天下之美尽在己”。谦虚有它消极方面，就是自我渺小的意识；也有它积极方面，就是高远的瞻瞩与恢阔的胸襟。

看浅一点，谦虚是一种处世哲学。“人道恶盈而喜谦”，人本来没有可盈的时候，自以为盈，就无法再有所容纳，有所进益。谦虚是知不足，知不足然后能自强。一切自然节奏都是一起一伏。引弓欲张先弛，升高欲跳先蹲，谦虚是进取向上的准备。老子譬道，常用谷和水。“谷神不死”、“旷兮其若谷”、“上善若水”、“天下莫柔弱于水而攻坚强者莫之能胜”。谷虚所以有容，水柔所以不毁。人的谦虚可以说是取法于谷和水，它的外表虽是空旷柔弱，而它的内在力量却极刚健。大易的谦卦六爻皆吉。作易的人最深知谦的力量，所以说，“谦尊而光，卑而不可逾。”道家与儒家在这一点认识上是完全相同的。这道理好比打太极拳，极力求绵软柔缓，可是“四两拨千斤”，极强悍的力士在这轻推慢挽之前可以望风披靡。古希腊的悲剧作者大半是了解这个道理的，悲剧中的主角往往以极端的倔强态度和不可以倔强胜的自然力量（希腊人所谓神的力量）搏斗，到收场时一律被摧毁，悲剧的作者拿这些教训在观众心中引起所谓“退让”（resignation）情绪，使人恍然大悟在自然大力之前，人是非常渺小的，人应该降下他的骄傲心，顺从或接收不可抵制的自然安排。这思想在后来耶稣教中也很占势力。近代科学主张“以顺从自然去征服自然”，道理也是如此。

看深一点，谦虚是一种宗教情绪。这道理在上文所说的希腊悲剧中已约略可见。宗教都有一个被崇拜的崇高的对象，我们向外所呈献给被崇拜的对象的是虔敬，向内所对待自己的是谦虚。虔敬和谦虚是宗教情绪的两方面，内外相应相成。这种情绪和美感经验中的“崇高意识”（sense of the sublime）以及一般人的英雄崇拜心理是相同的。我们突然间发现对象无限伟大，无形中自觉此身渺小，于是栗然生畏，肃然超敬；但是惊心动魄之余，就继以心领神会，物我交融，不知不觉中把自己也提升到那同样伟大的境界。对自然界的壮观如此，对伟大的英雄如此，对理想中所悬的全知全能的神或尽善尽美的境界也是如此。在这种心境中，我们同时感到自我的渺小和人性的尊严，自卑和自尊打成一片。

我们姑拿两首人人皆知的诗来说明这个道理。一是陈子昂的“前不见古人，后不见来者，念天地之悠悠，独怆然而涕下”，一是杜甫的“侧身天地常怀古，独立苍茫自咏诗”。我们试玩味两诗所表现的心境。在这种际会，作者还是觉得上天下地，唯我独尊，因而踌躇满意呢？还是四顾茫茫，发现此身渺小而怅然若有所失呢！这两种心境在表面上是相反的，而在实际上却并行不悖，形成哲学家们所说的“相反者之同一”。在这种际会、骄傲和谦虚都失去了它们的寻常意义，我们骄傲到超出骄傲，谦虚到泯没谦虚。我们对庄严的世相呈献虔敬，对蕴藏人性的“我”也呈献虔敬。

有这种情绪的人才能了解宗教，释迦和耶稣都富于这种情绪，他们极端自尊也极端谦虚。他们知道自尊必从谦虚做起，所以立教特重谦虚。佛家的大戒是“我执”、“我谩”。佛家的哲学精义在“破我执”。佛徒在最初时期都须以行乞维持生活，所以叫作“比丘”。行乞是最好的谦虚训练。耶稣常溷身下层阶级，一再告诫门徒说：“凡自己谦卑像这小孩的，他在天国里就是最大的”，“你们中间谁为大，谁就要做你们的用人，自高的必降为卑，自卑的必升为高”。这教训在中世纪产生影响极大，许多僧侣都操贱役，过极刻苦的生活，去实现谦卑（humiliation）的理想，圣佛兰西斯是一个很美的例证。

耶佛和其他宗教都有膜拜的典礼，它的意义深可玩味。在只是虚文时，它似很可鄙笑；在出于至诚时，它却是虔敬和谦虚的表现，人类可敬的动作就莫过于此。人难得弯下这个腰杆，屈下这双膝盖，低下这颗骄傲的心，在真正可尊敬者的面前“五体投地”。有一次我去一个法会听经，看见皈依的信士们进来时恭恭敬敬地磕一个头，出去时又恭恭敬敬地磕一个头。我很受感动，也觉得有些尴尬。我所深感惭愧的倒不是人家都磕头而我不磕头，而是我的衷心从来没有感觉到有磕头的需要。我虽是愚昧，却明白这足见性分的浅薄。我或是没有脱离“无明”，没有发现一种东西叫我敬仰到须向它膜拜的程度；或是没有脱离“我谩”，虽然发现了可膜拜者而仍以膜拜为耻辱。

“我谩”就是骄傲，骄傲是自尊情操的误用。人不可没有自尊情操，有自尊情操才能知耻，才能有所谓荣誉意识（sense of honour），才能有所为有所不为，也才能奋发向上。孔子说“知耻近乎勇”，和《学记》的“知不足然后能自强”，《易经》的“谦尊而光，卑而不可逾”两句名言意义骨子里相同。近代心理学家阿德勒（Adler）把这个道理发挥得最透辟，依他看，我们有自尊心，不甘居下流，所以发现了自己的缺陷，就引以为耻，在心理形成所谓“卑劣结”（inferiority complex），同时激起所谓“男性的抗议”（masculine protest），要努力弥补缺陷，消除卑劣，来显出自己的尊严。努力的结果往往不但弥补缺陷，而且所达到的成就反比本来没有缺陷的更优越。希腊的德摩斯梯尼斯本来口吃，不甘心受这缺陷的限制，发愤练习演说，于是成为最大的演说家，中国孙子因膑足而成兵法，左丘明因失明而成《国语》，司马迁因受宫刑而作《史记》，道理也是如此。阿德勒所谓“卑劣结”其实就是谦虚、“知耻”或“知不足”，他的“男性抗议”就是“自强”、“近乎勇”或“卑而不可逾”。从这个解释，我们也可以看出谦虚与自尊心不但并不相反，而且是息息相通。真正有自尊心者才能谦虚，也才能发奋为雄。“尧，人也，舜，人也，有为者亦若是”，在做这种打算时，我们一方面自觉不如尧舜，那就是谦虚，一方面自觉应该如尧舜，那就是自尊。

骄傲是自尊情操的误用，是虚荣心得到廉价的满足。虚荣心和幻觉相连，有自尊而无自知。它本来起于社会本能——要见好于人；同时也带有反社会的倾向，要把人压倒，它的动机在好胜而不在向上，在显出自己的荣耀而不在理想的追寻。虚荣加上幻觉，于是在人我比较中，我们比得胜固然自骄其胜，比不胜也仿佛自以为胜，或是丢开定下来的标准，另寻自己的胜处。我们常暗地盘算：你比我能干，可是我比你有学问；你干的那一行容易，地位低，不重要，我干的才是真正了不起的事业；你的成就固然不差，可是如果我有你的地位和机会，我的成就一定比你更好。总之，我们常把眼睛瞟着四周的人，心里做一个结论：“我比你强一点！”于是竖起大拇指，扬扬自得，并且期望旁人都甘拜下风，这就是骄傲。人之骄傲，谁不如我？我以压倒你为快，你也以压倒我为快。无论谁压倒谁，妒忌、愤恨、争斗以及它们所附带的损害和苦恼都在所不免。人与人，集团与集团，国家与国家，中间许多灾祸都是这样酿成的。“礼至而民不争”，礼之端就是辞让，也就是谦虚。

欢喜比照人己而求己比人强的人大半心地窄狭，谩世傲物的人要归到这一类。他们昂头俯视一切，视一切为“卑卑不足道”，“望望然去之”。阮籍能为青白眼，古今传为美谈。这种谩世傲物的态度在中国向来颇受人重视。从庄子的“让王”类寓言起，经过魏晋清谈，以至后世对于狂士和隐士的崇拜，都可以表现这种态度的普遍。这仍是骄傲在作祟。在清高的烟幕之下藏着一种颇不光明的动机。“人都龌龊，只有我干净”（所谓“世人皆浊我独清”），他们在这种自信或幻觉中沉醉而陶然自乐。熟看《世说新语》，我始而羡慕魏晋人的高标逸致，继而起一种强烈的反感，觉得那一批人毕竟未闻大道，整天在臧否人物，自鸣得意，心地毕竟局促。他们忘物而未能忘我，正因其未忘我而终亦未能忘物，态度毕竟是矛盾。魏晋人自有他们的苦闷，原因也就在此。“人都龌龊，只有我干净”，这看法或许是幻觉，或许是真理。如果它是幻觉，那是妄自尊大；如果它是真理，就引以自豪，也毕竟是小气。孔子、释迦、耶稣诸人未尝没有这种看法，可是他们的心理反应不是骄傲而是怜悯，不是遗弃而是援救。长沮桀溺说：“滔滔者天下皆是，而谁以易之。”孔子说：“鸟兽不可与同群，吾非斯人之徒之与而谁与？”这是谩世傲物者与悲天悯人者在对人对己的态度上的基本分别。

人生本来有许多矛盾的现象，自视愈大者胸襟愈小，自视愈小者胸襟愈大。这种矛盾起于对于人生理想所悬的标准高低。标准悬得愈低，愈易自满，标准悬得愈高，愈自觉不足。虚荣者只求胜过人，并不管所拿来和自己比较的人是否值得做比较的标准。只要自己显得是长子，就在矮人国中也无妨。孟子谈交友的对象，分出“一乡之善士”，“一国之善士”，“天下之善士”，“古之人”四个层次。我们衡量人我也要由“一乡之善士”扩充到“古之人”。大概性格愈高贵，胸襟愈恢阔，用来衡量人我的尺度也就愈大，而自己也就显得愈渺小。一个人应该有自己渺小的意识，不仅是当着古往今来的圣贤豪杰的面前，尤其是当着自然的伟大，人性的尊严和时空的无限。你要拿人比自己，且抛开张三李四，比一比孔子、释迦、耶稣、屈原、杜甫、米开朗琪罗、贝多芬或是爱迪生！且抛开你的同类，比一比太平洋、大雪山、诸行星的演变和运行。或是人类知识以外的那一个茫茫宇宙！在这种比较之后，你如果不为伟大崇高之感所撼动而俯首下心，肃然起敬，你就没有人性中最高贵的成分。你如果不盲目，看得见世界的博大，也看得见世界的精微，你想一想，世间哪里有临到你可凭以骄傲的？

在见道者的高瞻远瞩中。“我”可以缩到无限小，也可以放到无限大。在把“我”放到无限大时，他们见出人性的尊严；在把“我”缩到无限小时，他们见出人性在自己小我身上所实现的非常渺小。这两种认识合起来才形成真正的谦虚。佛家法相一宗把叫作“我”的肉体分析为“扶根尘”。和龟毛兔角同为虚幻，把“我”的通常知见都看成幻觉，和镜花水月同无实在性。这可算把自我看成极渺小。可是他们同时也把宇宙一切，自大地山河以至玄理妙义，都统摄于圆湛不生灭妙明真心，万法唯心所造，而此心却为我所固有。所以“明心见性”，“即心即佛”。这就无异于说，真正可以叫作“我”的那种“真如自性”还是在我，宇宙一切都由它生发出来，“我”就无异于创世主。这对于人性却又看得何等尊严！不但宗教家，哲学家像柏拉图、康德诸人大抵也还是如此看法。我们先秦儒家的看法也不谋而合。儒本有“柔懦”的意义，儒家一方面继承“一命而偻，再命而伛，三命而俯，循墙而走”那种传统的谦虚恭谨，一方面也把“我”看成“与天地合德”。他们说：“返身而诚，万物皆备于我矣”，“能尽人之性，则能尽物之性；能尽物之性，则可以赞天地之化育，与天地参矣。”他们拿来放在自己肩膀上的责任是“为天地立心，为生民立命，为往圣继绝学，为万世开太平”。这种“顶天立地，继往开来”的自觉是何等尊严！

意识到人性的尊严而自尊，意识到自我的渺小而自谦，自尊与自谦合一，于是法天行健，自强不息，这就是《易经》所说的“谦尊而光，卑而不可逾”。

看戏与演戏

——两种人生理想

莎士比亚说过，世界只是一个戏台。这话如果不错，人生当然也只是一部戏剧。戏要有人演，也要有人看；没有人演，就没有戏看；没有人看，也就没有人肯演。演戏人在台上走台步，做姿势，拉嗓子，喜笑怒骂，悲欢离合，演得酣畅淋漓，尽态极妍；看戏人在台下呆目瞪视，得意忘形，拍案叫好，两方皆大欢喜，欢喜的是人生煞是热闹，至少是这片刻光阴不曾空过。

世间人有生来是演戏的，也有生来是看戏的。这演与看的分别主要地在如何安顿自我上面见出。演戏要置身局中，时时把“我”抬出来，使我成为推动机器的枢纽，在这世界中产生变化，就在这产生变化上实现自我；看戏要置身局外，时时把“我”搁在旁边，始终维持一个观照者的地位，吸纳这世界中的一切变化，使它们在眼中成为可欣赏的图画，就在这变化图画的欣赏上面实现自我。因为有这个分别，演戏要热要动，看戏要冷要静。打起算盘来，双方各有盈亏：演戏人为着饱尝生命的跳动而失去流连玩味，看戏人为着玩味生命的形象而失去“身历其境”的热闹。能入与能出，“得其圜中”与“超以象外”，是势难兼顾的。

这分别像是极平凡而琐屑，其实却含着人生理想这个大问题的一个道理在里面。古今中外许多大哲学家，大宗教家和大艺术家对于人生理想费过许多摸索，许多争辩，他们所得到的不过是三个不同的简单的结论：一个是人生理想在看戏，一个是它在演戏，一个是它同时在看戏和演戏。

先从哲学说起。

中国主要的固有的哲学思潮是儒道两家。就大体说，儒家能看戏而却偏重演戏，道家根本藐视演戏，会看戏而却也不明白地把看戏当作人生理想。看戏与演戏的分别就是《中庸》一再提起的知与行的分别。知是道问学，是格物穷理，是注视事物变化的真相；行是尊德行，是修身齐家治国平天下，是在事物中起变化而改善人生。前者是看，后者是演。儒家在表面上同时讲究这两套功夫，他们的祖师孔子是一个实行家，也是一个艺术家。放下他着重礼乐诗的艺术教育不说，就只看下面几段话：

> 子在川上曰，逝者如斯夫，不舍昼夜！

> 鸢飞戾天，鱼跃于渊，言其上下察也。

> 天何言哉，天何言哉！四时行焉，百物生焉！

> 今夫天，斯昭昭之多，及其无穷也，日月星辰系焉，万物覆焉；今夫地，一撮土之多，及其广厚，载华岳而不重，振河海而不泄，万物载焉。

对于自然奥妙的赞叹，我们就可以看出儒家很能做阿波罗式的观照，不过儒家究竟不以此为人生的最终目的，人生的最终目的在行，知不过是行的准备。他们说得很明白，“物格而后知至，知至而后意诚，意诚而后心正，心正而后身修”，以至于家齐国治天下平。“自明诚，谓之教”，由知而行，就是儒家所着重的“教”。孔子终身周游奔走，“三月无君，则皇皇如也”，我们可以想见他急于要扮演一个角色。

道家老庄并称。老子抱朴守一，法自然，尚无为，持清虚寂寞，观“众妙之门”，玩“无物之象”，五千言大半是一个老于世故者静观人生物理所得到的直觉妙谛。他对于宇宙始终持着一个看戏人的态度。庄子尤其是如此。他齐是非，一生死，逍遥于万物之表，大鹏与鯈鱼，姑射仙人与疱丁，物无大小，都触目成象，触心成理，他自已却“凄然似秋，暖然似春”，哀乐毫无动于衷。他得力于他所说的“心齐”：“心齐”的方法是“若一志，无听之以耳，而听之以心”，它的效验是“虚室生白，吉祥止止”。他在别处用了一个极好的譬喻说：“至人之用心若镜，不将不逆，应面不藏。”从这些话，我们可以看出老子所谓“抱朴守一”，庄子所谓“心齐”，都恰是西方哲学家与宗教家所谓“观照”（contemplation）与佛家所谓“定”或“止观”。不过老庄自己虽在这上面做功夫，却并不像以此立教，或是因为立教仍是有为，或是因为深奥的道理可亲证而不可言传。

在西方，古代及中世纪的哲学家大半以为人生最高目的在观照，就是我们所说的以看戏人的态度体验事物的真相与真理。头一个明白地做这个主张的是柏拉图。在《会饮》那篇熔哲学与艺术于一炉的对话里，他假托一位女哲人传心灵修养递进的秘诀。那全是一种分期历程的审美教育，一种知解上的冒险长征。心灵开始玩索一朵花，一个美人，一种美德，一门学问，一种社会文物制度的殊相的美，逐渐发现万事万物的共相的美。到了最后阶段，“表里精粗无不到”，就“一旦豁然贯通”，长征者以霎时的直觉突然看到普涵普盖，无始无终的绝对美——如佛家所谓“真如”或“一真法界”——他就安息在这绝对美的观照里，就没有入这绝对美里而与它合德同流，就借分享它的永恒的生命而达到不朽。这样，心灵就算达到它的长征的归宿，一滴水归原到大海，一个灵魂归原到上帝，柏拉图的这个思想支配了古代哲学，也支配了中世纪耶稣教的神学。

柏拉图的高足弟子亚里士多德在《伦理学》里想矫正师说，却终于达到同样的结论。人生的最高目的是至善，而至善就是幸福。幸福是“生活得好，做得好”。它不只是一种道德的状态，而是一种活动；如果只是一种状态，它可以不产生什么好结果，比如，说一个人在睡眠中，唯其是活动，所以它必见于行为。“犹如在奥林匹克运动会中，夺锦标的不是最美最强悍的人，而是实在参加竞争的选手。”从这番话看，亚里士多德似主张人生目的在实际行动。但是在绕了一个大弯子以后，到最后终于说，幸福是“理解的活动”，就是“取观照的形式的那种活动”，因为人之所以为人在他的理解方面，理解是人类最高的活动，也是最持久、最愉快、最无待外求的活动。上帝在假设上是最幸福的，上帝的幸福只能表现于知解，不能表现于行动。所以在观照的幸福中，人类几与神明比肩。说来说去，亚里士多德仍然回到柏拉图的看法：人生的最高目的在看而不在演。

在近代德国哲学中，这看与演的两种人生观也占了很显著的地位。整个的宇宙，自大地山河以至于草木鸟兽，在唯心派哲学家看，只是吾人知识的创造品。知识了解了一切，同时就已创造了一切，人的行动当然也包含在内。这就无异于说，世间一切演出的戏都是在看戏人的一看之中成就的，看的重要可不言而喻。叔本华在这一“看”之中找到悲惨人生的解脱。据他说，人生一切苦恼的源泉就在意志，行动的原动力。意志起于需要或缺乏，一个缺乏填起来了，另一个缺乏就又随之而来，所以意志永无餍足的时候。欲望的满足只“像是扔给乞丐的赈济，让他今天赖以过活，使他的苦可以延长到明天”。这意志虽是苦因，却与生俱来，不易消除，唯一的解脱在把它放射为意象，化成看的对象。意志既化成意象，人就可以由受苦的地位移到艺术观照的地位，于是罪孽苦恼变成庄严幽美。“生命和它的形象于是成为飘忽的幻象掠过他的眼前，犹如轻梦掠过朝睡中半醒的眼，真实世界已由它里面照耀出来，它就不再能蒙昧他。”换句话说，人生苦恼起于演，人生解脱在看。尼采把叔本华的这个意思发挥成一个更较具体的形式。他认为人类生来有两种不同的精神，一是日神阿波罗的，一是酒神狄俄倪索斯的。日神高踞奥林匹斯峰顶，一切事物借他的光辉而得形象，他凭高静观，世界投影于他的眼帘如同投影于一面镜，他如实吸纳，却恬然不起忧喜。酒神则趁生命最繁盛的时节，酣饮高歌狂舞，在不断的生命跳动中忘去生命的本来注定的苦恼。从此可知日神是观照的象征，酒神是行动的象征。依尼采看，希腊人的最大成就在悲剧，而悲剧就是使酒神的苦痛挣扎投影于日神的慧眼，使灾祸罪孽成为惊心动魄的图画。从希腊悲剧，尼采悟出“从形象得解脱”（redemption through appearance）的道理。世界如果当作行动的场合，就全是罪孽苦恼；如果当作观照的对象，就成为一件庄严的艺术品。

如果我们比较叔本华、尼采的看法和柏拉图、亚里士多德的看法，就可看出古希腊人与近代德国人的结论相同，就是人生最高目的在观照；不过着重点微有移动，希腊人的是哲学家的观照，而近代德国人的是艺术家的观照。哲学家的观照以真为对象，艺术家的观照以美为对象。不过这也是粗略的区分。观照到了极境，真也就是美，美也就是真，如诗人济慈所说的，所以柏拉图的心灵精进在最后阶段所见到的“绝对美”就是他所谓“理式”（idea）或真实界（reality）。

宗教本重修行，理应把人生究竟摆在演而不摆在看，但是事实上世界几个大宗教没有一个不把观照看成修行的不二法门。最显著的当然是佛教。在佛教看，人生根本孽是贪嗔痴。痴又叫作“无明”。这三孽之中，无明是最根本的，因为无明，才执着法与我，把幻象看成真实，把根尘当作我有，于是有贪有嗔，陷于生死永劫。所以人生究竟解脱在破除无明以及它连带的法我执。破除无明的方法是六波罗蜜（意谓“度”，“到彼岸”，就是“度到涅槃的岸”），其中初四——布施、持戒、忍辱、精进——在表面上似侧重行，其实不过是最后两个阶段——禅定、智慧——的预备，到了禅定的境界，“止观双运”，于是就起智慧，看清万事万物的真相，断除一切孽障执着，到涅槃（圆寂），证真如，功德就圆满了。佛家把这种智慧叫作“大圆镜智”，《佛地经论》做这样解释：

如圆镜极善摩莹，鉴净无垢，光明遍照；如是如来大圆镜智于佛智上一切烦恼所知障垢永出离故，极善摩莹；为依止定所摄持故，鉴净无垢；作诸众生利乐事故，光明遍照。

如圆镜上非一众多诸影象起，而圆镜上无诸影象，而此圆镜无动无作；如是如来回境智上非一众多诸智影起，圆镜智上无诸智影，而此智镜无功无作。

这譬喻很可以和尼采所说的阿波罗精神对照，也很可以见出大乘佛家的人生理想与柏拉图的学说不谋而合。人要把心磨成一片大圆镜，光明普照，而自身却无动无作。

佛教在中国，成就最大的一宗是天台，最流行的一宗是净土。天台宗的要义在止观，净土宗的要义在念佛往生，都是在观照上做修持的功夫。所谓“止观”就是静坐摄心入定，默观佛法与佛相，净土则偏重念佛名，观佛相，以为如此即可往生西方极乐世界（所谓“净土”）。依《文殊般若经》说：

若善男子善女子，应在空间处，舍诸乱意，随佛方所，端身正向，不取相貌，系心一佛，专称名字，念无休息，即是念中，能见过现未来三世诸佛。

这种凝神观照往往产生中世纪耶教徒所谓“灵见”（visions），对象或为佛相，或为庄严宝塔，或为极乐世界。佛家往往用文字把他们的“灵见”表现成想象丰富的艺术作品，像《无量寿经》、《阿弥陀经》之类作品大抵都是这样产生出来的。往生净土是他们的最后目的，其实邀净土仍是心中幻影，所谓往生仍是在观照中成就，不一定在地理上有一种搬迁。

这一切在耶稣教中都可以找到它的类似。耶稣自己，像释迦一样，是经过一个长期静坐默想而后证道的。“天国就在你自己心里”，这句话也有唤醒人返求诸心的倾向。不过早期的神父要和极艰窘的环境奋斗，精力大半耗于奔走布道和避免残杀。到了三世纪以后，耶稣教的神学逐渐与希腊哲学合流，形成所谓“新柏拉图派”的神秘主义，于是观照成为修行的要诀。依这派的学说，人的灵魂原与上帝一体，没有肉体感官的障碍，所以能观照永恒真理。投生以后，它就依附了肉体，就有欲也就有障。人在灵方面仍近于神，在肉方面则近于兽，肉是一切罪孽的根源，灵才是人的真性。所以修行在以灵制欲，在离开感官的生活而凝神于思想与观照，由是脱尽尘障。在一种极乐的魂游（ecstasy）中回到上帝的怀里，重新和他成为一体。中世纪神学家把“知”看成心灵的特殊功能，唯一的人神沟通的桥梁。“知”有三个等级：感觉（cognition），思考（medtiation）和观照（contemplation）。观照是最高的阶段，它不但不要假道于感觉，也无须用概念的思考，它是感觉和思考所不能跻攀的知的胜境，一种直觉，一种神佑的大彻大悟。只有借这观照，人才能得到所谓“神福的灵见”（beatific vision），见到上帝，回到上帝，永远安息在上帝里面。达到这种“神福的灵见”，一个耶教徒就算达到人生的最高理想。

这种哲学或神学的基础，加上中世纪的社会扰乱，酿成寺院的虔修制度。现世既然恶浊，要避免它的熏染，僧侣于是隐到与人世隔绝的寺院里，苦行持戒，默想现世的罪孽，来世的希望和上帝的博大仁慈。他们的经验恰和佛教徒的一样，由于高度的自催眠作用，默想果然产生了许多“灵见”，地狱的厉鬼，净界的烈焰，天堂的神仙的福境，都活灵活现地现在他们的凝神默索的眼前。这些“灵见”写成书，绘成画，刻成雕像，就成中世纪的灿烂辉煌的文学与艺术。在意大利，成就尤其显赫。但丁的《神曲》就是无数“灵见”之一，它可以看成耶稣教的《阿弥陀经》。

我们只举佛耶两教做代表就够了。道教本着长生久视的主旨，后来又沿袭了许多佛教的虔修秘诀；回教本由耶教演变成的，特别流连于极乐世界的感官的享乐。总之，在较显著的宗教中，或是因为特重心灵的知的活动，或是寄希望于比现世远较完美的另一世界，人生的最高理想都不摆在现世的行动而摆在另一世界的观照。宗教的基本精神在看而不在演。

最后，谈到文艺，它是人生世相的反照，离开观照，就不能有它的生存。文艺说来很简单，它是情趣与意象的融会，作者寓情于景，读者因景生情。比如说，“昔我往矣，杨柳依依，今我来思，雨雪霏霏”一章诗写出一串意象、一幅景致，一幕戏剧动态。有形可见者只此，但是作者本心要说的却不只此，他主要地是要表现一种时序变迁的感慨。这感慨在这章诗里虽未明白说出而却胜于明白说出；它没有现身而却无可否认地是在那里。这事细想起来，真是一个奇迹。情感是内在的，属我的，主观的，热烈的，变动不居，可体验而不可直接描绘的；意象是外在的，属物的，客观的，冷静的，成形即常住，可直接描绘而却不必使任何人都可借以有所体验的。如果借用尼采的譬喻来说，情感是狄俄倪索斯的活动，意象是阿波罗的观照；所以不仅在悲剧里（如尼采所说的），在一切文艺作品里，我们都可以见出达奥尼苏斯的活动投影于阿波罗的观照，见出两极端冲突的调和，相反者的同一。但是在这种调和与同一中，占有优势与决定性的倒不是狄俄倪索斯而是阿波罗，是狄俄倪索斯沉没到阿波罗里面，而不是阿波罗沉没到狄俄倪索斯里面。所以我们尽管有丰富的人生经验，有深刻的情感，若是止于此，我们还是站在艺术的门外，要升堂入室，这些经验与情感必须经过阿波罗的光辉照耀，必须成为观照的对象。由于这个道理，观照（这其实就是想象，也就是直觉）是文艺的灵魂，也由于这个道理，诗人和艺术家们也往往以观照为人生的归宿。我们试想一想：

目送飞鸿，手挥五弦，俯仰自得，游心太玄。

——嵇康

仰视碧天际，俯瞰渌水滨，寥阒无涯观，寓目理自陈。大矣造化工，万殊莫不均。群籁虽参差，适我无非新。

——王羲之

采菊东篱下，悠然见南山。山气日夕佳，飞鸟相与还。此中有真意，欲辨已忘言。

——陶潜

侧身天地长怀古，独立苍茫自咏诗。

——杜甫

从诸诗所表现的胸襟气度与理想，就可以明白诗人与艺术家如何在静观默玩中得到人生的最高乐趣。

就西方文艺来说，有三部名著可以代表西方人生观的演变：在古代是柏拉图的《会饮》，在中世纪是但丁的《神曲》，在近代是歌德的《浮士德》。《会饮》如上文已经说过的，是心灵的审美教育方案；这教育的历程是由感觉经理智到慧解，由殊相到共相，由现象到本体，由时空限制到超时空限制；它的终结是在沉静的观照中得到豁然大悟，以及个体心灵与弥漫宇宙的整一的纯粹的大心灵合德同流。由古希腊到中世纪，这个人生理想没有经过重大的变迁，只是加上耶教神学的渲染。《神曲》在表面上只是一部游记，但丁叙述自己游历地狱、净界与天堂的所见所闻；但是骨子里它是一部寓言，叙述心灵由罪孽经忏悔到解脱的经过，但丁自己就象征心灵，三界只是心灵的三种状态，地狱是罪孽状态，净界是忏悔洗刷状态，天堂是得解脱蒙神福状态。心灵逐步前进，就是逐步超升，到了最高天，它看见玫瑰宝座中坐的诸圣诸仙，看见圣母，最后看见了上帝自己。在这“神福的灵见”里，但丁（或者说心灵）得到最后的归宿，他“超脱”了，归到上帝怀里了，《神曲》于是终止。这种理想大体上仍是柏拉图的，所不同者柏拉图的上帝是“理式”，绝对真实界本体，无形无体的超时超空的普运用流的大灵魂；而但丁则与中世纪神学家们一样，多少把上帝当作一个人去想；他糅合神性与人性于一体，有如耶稣。

从但丁糅合柏拉图哲学与耶教神学，把人生的归宿定为“神福的灵见”以后，过了五百年到近代，人生究竟问题又成为思辨的中心，而大诗人歌德代表近代人给了一个彻底不同的答案。就人生理想来说，《浮士德》代表西方思潮的一个极大的转变。但丁所要解脱的是象征情欲的三猛兽和象征愚昧的黑树林。到浮士德，情境就变了，他所要解脱的不是愚昧而是使他觉得腻味的丰富的知识。理智的观照引起他的心灵的烦躁不安。“物极思返”，浮士德于是由一位闭户埋头的书生变成一位与厉鬼订卖魂约的冒险者，由沉静的观照跳到热烈而近于荒唐的行动。在《神曲》里，象征信仰与天恩的贝雅特里齐，在《浮士德》里于是变成天真而却蒙昧无知的玛嘉丽特。在《神曲》里是“神福的灵见”，在《浮士德》里于是变成“狂飙突进”。阿波罗退隐了，狄俄倪索斯于是横行无忌。经过许多放纵不羁的冒险行动以后，浮士德的顽强的意志也终于得到净化，而净化的原动力却不是观照而是一种有道德意义的行动。他的最后的成就也就是他的最高理想的实现，从大海争来一片陆地，把它垦成沃壤，使它效用于人类社会。这理想可以叫作“自然的征服”。

这浮士德的精神真正是近代的精神，它表现于一些睥睨一世的雄才怪杰，表现于一些掀天动地的历史事变。各时代都有它的哲学辩护它的活动，在近代，尼采的超人主义唤起许多癫狂者的野心，扬谛理（Gentile）的“为行动而行动”的哲学替法西斯的横行奠定了理论的基础。

这真是一个大旋转。从前人恭维一个人，说“他是一个肯用心的人”（a thoughtful man），现在却说“他是一个活动分子”（an active man）。这旋转是向好还是向坏呢？爱下道德判断的人们不免起这个疑问。答案似难一致。有幸生在这个大时代的“活动分子”会赞叹现代生命力的旺盛。而“肯用心的人”或不免忧虑信任盲目冲动的危险。这种见解的分歧在骨子里与文艺方面古典与浪漫的争执是一致的。古典派要求意象的完美，浪漫派要求情感的丰富，还是冷静与热烈动荡的分别。文艺批评家们说，这分别是粗浅而村俗的，第一流文艺作品必定同时是古典的与浪漫的，必定是丰富的情感表现于完美的意象。把这见解应用到人生方面，显然的结论是：理想的人生是由知而行，由看而演，由观照而行动。这其实是一个老结论。苏格拉底的“知识即德行”，孔子的“自明诚”，王阳明的“知行合一，意义原来都是如此。但是这还是侧重行动的看法。止于知犹未足，要本所知去行，才算功德圆满。这正犹如尼采在表面上说明了日神与酒神两种精神的融合，实际上仍是以酒神精神沉没于日神精神，以行动投影于观照。所以说来说去，人生理想还只有两个，不是看，就是演；知行合一说仍以演为归宿，日神酒神融合说仍以看为归宿。

近代意大利哲学家克罗齐另有一个看法，他把人类心灵活动分为知解（艺术的直觉与科学的思考）与实行（经济的活动与道德的活动）两大阶段，以为实行必据知解，而知解却可独立自足。一个人可以终止于艺术家，实现美的价值；可以终止于思想家，实现真的价值；可以终止于经济政治家，实现用的价值；也可以终止于道德家，实现善的价值。这四种人的活动在心灵进展次第上虽是一层高似一层，却各有千秋，各能实现人生价值的某一面。这就是说，看与演都可以成为人生的归宿。

这看法容许各人依自己的性之所近而抉择自己的人生理想，我以为是一个极合理的看法。人生理想往往取决于各个人的性格。最聪明的办法是让生来善看戏的人们去看戏，生来善演戏的人们来演戏。上帝造人，原来就不只是用一个模型。近代心理学家对于人类原型的分别已经得到许多有意义的发现，很可以做解决本问题的参考。最显著的是荣格（Jung）的“内倾”与“外倾”的分别。内倾者（introvert）倾心力向内，重视自我的价值，好孤寂，喜默想，无意在外物界发动变化，外倾者（extrovert）倾心力向外，重视外界事物的价值，好社交，喜活动，常要在外物界起变化而无暇反观默省。简括地说，内倾者生来爱看戏，外倾者生来爱演戏。

人生来既有这种类型的分别，人生理想既大半受性格决定。生来爱看戏的以看为人生归宿，生来爱演戏的以演为人生归宿，就是理所当然的事了。双方各有乐趣，各是人生的实现，我们各不妨阿其所好，正不必强分高下，或是勉强一切人都走一条路。人性不只是一样，理想不只是一个，才见得这世界的恢阔和人生的丰富。犬儒派哲学家第欧根尼（Diogenes）静坐在一个木桶里默想，勋名盖世的亚历山大大帝慕名去访他，他在桶里坐着不动。客人介绍自己说："我是亚历山大大帝。"他回答说："我是犬儒第欧根尼。"客人问："我有什么可以帮你的忙么？"他回答："只请你站开些，不要挡着太阳光。"这样就匆匆了结一个有名的会晤。亚历山大大帝觉得这犬儒甚可羡慕，向人说过一句心里话："如果我不是亚历山大，我很愿做第欧根尼。"无如他是亚历山大，这是一件前生注定丝毫不能改动的事，他不能做第欧根尼。这是他的悲剧，也是一切人所同有的悲剧。但是这亚历山大究竟是一个了不起的人物，是亚历山大而能见到做第欧根尼的好处。比起他来，第欧根尼要低一层。"不要挡着太阳光！"那句话含着几多自满与骄傲，也含着几多偏见与狭量啊！

要较量看戏与演戏的长短，我们如果专请教于书本，就很难得公平。我们要记得：柏拉图、庄子、释迦、耶稣、但丁……这一长串人都是看戏人，所以留下一些话来都是袒护看戏的人生观。此外还有更多的人，像秦始皇、大流士、亚历山大、忽必烈、拿破仑……以及无数开山凿河、垦地航海的无名英雄毕生都在忙演戏，他们的人生哲学表现在他们的生活，所以不曾留下话来辩护演戏的人生观。他们是忠实于自己的性格，如果留下话来，他们也就势必变成看戏人了。据说罗兰夫人上了断头台，才想望有一支笔可以写出她的临终感想。我们固然希望能读到这位女革命家的自供，可是其实这是多余的。整部历史，这一部轰轰烈烈的戏，不就是演戏人们的最雄辩的供状吗？

英国散文家斯蒂文森（R. L. Stevenson）在一篇叫作《步行》的小品文里有一段话说得很美，可惜我的译笔不能传出那话的风味，它的大意是：

> 我们这样匆匆忙忙地做事，写东西，挣财产，想在永恒时间的嘲笑的静默中有一刹那使我们的声音让人可以听见，我们竟忘掉一件大事，在这件大事之中这些事只是细目，那就是生活。我们钟情，痛饮，在地面来去匆匆，像一群受惊的羊。可是你得问问你自己：在一切完了之后，你原来如果坐在家里炉旁快快活活地想着，是否比较更好些。静坐着默想——记起女子们的面孔而不起欲念，想到人们的丰功伟业，快意而不羡慕，对一切事物和一切地方有同情的了解，而却

安心留在你所在的地方和身份——这不是同时懂得智慧和德行，不是和幸福住在一起吗？说到究竟，能拿出会游行来开心的并不是那些扛旗子游行的人，而是那些坐在房子里眺望的人。

这也是一番袒护看戏的话。我们很能了解斯蒂文森的聪明的打算，而且心悦诚服地随他站在一条线上——我们这批袖手旁观的人。但是我们看了那出游行而开心之后，也要深心感激那些扛旗子的人。假如他们也都坐在房子里眺望，世间还有什么戏可看呢？并且，他们不也在开心吗？你难道能否认？

生命

说起来已是二十年前的事了。如今我还记得清楚，因为那是我生平中一个最深刻的印象。有一年夏天，我到苏格兰西北海滨一个叫作爱约夏的地方去游历，想趁便去拜访农民诗人彭斯的草庐。那一带地方风景仿佛像日本内海而更曲折多变化。海湾伸入群山间成为无数绿水映着青山的湖。湖和山都老是那样恬静幽闲而且带着荒凉景象，几里路中不容易碰见一个村落，处处都是山，谷，树林和草坪。走到一个湖滨，我突然看见人山人海，男的女的，老的少的，穿深蓝大红衣服的，褴褛蹒跚的，蠕蠕蠢动，闹得喧天震地：原来那是一个有名的浴场。那是星期天，人们在城市里做了六天的牛马，来此过一天快活日子。他们在炫耀他们的服装，他们的嗜好，他们的皮肉，他们的欢爱，他们的文雅与村俗。像湖水的波涛汹涌一样，他们都投在生命的狂澜里，尽情享一日的欢乐。就在这么一个场合中，一位看来像是皮鞋匠的牧师在附近草坪中竖起一个讲台向寻乐的人们布道。他也吸引了一大群人。他喧嚷，群众喧嚷，湖水也喧嚷，他的话无从听清楚，只有“天国”、“上帝”、“忏悔”、“罪孽”几个较熟的字眼偶尔可以分辨出来。那群众常是流动的，时而由湖水里爬上来看牧师，时而由牧师那里走下湖水。游泳的游泳，听道的听道，总之，都在凑热闹。

对着这场热闹，我伫立凝神一反省，心里突然起了一阵空虚寂寞的感觉，我思量到生命的问题。摆在我们面前的显然就是生命。我首先感到的是这生命太不调和。那么幽静的湖山当中有那么一大群嘈杂的人在嬉笑取乐，有如佛堂中的蚂蚁抢搬虫尸，已嫌不称；又加上两位牧师对着那些喝酒，抽烟，穿着泳衣在裸着胳膊大腿卖眼色的男男女女讲“天国”和“忏悔”，这岂不是对于生命的一个强烈的讽刺？约翰授洗者在沙漠中高呼救世主来临的消息，他的声音算是投在虚空中了。那位苏格兰牧师有什么可比约翰？他以布道为职业，于道未必有所知见，不过剽窃一些空洞的教门中语扔到头脑空洞的人们的耳里，岂不是空虚而又空虚？推而广之，这世间一切，何尝不都是如此？比如，那些游泳的人在尽情欢乐，虽是热烈，却也很盲目，大家不过是机械地受生命的动物的要求在鼓动驱遣，太阳下去了，各自回家，沙滩又恢复它的本来的清寂，有如歌残筵散。当时我感觉空虚寂寞者在此。

但是像那一大群人一样，我也欣喜赶了一场热闹，那一天算是没有虚度，于今回想，仍觉那回事很有趣。生命像在那沙滩所表现的，有图画家所谓阴阳向背，你跳进去扮演一个角色也好，站在旁边闲望也好，应该都可以叫你兴高采烈。在那一刻，生命在那些人中动荡，他们领受了生命而心满意足了，谁有权去鄙视他们，甚至怜悯他们？厌世嫉俗者一半都是妄自尊大，我惭愧我有时未能免俗。

孔子看流水，发过一个最深永的感叹，他说："逝者如斯夫，不舍昼夜！"生命本来就是流动，单就"逝"的一方面来看，不免令人想到毁灭与空虚；但是这并不是有去无来，而是去的若不去，来的就不能来；生生不息，才能念念常新。莎士比亚说生命"像一个白痴说的故事，满是声响和愤激，毫无意义，"虽是慨乎言之，却不是一句见道之语。生命是一个说故事的人，虽老是抱着那么陈腐的"母题"转，而每一刻中的故事却是新鲜的，自有意义的。这一刻中有了新鲜有意义的故事，这一刻中我们心满意足了，这一刻的生命便不能算是空虚。生命原是一刻接着一刻地实现，好在它"不舍昼夜"。算起总账来，层层实数相加，绝不会等于零。人们不抓住每一刻在实现中的人生，而去追究过去的原因与未来的究竟，那就犹如在相加各项数目的总和之外求这笔加法的得数。追究最初因与最后果，都要走到"无穷追溯"（reductio ad infintum）。这道理哲学家们本应知道，而爱追究最初因与最后果的偏偏是些哲学家。这不只是不谦虚，而且是不通达。一件事物实现了，它的形相在那里，它的原因和目的也就在那里。种中有果，果中也有种，离开一棵植物无所谓种与果，离开种与果也无所谓一棵植物（像我的朋友废名先生在他的《阿赖耶识论》里所说明的）。比如说一幅画，有什么原因和目的！它现出一个新鲜完美的形相，这岂不就是它的生命，它的原因，它的目的?

且再拿这幅画来比譬生命。我们过去生活正如画一幅画，当前我们所要经心的不是这幅面画成之后会有怎样一个命运，归于永恒或是归于毁灭，而是如何把它画成一幅画，有画所应有的形相与生命。不求诸抓得住的现在而求诸渺茫不可知的未来，这正如佛经所说的身怀珠玉而向他人行乞。但是事实上许多人都在未来的永恒或毁灭上打计算。波斯大帝带着百万大军西征希腊，过海勒斯朋海峡时，他站在将台看他的大军由船桥上源源不绝地渡过海峡，他忽然流涕向他的叔父说："我想到人生的短促，看这样多的大军，百年之后，没有一个人还能活着，心里突然起了阵哀悯。"他的叔父回答说："但是人生中还有更可哀的事咧，我们在世的时间虽短促，世间没有一个人，无论在这大军之内或在这大军之外，能够那样幸运，在一生中不有好几次不愿生而宁愿死。"这两人的话都各有至理，至少是能反映大多数人对于生命的观感。嫌人生短促，于是设种种方法求永恒。秦皇汉武信方士，求神仙，以及后世道家炼丹养气，都是妄想所谓"长生"。"服食求神仙，多为药所误，不如饮美酒，被服纨与素"，这本是诗人愤嫉之言，但是反话大可做正话看；也许做正话看，还有更深的意蕴。说来也奇怪，许多英雄豪杰在生命的流连上都未能免俗，我因此想到曹孟德的遗嘱：

> 吾死之后，葬于邺之西冈上，妾与妓人皆着铜雀台，台上施六尺床，下穗帐。朝哺上酒脯帐糒之属，每月朔十五，辄向帐前作伎，汝等时登台望吾西陵墓田。

他计算得真周到，可怜虫！谢眺说得好：

> 穗帷飘井干，樽酒若平生。
> 郁郁西陵树，讵闻歌吹声！

孔子毕竟是达人，他听说桓司马自为石郭，三年而不成。便说"死不如速朽之为愈也"。谈到朽与不朽问题，这话也很难说。我们固毋庸计较朽与不朽，朽之中却有不朽者在。曹孟德朽了。陵雀台妓也朽了，但是他的那篇遗嘱，何逊谢眺李贺诸人的铜雀台诗，甚至铜雀台一片瓦，于今还叫讽咏摩娑的人们欣喜赞叹。“前水复后水，古今相续流”，历史原是纳过去于现在，过去的并不完全过去。其实若就种中有果来说，未来的也并不完全未来。这现在一刻实在伟大到不可思议，刹那中自有终古，微尘中自有大千，而汝心中亦自有天国。这是不朽的第一义谛。

相反两极端常相交相合。人渴望长生不朽，也渴望无生速朽。我们回到波斯大帝的叔父的话。“世间没有一个人在一生中不有好几次不愿生宁愿死。”痛苦到极点想死，一切自杀者可以为证；快乐到极点也还是想死，我自己就有一两次这样经验，一次是在二十余年前一个中秋前后，我乘船到上海，夜里经过焦山，那时候大月亮正照着山上的庙和树，江里的细浪像金线在轻轻地翻滚，我一个人在甲板上走，船上原是载满了人，我不觉得有一个人，我心里那时候也有那万里无云，水月澄莹的景象，于是非常喜悦，于是突然起了脱离这个世界的愿望。另外一次也是在秋天，时间是傍晚，我在北海里的白塔顶上望北平城里底楼台烟树，望到西郊的远山，望到将要下去的红烈烈的太阳，想起李白的“西风残照，汉家陵阙”那两个名句，觉得目前的境界真是苍凉而雄伟，当时我也感觉到我不应该再留在这个世界里。我自信我的精神正常，但是这两次想死的意念真来得突兀。诗人济慈在《夜莺歌》里于欣赏一个极幽美的夜景之后，也表示过同样的愿望，他说：

> Now more than ever seems rich to die.
>
> 现在死像比任何时都较丰富。

他要趁生命最丰富的时候死，过了那良辰美景，死在一个平凡枯燥的场合里，那就死得不值得。甚至于死本身，像鸟歌和花香一样，也可成为生命中一种奢侈的享受。我两次想念到死，下意识中是否也有这种奢侈欲，我不敢断定。但是如今冷静地分析想死的心理，我敢说它和想长生的道理还是一样，都是对于生命的执着。想长生是爱着生命不肯放手，想死是怕放手轻易地让生命溜走，要死得痛快才算活得痛快，死还是为着活，为着活的时候心里一点快慰。好比贪吃的人想趁吃大鱼大肉的时候死，怕的是将来吃不到那样好的，根本还是由于他贪吃，否则将来吃不到那样好的，对于他毫不感威胁。

生命的执着属于佛家所谓“我执”，人生一切灾祸罪孽都由此起。佛家针对着人类的这个普遍的病根，倡无生，破我执，可算对症下药。但是佛家也并不曾主张灭生灭我，不曾叫人类做集体的自杀，而只叫人明白一般人所希求的和所知见的都是空幻。还不仅此，佛家在积极方面还要慈悲救世，对于生命是取护持的态度。舍身饲虎的故事显示我们为着救济他生命，须不惜牺牲已生命。我心里对此尝存一个疑惑：既证明生命空幻而还要这样护持生命是为什么呢？目前我对于佛家的了解还不够使我找出一个圆满的解答。不过我对于这生命问题倒有一个看法，这看法大体源于庄子（我不敢说它是否合于佛家的意思）。庄子尝提到生死问题，在《大宗师》篇说得尤其透辟。在这篇里他着重一个“化”字，我觉得这“化”字非常之妙。中国人称造物为“造化”，万物为“万化”。生命原就是化，就是流动与变易。整个宇宙在化，物在化，我也在化。只是化。并非毁灭。草木虫鱼在化，它们并不因此而有所忧喜，而全体宇宙也不因此而有所损益。何以我独于我的化看成世间一件大了不起的事呢？我特别看待我的化，这便是“我执”。庄子对此有一段妙喻：

> 今大冶铸金，金踊跃曰，“我且必为莫邪”，大冶必以为不祥之金。今一犯人之形，而曰，“人耳，人耳”，夫造化者必以为不祥之人。今以天地为大炉，以造化为大冶，恶乎往而不可哉？成然寐，蘧然觉。

在这个比喻里，庄子破了“我执”，也解决了生死问题。人在造化手里，听他铸，听他“化”而已，强立物我分别，是为不祥。庄子所谓寐觉，是比喻生死。睡一觉醒过来，本不算一回事，生死何尝不如此？寐与觉为化，生与死也还是化。庄周梦为蝴蝶，则“栩栩然蝴蝶也”；“俄然觉，则蘧蘧然周也”；生而为人，死而化为鼠肝虫背，都只有听之而已。在生时这个我在大化流行中有他的妙用，死后我的化形也还是如此，庄子说：

浸假而化予之左臂以为鸡，予因之以求时夜；浸假而化予之右臂以为弹，予因之以求鸮炙……

物质毕竟是不灭的，漫说精神。试想宇宙中有几许因素来化成我，我死后在宇宙中又化成几许事物，经过几许变化，发生几许影响，这是何等伟大而悠久，丰富而曲折的一个游历，一个冒险？这真是所谓“逍遥游”！

这种人生态度就是儒家所谓“赞天地之化育”，郭象所谓“随变任化”（见《大宗师》篇“相忘以生”句注），翻成近代语就是“顺从自然”。我不愿辩护这种态度是否为颓废的或消极的，懂得的人自会懂得，毋庸以口舌争。近代人说要“征服自然”，道理也很正大。但是怎样征服？还不是要顺从自然的本性？严格地说。世间没有一件不自然的事，也没一件事能不自然。因为这个道理，全体宇宙才是一个整一融贯的有机体，大化运行才是一部和谐的交响曲，而cosmos不是chaos。人的最聪明的办法是与自然合拍，如草木在和风丽日中开着花叶，在严霜中枯谢，如流水行云自在运行无碍，如“鱼相与忘于江湖”。人的厄运在当着自然的大交响曲“唱翻腔”，来破坏它的和谐。执我执法，贪生想死，都是“唱翻腔”。

孔子说过：“朝闻道，夕死可矣。”人难能的是这“闻道”。我们谁不自信聪明，自以为比旁人高一招？但是谁的眼睛能跳开他那“小我”的圈子而四方八面地看一看？谁的脑筋不堆着习俗所扔下来的一些垃圾？每个人都有一个密不通风的“障”包围着他。我们的“根本惑”像佛家所说的，是“无明”。我们在这世界里大半是“盲人骑瞎马”，横冲直撞，怎能不闯祸事！所以说来说去，人生最要紧的事是“明”，是“觉”，是佛家所说的“大圆镜智”。法国人说：“了解一切，就是宽恕一切。”我们可以补上一句：“了解一切，就是解决一切。”生命对于我们还有问题，就因为我们对它还没有了解。既没有了解生命，我们凭什么对付生命呢？于是我想到这世间纷纷扰攘的人们。

谈理想的青年

——回答一位青年朋友的询问

朋友：

你问我一个青年应该悬什么样一个标准，做努力进修的根据。我觉得这问题很难笼统地回答。因为人与人在环境、资禀、兴趣各方面都不相同，我们不能定一个刻板公式来适用于每个事例。不过无论一个人将来干哪一种事业，我以为他都需要四个条件。

头一项是运动选手的体格。我把这一项摆在第一。因为它是其他各种条件的基础。我们民族对于体格向来不很注意。无论男女，大家都爱亭亭玉立，弱不禁风那样的文雅。尤其在知识阶级，黄皮刮瘦，弯腰驼背，几乎是一种共同的标志。说一个人是“赳赳武夫”，就等于骂了他。我们都以“精神文明”自豪，只要“精神”高贵，肉体值得什么？这种错误的观念流毒了许多年代，到现在我们还在受果报。我们在许多方面都不如人。原因并不在我们的智力低劣。就智力说，我们比得上世界上任何民族。我们所以不如人者，全在旁人到六七十岁还能奋发有为，而我们到了四十岁左右就逐渐衰朽；旁人可以有时间让他们的学问事业成熟，而我们往往被逼迫中途而废；旁人能做最后五分钟的奋斗，我们处处显得是虎头蛇尾。一个身体羸弱的人不能是一个快活的人。你害点小病就知道，也不能是一个心地慈祥的人，你偶尔头痛牙痛或是大便不通，旁人的言动笑貌分外显得讨厌。如果你相信身体羸弱不妨碍你做一个有道德的人，援甘地为例。那我就要问你：世间数得出几个甘地？而且甘地是否真像你们想象的那样羸弱？一切道德行为都由意志力出发。意志的“力”固然起于知识与信仰，似乎也有几分像水力电力蒸汽力，还是物质的动作发生出来的。这就是说。它和体力不是完全无关。世间意志力最薄弱的人怕要算鸦片烟鬼，你看过几个烟鬼身体壮健？你看过几个烟鬼不时常在打坏主意？意志力薄弱的人都懒。懒是万恶之源。就积极方面说，懒人没有勇气。应该奋斗时不能奋斗，遇事苟且敷衍。做不出好事来。就消积方面说，懒人一味朝抵抗力最低的路径走，经不起恶势力的引诱，惯欢喜做坏事。懒大半由于体质弱。燃料不够，所以马达不能开满。“健全精神宿于健全身体”。身体不健全而希望精神健全。那是希望奇迹。

第二是科学家的头脑。生活时时刻刻要应付环境，环境有应付的必要。就显得它有困难有问题。所以过生活就是解决环境困难所给的问题。做学问如此，做事业如此，立身处世也还是如此。一切问题的解决方法都须遵照一个原则。在紊乱的事实中找出一些条理秩序来，这些条理秩序就是产生答案的线索，好比侦探一个案件，你第一步必须搜集有关的事实，没有事实做根据，你无从破案；有事实而你不知怎样分析比较，你还是不一定能破案。会尊重事实，会搜集事实，会见出事实中间的关系，这就是科学家的本领。要得到这本领，你必须冷静、客观、虚心、谨慎，不动意气，不持成见，不因十人利害打算而歪曲真理。合理的世界才是完美的世界，世界所以有许多不合理的地方，就因为大部分人没有科学的头脑，见理不透。比如说，社会上许多贪赃枉法的事，做这种事的人都有一个自私的动机。以为损害了社会，自己可以占便宜。其实社会弄得不稳定了。个人绝不能享安乐。所以这种自私的人还是见理不透，没有把算盘打清楚。要社会一切合理化，要人生合理化，必须人人都明理。都能以科学的头脑去应付人生的困难。单就个人来说，一个头脑糊涂的人能在学问或事业上有伟大的成就，我是没有遇见过。

第三是宗教家的热忱。“过于聪明”的人（当然实在还是聪明不够）有时看空了一切，以为是非善恶悲喜成败反正都不过是那么一回事，让它去。干我什么？他们说：“安邦治国平天下，自有周公孔圣人。”人人都希望旁人做周公孔圣人，于是安邦治国平天下就永远是一场幻梦。宗教家大半盛于社会紊乱的时代，他们看到人类罪孽痛苦，心中起极大的悲悯。于是发下志愿，要把人类从水深火热中拯救出来。虽然牺牲了自己，也在所不惜。孔子说：“鸟兽不可与同群。吾非斯人之徒之与而谁与？天下有道，丘不与易也。”释迦说：“我不入地狱，谁入地狱？”这都是宗教家的伟大抱负。他们不但发愿，而且肯拼命去做。耶稣的生平是极好的例证。他为着要宣传他的福音，不惜抛开身家妻子，和犹太旧教搏斗，和罗马帝国搏斗，和人世所难堪的许多艰难困苦搏斗，而终之以一死；终于以一个平民的力量掉翻了天下。古往今来许多成大事业者虽不必都是宗教家，却大半有宗教家的热忱。他们见得一件事应该做，就去做，就去做到底，以坚忍卓绝的精神战胜一切困难，百折不回。我们现在所处的是一个紊乱时代，积重难返，一般人都持鱼游釜中或是鸵鸟把眼睛埋在沙里不去看猎户的态度。苟求一日之安，这时候非有一种极大的力量不能把这局面翻转过来。没有人肯出这种力量。或是能出这力量。除非他有宗教家的慈悲心肠和宗教家的舍己为人奋斗到底的决心毅力。

第四是艺术家的胸襟。自然节奏有起有伏，有张有弛，伏与弛不单是为休息，也不单是为破除单调，而是为精力的生养储蓄。科学易流于冷酷干枯，宗教易流于过分刻苦，它们都需要艺术的调剂。艺术是欣赏，在人生世相中抓住新鲜有趣的一面而流连玩索；艺术也是创造，根据而又超出现实世界。刻绘许多可能的意象世界出来，以供流连玩索。有艺术家的胸襟，才能彻底认识人生的价值，有丰富的精神生活，随处可以吸收深厚的生命力。我们一般人常困于饮食男女功名利禄的营求。心地常是昏浊，不能清明澈照；一个欲望满足了，另一个欲望又来，常是在不满足的状态中，常被不满足驱遣做无尽期的奴隶。名为一个人，实在是一个被动的机械，处处受环境支配，做不得自家的主宰。在被驱遣流转中，我们常是仓皇忙迫，尝无片刻闲暇，来凭高看一看世界。或是回头看一看自己，不消说得。世界对于我们是呆板的，自己对于我们也是空虚的。试问这种人活着有什么意味？能成就什么学问事业？所谓艺术家的胸襟就是在有限世界中做自由人的本领；有了这副本领，我们才能在急忙流转中偶尔驻足做一番静观默索，做一番反省回味，朝外可以看出世相的壮严，朝内可以看出人心的伟大。并且不仅看，我们还能创造出许多庄严的世相，伟大的人心。在创造时，我们依然是上帝，所以创造的快慰是人生最大的快慰。创造的动机是要求完美。迫令事实赶上理想；我们要把现实人生，现实世界改造得比较完美，也还是起于艺术的动机。

如果一个人具备这四大条件，他就不愧为完人了。我并不认为他是超人，因为体育选手、科学家、宗教家、艺术家，都不是神话中的人物，而是世间有血有肉的真实人物。以往有许多人争取过这些名号。人家既然可以做得到，我就没有理由做不到。我们不能妄自菲薄，自暴自弃。

1943年8月

谈恐惧心理

最近这几个月中，人们都有大难临头的预感，骚动得特别厉害。一会儿大家纷纷抢购粮食，出比市价高几倍的价钱也在所不惜，仿佛以为不如此就有一天会饿死，像长春人民一样，一会儿大家又纷纷抛售衣物房屋，仿佛以为他们所居的地方危在旦夕，先捞几个现钱再说，到必要时可以逃到他们所想象的安全地带。平津人纷纷逃到京沪，京沪人纷纷逃到平津，像惊鼠似的东奔西窜，惹得交通格外拥挤，秩序格外紊乱。这种惊慌的情形可以从政治经济教育社会种种观点来看，在这里我想只把它当作一个心理学的课题来稍加分析。

一切惊慌恐惧都起于危险的感觉，而一切危险，分析到究竟，都是对于生命的威胁。贪生是人与一般动物的最强烈的本能。尽管一个生命如何渺小，如何苦痛，尽管它的主子有时对它如何咒骂，真正到它有丧失的危险时，它还是一种“食之无肉，弃之可惜”的鸡肋，它的主子拼命也要把握着不放。就是这种生命的执着引起对于威胁生命的危险情境生恐惧。一切恐惧到头来只不过是“怕死”。

可是一个人如果真正到了绝境，面前只有死路一条，无可避免，恐惧无补于事，他也就不会恐惧。牛羊到了屠场，知道一切都完了，心里冷了下来，也就定了下来。许多死囚很潇洒自在地上刑场，道理也是如此。引起恐惧的危险情境大抵不是绝境。从心理学观点看。恐惧情绪与逃避本能是分不开的，所以恐惧的对象是可逃避的，这逃避的可能在恐惧者的心中还是一线希望。希望本是恐惧的反面，可是二者常在“狼狈为奸”，缺了一个，另一个就不能行。临到一个险境好比站在一面剃刀锋上，倒东则活，倒西则死，望到倒东的可能便起希望，望到倒西的可能便起恐惧。所以贪生与怕死只是一件事的两面相。怕死，对于生就还没确绝望。

险境既然不是绝境，它就只有可能性而没有确定性。一个人当着险境，常是悬在虚空中，捉摸不定，把握不住，茫然不知所措，于是才感到恐惧。所以在恐惧心理状态中，理智难得清醒，知识总是模糊，情境在疑似之中，应付无果决之策，当其境者似有所知，又似无所知。如果毫无所知，他就会糊涂胆大，不知恐惧。“盲人骑瞎马，夜半临深池”，是一个典型的险境，但是盲人自己却若无其事。如果知道得清清楚楚，把握得住情境，也把握得住自己，他就应付有方，也不会恐惧。比如说生死问题，古今圣贤豪杰都不在这上面绞脑筋，因为他们“知命”，一切看透了，生和死都只是理所当然。再比如危险境界，像拿破仑那一类冒险家对之也无动于衷，因为他们明白那只是一个待解决的问题，而他们对于那问题的解决抱有坚强的自信。恐惧都表现性格上的一种弱点，或是理智的欠缺，或是意志的薄弱。俗语说得好：“心虚胆怯。”心不虚，胆就不怯。所谓“心虚”就是由于把握不住环境，因而把握不住自己。所以多疑者最易起恐惧，狐鼠是最好的例。

“疑心生暗鬼”，恐惧者由于知解的含糊和自信心的丧失，对于所恐惧的对象常用幻想把它加以夸张放大，望见风，就是雨，一两分的危险便夸张放大成为十二万分。往往所谓危险全是一种错觉，“风声鹤唳，草木皆兵”。我自己见过的一件事可以为证。约莫三十年前，我在武昌高师校读书。有一天正午，一百多同学正在饭厅里吃饭，猛然有几声枪声，顿时全饭厅里的人们都惊慌起来，有躲在饭桌下面的，有拿凳子顶在头上的，有乱窜乱叫的，有用拳头打破玻璃窗打得鲜血淋漓的。我当时没有注意到那响声，所以若无其事，能很清楚地观察到当场的人们的那种可怜可笑的神色。由那神色看来，他们仿佛以为那响声起于饭厅建筑本身，他们所恐惧的是那座旧房屋的倒塌，会使他们同归于尽。房屋当然并没有倒塌，而事后调查，那枪声的出发点距饭厅还有一里多路。这也许是一个极端的事例，不过许多引起惊慌恐惧的情境往往像这样是错觉所生的幻象，根本不存在，或者不如所想象的那么严重。

“恐惧的对象都是经过夸张放大的，在群众中这种夸张放大尤其一发不可收拾。群众是一个两面头的怪物，它可以壮声势也可以寒心胆，一个人怕，不算一回事；周围的人们都怕，那就真正可怕了。若是树上只有一只鸟，你放一声枪，它可能不理睬，纵然飞逃也是懒洋洋的。若是树上有一大群鸟，一声枪响就吓得它们惊叫乱窜。是鸟都飞散了，你从来不会发现有一只大胆的鸟敢留在那里。理由是很简单的。一只孤单的鸟在恐惧中见不到自己恐惧的神色，好比一个声音触不起回响，就不会放大。一大群鸟都恐惧时，每只鸟的恐惧神色都映在余鸟的眼帘里，于是每只鸟就由于同情的回荡，把所见到的许多鸟的恐惧都灌注到它自己的恐惧里去，汇众水于巨流。这是群众心理家们所说的模拟作用和暗示作用。很显然地这时候引起恐惧的并非当时危险情境本身，而是同类的恐惧的神色。不消说得，选种放大的恐惧要远超过当时危险情境本身所需要的。这可以说是群众的病态心理。一个群众到了染上这种病态时，就失去一切自制力与自信心，什么事也不会成功。俗语说，“兵败如山崩”，就是这个道理。群众也有群众的错觉和幻想，当然也就可以把一个危险情境夸张放大，以讹传讹，往往把真实情况弄得牛头不对马嘴。由于这个缘故，谣言在一个恐慌的群众中特别占势力。

恐惧是一种情绪，根源在逃避本能。依一般心理学家说，凡是情绪和本能在生物进化上都有它们的功用，对于人和动物的生存都有裨益。关于恐惧，我就不免怀疑。恐惧的最常见的后果不外两种。一种是使当事者落到瘫痪状态。请看鼠见着猫或是小动物见着蛇，还没有被捕噬，就吓得不能动弹。有时猫还故意把捕得的鼠放去，任它逃而它却吓得不能逃。人也是如此，许多人在惊慌中最常见的反应是“仓皇失措”，不知道怎么办，只好什么都不办。另一种是使当事者落到狂乱状态。应该逃开那危险的局面，他是知道的，可是怎样逃开，他却不知道，于是手慌脚忙，乱冲乱撞，结果往往闯出更大的祸事。许多避难的人并不死于枪林弹雨而死于拥挤践踏之类意外之灾。我颇疑心恐惧这种情绪在动物的原始阶段或许有它的用处，到了人类现阶段，它就有如盲肠，害多于利。因此，我很同情柏拉图，他认为“理想国”的公民应尽力拔除恐惧的情绪，同时，我也很向往中国先贤所提倡的雍容镇静和大无畏的情神。

以出世的精神，做入世的事业[1]
——纪念弘一法师

弘一法师是我国当代我所最景仰的一位高士。1923年，我在浙江上虞白马湖春晖中学当教员时，有一次弘一法师曾游到白马湖访问在春晖中学里的一些他的好友，如经子渊、夏丏尊和丰子恺。我是丰子恺的好友，因而和弘一法师有一面之缘。他的清风亮节使我一见倾心，但不敢向他说一句话。他的佛法和文艺方面的造诣，我大半从子恺那里知道的。子恺转送给我不少的弘一法师练字的墨迹，其中有一幅是《大方广佛华严经》中的一段偈文，后来我任教北京大学时，萧斋斗室里悬挂的就是法师书写的这段偈文，一方面表示我对法师的景仰，同时也作为我的座右铭。时过境迁，这些纪念品都荡然无存了。

我在北平大学任教时，校长是李麟玉，常有往来，我才知道弘一法师在家时名叫李叔同，就是李校长的叔父。李氏本是河北望族，祖辈曾在清朝做过大官。从此我才知道弘一法师原是名门子弟，结合到我见过的弘一法师在日本留学时代的一些化装演剧的照片和听到过的乐曲和歌唱的录音，都有年少翩翩的风度，我才想到弘一法师少年时有一度是红尘中人，后来出家是看破红尘的。

弘一法师是1942年在福建逝世的，一位泉州朋友曾来信告诉我，弘一法师逝世时神智很清楚，提笔在片纸上写“悲欣交集”四个字便转入涅槃了。我因此想到红尘中人看破红尘而达到“悲欣交集”即功德圆满，是弘一法师生平的三部曲。我也因此看到弘一法师虽是看破红尘，却绝对不是悲观厌世。

[1] 1980年12月7日，中国佛教图书文物馆受中国佛教协会的委托，在北京法源寺举办了“弘一大师诞生一百周年书画金石音乐展”。这是作者为这次展览写的文章。——编者注。

我自己在少年时代曾提出“以出世精神做入世事业”作为自己的人生理想，这个理想的形成当然不止一个原因，弘一法师替我写的《华严经》偈对我也是一种启发。佛终生说法，都是为救济众生，他正是以出世精神做入世事业的。入世事业在分工制下可以有多种，弘一法师从文化思想这个根本上着眼。他持律那样谨严，一生清风亮节会永远严顽立懦，为民族精神文化树立了丰碑。

中日两国在文化史上是分不开的，弘一法师曾在日本度过他的文艺见习时期，受日本文艺传统的影响很深，他原来又具有中国传统文化的陶冶。我默祝趁这次展览的机会，日本朋友们能回溯一下日本文化传统对弘一法师的影响，和我们一起来使中日交流日益发扬光大。